# ようこそ，
# 一人ひとりをいかす教室へ

「違い」を力に変える学び方・教え方

C.A.トムリンソン　著
山崎敬人・山元隆春・吉田新一郎　訳

北大路書房

The Differentiated Classroom: Responding to the Needs of All Learners, 2nd Edition
by Carol Ann Tomlinson

Translated and published by Kitaohji Shobo with permission from ASCD through
The English Agency (Japan) Ltd. This translated work is based on the Differentiated
Classroom: Responding to the Needs of All Learners, 2nd Edition by Carol Ann Tomlinson.
©2014 by ASCD. All rights Reserved. ASCD is not affiliated with Kitaohji
Shobo or responsible for the quality of this translated work.

# まえがき

　先生は，いつもどおりみんながすわるのを待ってから，こう聞いた。
　「私があなたたちを選んだの？　それとも，あなたたちが私を選んだの？　どっちかしら」
　するとソウルズが答えた。「どっちも本当です！」
　　　　　　　　　　　　　　　　　　『ティーパーティーの謎』カニグズバーグ◆46

　私にとってこの本は二つの旅を含んだものになっています。1999 年に出版された初版は，教育者として，そして人間としての私の基礎を形成してくれた 20 年強の公立学校での教師生活を後にした直後に書かれたものです。そこでの日々は今でも鮮明で，いい思い出ばかりです。新しい職場のヴァージニア大学の同僚たちには，たとえ公立学校に比べて大学でのキャリアが長くなったとしても，私はまず第一に中学校の教師であり続けているといつも言っていたものです。私の予知能力は，たいていがそうであるように，少しズレていました。第 2 版の編集作業が終わろうとしている今，私は公立学校よりも長い時間を大学で過ごしてきたことになるのです。

　過去 15 年の間にたくさんのことが変わりました。英語を学び始めたあらゆる年齢の生徒[注1]が当時の教室にはそんなに多くはありませんでしたが，今は地球のあらゆるところからの生徒がいます。1999 年当時，貴重なテクノロジーは教師にも生徒にも提供されていませんでしたが，今はそれがほとんどの教室と世界を結びつけており，授業を行う際にたくさんの選択肢を提供してくれています。さらに，当時よりも教えることと学ぶことについて多くのことが知られるようになり，米国だけでなく多くの国で，何を，どのように生徒たちに教えたらいいのかという国レベルの議論が繰り返し行われています。そして，

---

注1：本書は，小学校から高校までの子どもたちを対象にした教え方について書いたものであり，原書では，児童・生徒，子ども，学習者が使われていますが，本文では基本的に「生徒」に統一して表記しました。

もちろん，より多くの教育者[注2]たちが「一人ひとりをいかす教え方」[注3]を知っています。なかには，「一人ひとりをいかす教え方」は現代の教師に求められる基本的なものと考えている人たちもいます。

　そうした変化にもかかわらず，私にとっても，そして学校や教室にとっても，たくさんのことがもとのままであり続けています。心の底では，私は今でも中学校教師であり続けています。しかも，大学で教えることになって，私の職業について研究という側面から学べる機会が提供されたのですから，とても感謝しています。学校での授業は，幅広い選択肢のある中で，今も歴然と講義形式の方に偏っています。テストの点数を上げることへの絶え間ない圧力は，15年前に比べて間違いなくカリキュラムと教え方の柔軟性を奪っています。そして，低所得者層や有色人種の生徒たちが学校で体験することと，経済的に豊かな層や白人の生徒たちが学校で体験することには，許容範囲を超えた開きが依然として存在し続けています。

　私の中でも，教育の世界でも変わったことと変わらなかったことがあります。その両方が，本書を書くことを魅力的で，切実なものにしてくれました。これまで以上に考える必要や学ぶ必要がありましたし，より良くするための機会もありました。

　初版を書いている時，教えるということは常に，歴史を書くことの一部なのだと気づいて驚きました。教師としての自分の歴史を振り返ることで，私の前に存在したたくさんの教師たちとのつながりを感じることができました。特に，一つの教室しかなかった開拓時代の学校で教えていた教師たちとのつながりです。そこで教えていた教師たちはあらゆる人を受け入れて，身振り手振りを踏まえながらこう言ったものです。「学ぼうとしてここに来たあなたがたの一人ひとりを歓迎します。一人ひとりが違っているからこそ，私たちはよく学べる

---

注2：この教育者には，実践者，理論家／研究者，そして政策立案者等，すべての教育に携わる人が含まれています。

注3：英語圏では，「一人ひとりをいかす教え方（Differentiated Instruction）」で広く知られていますが，本のタイトルは「一人ひとりをいかす教室（Differentiated Classroom）」です。本文では，「一人ひとりをいかすクラスづくり」や「一人ひとりをいかす授業」「一人ひとりをいかす教育」あるいは「多様な生徒たちのニーズに応える教え方」などの言葉が出てきますが，すべて同じものと捉えてください。残念ながら，日本におけるこの教え方の認知度はゼロに等しいです。

のです！」と。

　また，私の最初の本当の意味でのティーチング・パートナーと一緒に過ごしたいくつもの深夜の時間に私を連れ戻してくれました。彼女と私は，複数の課題に生徒たちが並行して取り組む教室の意味を理解しようとしました。まさにそれが，私たちの抱えていたほんとうに多様な生徒たちにとって紛れもなく必要なものに思えたからです。自分が教え，同時に間違いなくよりたくさんのことを私に教えてくれた，その生徒たちの名前と顔を思い出します。高校生たちだったり，就学前の子どもたちだったり，中学生たちだったりしたこともあります。みんなとても似ていて，でも，とても違っていました。彼らはたくさんの役割を私に求め，そしてどうすればそれらがうまくできるようになるのかを私に教えてくれました。

　私は，ヴァージニア州フォーキア郡の同僚たちのことも思い出しました。一生懸命働き，リスクを恐れず，既存の考えに縛られることなく，教室に喜びを見つけると同時につくり出していた同僚たちのことです。そこは裕福な地域でしたが，当時はまだ小さくて田舎で，そこに住む人以外には知られていないところでした。でも，そこには生徒たちのために創意工夫を促す気風があったので，教えることを学ぶための場所としてはこの上ないところでした。

　この本の第2版を書くことによって，私は，ヴァージニア大学と米国内および海外のさまざまな学校における自分の「第二の人生（＝二つ目の旅）」の歩みをたどり直すことができました。今では，世界中の教師たちと，私たちの未来そのものである多様な生徒たちと，一緒に仕事ができるという幸運に恵まれています。ヴァージニア大学の同僚たちは私の考えの後押しをしてくれましたし，素晴らしいモデルとなってくれました。学生たちは今でも私の最良の教師であり続けています。学生たちは「なぜですか？」と質問し，必然的にその後には「なぜそうではないのですか？」と質問します。

　あらゆるところの教師たちのさまざまな質問によって，比喩的に言うなら，わかっていることとよくわからないことで織り上げられた分厚い模様入りのタペストリー（室内装飾用の織物）がつくり出されます。そしてそのタペストリーは，言うなれば，成長するための苗床です。第2版を書く機会は，私の考えがどのように変わってきたのかを振り返るよい触媒の役割も果たしてくれまし

た。15年前に書いた文章が依然として筋が通っていると思えることはうれしいものです。また，自分の考えがより鋭くなっていると知り，安心しました。それによって，初版の一部を補強したり，焦点を定め直したりすることができました。そして，一人ひとりのニーズに応える教え方について15年以上対話を積み上げてきたにもかかわらず，15年前も，そして半世紀前も主流であり続け，そして今も，慣れ親しんだ，便利で，安心できる方法注4であるがゆえに，その安易な方法に私たちの多くが引き寄せられてしまう事実を知ることは屈辱的でもあります。

教師たちは今も，そして1999年もそうだったように，教えることと「一人ひとりをいかす教え方」について同じ質問をします。「それはどのように成績がつけられるのですか？」「私たちの目標が学力テストの成績を上げることにあるとすると，一人ひとりをいかす教え方はどう役立つのですか？」「同じ課題を提供されないと生徒たちは怒り出しませんか？」「生徒たちに同じ宿題，テスト，課題をする時間等が提供されなくて，どうやって公平さを維持するのですか？」

私たちは過去15年の間，教師として成長してきました。私たちはより焦点を絞って取り組んでいますし，アカウンタビリティー注5も受け入れています。とはいえ，残念ながらよりよいものに焦点を絞っているとは言えず，問題のある成功の指標に対して責任を負わされているのですが，私たちはだまされにくくもなっています注6。中にはテクノロジーを使いこなしている人もいます。多くの学校では，自分たちのより実質的な側面について，よりよい情報に基づくより継続的な対話が行われています。注7

そうであるにもかかわらず，私たちは依然としてすべての生徒があたかも同

---

注4：要するに，能力差を含めて生徒たちの違いを無視した一斉授業のことです。
注5：アカウンタビリティーは，日本では「説明責任」と訳されていますが，本来はそれも含めた「結果責任」を意味しています。この後に続く，「問題のある成功の指標」とは，テストの点数のことです。そして「よりよいもの」とは，この本の主題である一人ひとりにとって意味のあるカリキュラムや学び方を実現するための教え方およびそれらと並行して行われる形成的評価（＝学びを促進する評価）のことです。
注6：ここのところは，日米で違いがある気がします。日本は制度が押し付けてくるものに対して極めて従順であり続けています。別の言葉で言えば，残念ながら思考停止状態ないし他人任せの状態が続いています。

じであるかのように教えがちです。あたかも生徒たちの本質的な人間性を見失ったかのごとく，私たちはいまだ生徒たちを測定し，ラベルを貼り，そして分類しています。一部の優れた教え方がある一方で，弁解のしようがないほどひどい教え方が同じ学校のあちこちで見られます。私たちは，教科と世界を探究できるように生徒たちを招き入れるカリキュラムを自ら開発するよりも，いまなお私たちに手渡された教科書を「カバー」しています。

それでも，過去と現在の学生や生徒たちが，私を楽観主義者にしてくれました。私たちの職業の中で起こっている好ましい変化の証拠と変化に対する抵抗の証拠の両方を，私は見るようにしています。後者は，より人間的で，生産的な教師になるために，考え続け，言葉やイメージを探し続ける機会なのです。本書で紹介している原則は，最初に紙の上に書き出した時や，それを実際に中学校の生徒たちを対象に初めて試してみた時と同じレベルで，説得力があると思います。

もう一つの質問で，1999年でも今でもよく聞くものがあります。「どうすれば，一人ひとりをいかす教育のための時間を見つけることができるのですか？それは難しいですし，私はすでに忙しすぎます！」こうした質問に対しては，時間と経験から次のように答えるしかないと思っています。「経験を積みましょう。今日よりも明日がよくなるように計画を立てましょう。でも，どんな計画であってももうこれで終わりとか，これでいいということはありません。」以前，ある教師が生徒に次のように言ったのを聞いたことがあります。「もちろん難しいです。だからこそ，あなたが時間をかける価値があるのです。そして私はあなたがそれをやり遂げられると信じています。」

教えることの目的は学ぶことであり，学ぶことの目的は何かになることであり，そして，歴史をつくることの目的は人生をつくることです。この本の目的は，教師としての自分自身の歴史をあなた自身が書くということです。一日ごとに，成長のたびに，仲間と協力するたびごとに，書くということです。あなたの冒険の旅に役立つことを願っています。

---

注7：これについても，SNS（ソーシャル・ネットワーキング・サービス）等の普及で親しい人同士のやり取りは必要以上に活発になっていますが，よりよい情報に基づくより継続的な対話は，日本ではますます少なくなっているかもしれません。

本書を始める前に，私の人生をよい方へ導いてくれた多くの先生たちに，私の感謝の気持ちを表したいと思います。その中には，同僚たち，生徒や学生たち，編集者たち，研究者や作家たち，そして友人たちが含まれていますが，みんな私の先生です。彼ら／彼女らが私の世界に存在してくれたからこそ，私はより強くなれたのです。

　最後に，今の自分のレベルのままで教え続けることを断固として拒み，常に前を向いて向上し続けるすべての教師に心の底からの敬意を表します。あなた方は，私たちにとってのまたとないモデルなのです。

C.A.T. （Carol Ann Tomlinson）

----

・本文中に出てくる小さめの◆数字は，巻末の文献の番号を表しています。
・注1などは，訳者が読者の理解と読みやすさを考えて，そのページの下につけた訳注です。訳注で紹介した文献は，英文文献の後にリストアップしました。
・本書で使った写真は，いずれも訳者の一人の吉田が 2001 ～ 2003 年に撮ったものです。
・各章の扉に使われているのは，オーストラリア・ブリスベンのギャップ小学校の 6 年生のクラスで撮った一枚です。訪問当日は，四つのセンター（理科，国語，算数，コンピューター）が設定されていました。
・121 ページは，アメリカ・セントルイスの New City School というマルチ能力を中心に据えた私立小学校の 1 年生のクラスで，八つのマルチ能力をコーナーに設定して学んでいる子どもたちと教師の写真です。145 ページは，アメリカ・デンバー近郊にある公立エルドラド小中学校（K-8）の 5 年生がセンターに取り組んでいる写真です。

# 目　次

まえがき　　iii

## 第1章
### 一人ひとりをいかす教室とは？……………………………………………… 1

一人ひとりをいかす教室の特徴　　5
さまざまな学校からのポートレート　　7

## 第2章
### 一人ひとりをいかす授業を実践するための八つの原則……………… 17

一人ひとりをいかす教室の本質 ～ 八つの原則　　17
一人ひとりをいかす教室をつくるための三本柱　　29
一人ひとりをいかす教室の哲学　　32

## 第3章
### 学校でのやり方と，そもそも誰のためにしているのかを再考する…… 37

教育の変化　38
教えることと学ぶことに関する現時点での四つの理解　　39
私たちが教えている生徒のことについて考える　　43
私たちが知っていることとやっていることのギャップ　　49

## 第4章
### 一人ひとりをいかす教育を支援する学習環境…………………………… 57

学習の三角形としての指導　　59
健全な教室環境のさまざまな特徴　　67

## 第5章
### よいカリキュラムは一人ひとりをいかす授業の基本…………………… 77

「ねらいのはっきりしない」授業　　78
持続的な学習のための二つの重要な柱　　80

学習のレベル　82
意味のある方法で到達基準を扱うこと　87
学習レベルの典型例　90
カリキュラムの要素　92
学習のレベルとカリキュラムとを合わせること　95
カリキュラム―評価―教え方の関連　99

# 第6章
## 一人ひとりをいかすクラスづくりをする教師たち……………………103

一人ひとりの「何を」「どのように」「なぜ」いかすのか　105
知識ないしスキルに焦点を当てた一人ひとりをいかす教え方　107
概念ないし意味を基本に据えた一人ひとりをいかす教え方　114

# 第7章
## 一人ひとりをいかす多様な教え方…………………………………119

コーナー　120
課題リスト　127
複合的プロジェクト　132
周　回　136

# 第8章
## 一人ひとりをいかすもっと多様な教え方……………………………143

センター　144
多様な入り口　153
段階的活動　157
契　約　164
三つの能力　171
一人ひとりをいかす学びを可能にする他の方法　174

# 第9章
## 一人ひとりをいかす授業を可能にするクラスづくり…………………179

学校のイメージ　180
まずは始めてみよう　180
長いつき合いを覚悟する　187
具体的な注意点　191
サポート体制を構築する　198

目 次 xi

第 **10** 章
一人ひとりをいかす教室づくりの促進者としてのリーダーたち…… 203
　学校変革にまつわるこれまでの経験と研究成果　　204
　初任教師についての一言　　216


あとがき　　219
資　料　一人ひとりをいかす授業の計画づくりをする際のツール　　221
文　献　　230
索　引　　237
訳者あとがき　　242

# 第1章

# 一人ひとりをいかす教室とは？

　教室にいる生徒の多くは，からだはそこにあっても，こころはありません。お
よそ40％の生徒は取り組んでいる振りをしているだけで，精いっぱい努力するわ
けでも，注意して聞くわけでもありません。多くの生徒が授業をサボったり，試
験をパスするためにカンニングをしたり，授業についていけなくて興味を失った
り，適度のチャレンジ（挑戦）を提供してくれないので退屈したりしています。
能力だけでは不十分で，努力こそが大切だということを多くの生徒は学びません。
落ちこぼれる生徒の約半分は授業がおもしろくないと言い，3分の2もの生徒が
自分の学業の成功に教師の誰も関心をもってくれなかったと言っています。全員
が教師や授業や学校に希望や期待をもっていません。

『学びの見える化（未訳）』ジョン・ヘイティー◆40

　一世紀以上前，米国でも世界の他の地域でも，教師は教室が一つしかない校
舎で困難な課題に直面していました。教師は，本など持っていないのでまった
く読み書きのできないさまざまな年齢の生徒を教えることと，もっとよく勉強
ができるいろいろな年齢の多様なニーズをもった生徒を教えることのどちらに
も，自分の時間とエネルギーを分割して使わなければなりませんでした。今日
の教師もまた，校舎にたった一つの教室しかない頃の教師が取り組んだ重要な
問題と闘っています。それは，幅広い学習のレディネス[注1]や個人的な興味関

---

注1：本書での「レディネス」とは，「特定の知識や理解やスキルに関して生徒が学習し始める時点の
　　状態」のことです。22～23ページ参照。

心をもち，おのおのの属する文化によって形づくられてきた世界の見方や語り方や経験の仕方をもった生徒に，どうすれば効果的に手を差し延べることができるのか，という問題です。

　一般的に，今日の教師は，およそ同一の年齢の生徒のいる教室で教えていますが，その生徒は，校舎にたった一つの教室しかなかった頃の生徒よりもはるかに多くのニーズを抱えています。ですが，教師の抱える問いは100年前と似たり寄ったりのままなのです。つまり「自分の時間やもっているリソース（資源），そして自分自身を，どのように分かち与えれば，自分の受け持つ多様な生徒の才能を最大限に引き出すことができるのだろうか？」という問いです。

　この問いに対して，次の7人の教師がどう答えているのか見てみましょう。

- ハンドリー先生は，自分の受け持つ生徒一人ひとりについて粘り強く理解しようとしています。彼女は，教えるためには生徒のことを知っておかなければならないと考えています。どの生徒も毎日学ぶことに一生懸命取り組み，クラスの学習に貢献して，目に見える進歩を遂げることができるかどうかを，彼女の仕事がうまくいったかどうかを測るものさしにしています。彼女は，その年度の早い時期に生徒の信頼を得られるように一生懸命仕事をし，それ以後は自分がその信頼に応えられる存在であることを示すようにしているのです。彼女は，生徒がカリキュラムとつながりを築き，授業の結果から成長できるようにするために，フォーマルとインフォーマルの両方の形成的評価[注2]を，一人ひとりのニーズを理解するための主要なツールとして使っています。形成的評価によって，一人ひとりの生徒にとって最善の授業づくりをしていくためにいったい何が必要なのかがわかるようになる，と彼女は言っています。

---

注2：「フォーマルな形成的評価」と「インフォーマルな形成的評価」については，21ページに具体的な方法が紹介されています。インフォーマルな形成的評価は，その場で教師が即興的に行い，生徒についての情報や理解を生み出すものです。フォーマルな形成的評価は，教師が生徒全員の学習を見通せる方法をあらかじめ計画し（たとえば，授業の最後に書いてもらう「振り返りシート」など），実行するものです。形成的評価・診断的評価・総括的評価の詳細は，吉田新一郎著『テストだけでは測れない！』（日本放送出版協会・生活人新書，2006年）と，本書の94～95ページを参照してください。

第1章　一人ひとりをいかす教室とは？　3

- ウィギンズ先生は，すべての小学3年生[注3]が「スペリングリスト3」を学習しなければならないというふうに考えるのではなくて，プレ評価テストの結果に基づいて，多様なスペリングリストを生徒に与えています。
- オーウェン先生は，できるだけ生徒に適した宿題を出して，誰もが宿題をすることの意味がわかるようにしています。彼は，一人ひとりの宿題が，数学的な概念や法則を生徒が理解したり応用したりするためにもっともよい手助けとなるように，生徒自身も協力するように求めます。
- ジャーニガン先生は，時折，一斉指導で算数を教えます。しかし，より多くの時間は，日常的な形成的評価による情報に基づいた，一連の直接指導や練習，応用グループを使うのです。彼女は，練習や意味をつくり出す課題を生徒の多様なニーズにマッチさせています。そして，実生活に基づいた算数の応用問題を解くために，生徒の興味関心や学習へのアプローチ[注4]をもとにしてグループをつくります。彼女によれば，そうすることで多様な友人同士での学習から生徒は学び，また，そうした学習に貢献できるようになります。
- エンリコ先生は，生徒が学習の成果を表す最後の作品をつくったり，ユニット[注5]の最後にそれまでの成果を集約してなされる本物の評価[注6]をしたりする際に，必ず，二つか三つの選択肢を与えます。基本になるのは，生徒の興味関心に基づいたもので，自分たちが大切だと思ったものから学んだいろいろなことを関連づける機会をもつことができるようにします。ま

---

注3：米国では，小学校は1〜5年生，中学校は6〜8年生，高校は9〜12年生が一般的です。しかし，本などのタイトルで対象学年をK〜3やK〜5年生とする例も目立ち（「K」はKindergarten（幼稚園）の頭文字です），幼稚園の最後の年が小学校に含まれる場合もあり，大学前の就学年数を13年間と捉えることも少なくないようです。本書原著の学年表示も1〜12年生ですが，翻訳にあたって，日本の読者にわかりやすいように，日本の学年表示に合わせて，小学○年生，中学○年生，高校○年生としています。
注4：得意な学び方や「学習へのアプローチ」については，23〜25ページで学習履歴と関連させて説明されています。また，人がもつ多様な能力については，39〜42ページを参照してください。
注5：本書ではunitは教師自らが開発するものであるという点を強調するために，教科書単元と混同されるおそれのある「単元」ではなく，「ユニット」という言葉を当てました。一般的に，教科書単元よりも長いのが特徴です。
注6：テストで測定するのではなくて，生徒が知っていることやできることを実際に見せられる評価のことで，主には，パフォーマンス評価と言われます。

た，時には，「契約を結ぼう」[注7]という選択肢を与えますが，生徒はこの選択肢を通して，自分の学習成果を表すためには常に他の選択肢があって，それと比較した上で，自分自身の作品の形式を提案することができます。生徒は自分たちのプロジェクトをさらに発展させるために，ウィキスペースの教室[注8]を使いますが，それによって，エンリコ先生は，そのプロジェクトでの生徒の進み具合をチェックすることができるのです。

- ウィロービー先生は，生徒に家庭で新しい内容を探らせ，彼らが新しく膨らませたスキルや概念[注9]を学校で練習させることに指導上の重要性を認めた場合，授業を「反転」させます。彼女は，「エントリー・カード（授業開始時に書き込んでもらうカード）」やその他の形成的評価で生徒の理解度を注意深く把握して，生徒が共通の学習目標に向かって協力して学習する意義があると判断すれば学習グループをつくります。そして，各グループの間を動いたり，そばに座ったりして，生徒のコーチをしたり，モデルを示したりするのです。

- エリス先生はいつも，生徒が現在もっている知識，理解，スキルから進んでいけるように自分がデザインした小グループ指導に取り組んでいます。生徒は，与えられた時間の中で全員と話し合うことができるわけではないのですが，一人で，ペアで，小グループで，自分に適ったレベルに設定された課題や，今やっている内容を生徒の興味関心と関連づけるように調整された課題を練習したり，理解したりすることに取り組みます。彼の指導計画を導いているのが形成的評価です。

　これらの教師はすべて，一人ひとりの違いをいかす指導を行っています。彼

---

注7：「契約」については，164〜170ページや，『「考える力」はこうしてつける』（新評論，2004年）の第4章をご覧ください。

注8：Wikispaces Classroom は，ネット上で書き込みのできる教育サービスのことで，生徒の反応や学習成果を教師がリアルタイムに把握できるようなものですが，日本語サービスは現在のところまだありません。https://www.wikispaces.com/content/classroom/about

注9：概念（アイディア，考え）は，パターン，システム，相互作用，エネルギー，適応といった例にみられるように，一つの学習テーマやユニットに限定されない，その教科全体の核となる概念や，場合によっては教科を超えて転移可能になる概念のことです。とても大切なものです。詳しくは，82〜92ページを参照ください。

らは，一人ひとりをいかす教育と名づけられる以前に，それをすでに実践していたと言えるのかもしれません。彼らは，もがいている生徒，進んでいる生徒，その中間の生徒，多様な文化伝統の中に育つ生徒，そして，幅広い背景となる経験をしてきた生徒のすべてが，毎日，毎週，そして一年を通してできるかぎり成長していくことを確信して，自分にできることは何としてでもしようとする教師なのです。

## 一人ひとりをいかす教室の特徴

　一人ひとりをいかす教室で，教師は二つの重要な「前提」から始めています。一つは，教育内容の要請です。時にそれは「到達基準」のような形式を取りながら，生徒にとっての目指すべき目標として提供されることになるでしょう。そしてもう一つ，学習者として必然的に多様な生徒がいることです。ですから，一人ひとりをいかす教室の教師は，生徒によって異なる興味関心に訴えかけたり，複雑さや支援の体制が異なる教え方を用いたりしながら，一人ひとりの学習へのアプローチをいかした授業に生徒を取り組ませる準備をしなくてはならないという前提を受け入れ，実行しているのです。一人ひとりをいかす教室で，教師は，生徒が成長するにつれて相互に競争し合うよりも，自分自身と競うようにし，すでに設定された教育目標に向けて，あるいはそれを超えて成長していくのです。

　言い換えると，一人ひとりをいかす教師は，ある生徒の学びの道順を示すロードマップが他の誰かと一致するという先入観をもたずに，できる限り深く，できる限り速く，一人ひとりが学ぶための特別な選択肢を提供するのです。つまり，一人ひとりをいかす教師は，生徒には高い到達基準が与えられるべきだと考えています。彼らは，すべての生徒が求められている以上に一生懸命取り組み，できると考えられている以上の成果をあげ，学ぶことにはリスクや誤りや自分だけにしかわからない喜びがつきまとうものだと思うようになる，ということを確信するために，熱心に教えるのです。また，一生懸命に情報を集めて学ぶからこそ成果がもたらされるという実感を，どのような生徒であっても継続的に経験しうるものだと確信するために教えているのです。

一人ひとりをいかす教室の教師は柔軟に時間を使って，ある範囲を教えるための方法を探り，生徒のパートナーになるので，学習内容も学習環境も，学習者と学習を支援することができるような形をとることになります。教師は，生徒を標準の鋳型にはめるようなことはしません。教師である彼らもまた，自分の受け持つ生徒から学ぶ存在です。比喩的に言えば，教師は，教育内容についての知識と，重要な教育内容を修めつつある生徒の学びの進み具合について絶えず更新される理解に基づいて，最善の指導を処方することのできる診断医なのです。また，生徒のニーズに合わせて，自分のもっている技術をツールとして駆使する一種の芸術家なのです。教師は，標準化された，誰もがどこでもできるような授業など求めていません。なぜなら，彼らには生徒が一人ひとり違っていて，自分にぴったりしたものを求めるものだとわかっているからです。教師の目標は，生徒が学ぶことであり，学ぶことに生徒が満足するということであって，カリキュラムをカバーすることではないのです。[注10]

一人ひとりをいかす教室の教師は，効果的なカリキュラムと魅力のある指導を成り立たせる条件について，自らの明快で確かな感覚を手がかりにしています。それゆえ，彼らは，一人ひとりの生徒が学びの次の重要な段階に挑戦するために必要な知識や理解やスキルを手に入れるには，カリキュラムと指導をどのように修正すればよいのかと問い続けるのです。つまり，生徒が，多くの共通点だけでなく，彼ら一人ひとりを育てた大切な差異をも学校に持ち込むという事実を，一人ひとりをいかす教室の教師は基本的に受け入れて計画しているということなのです。

一人ひとりをいかす教室はある意味で常識を具体化しているところです。一人ひとりをいかす教室には，成長を促す環境こそが学びを促進する，という思いが当然のように流れています。質の高いカリキュラムでは，生徒の頭脳を魅了して理解を導くような，明快で魅力のある学習目標が要求されます。粘り強く続けられる形成的評価は，教師と生徒が大切な目標に向かっていくガイドに

---

注10：ましてや，教科書をカバーすることなどではありません！　教科書をカバーするレベルとカリキュラムをカバーすることの間には大きな違いがあります。そして，一人ひとりをいかす授業をする教師は，生徒自らがカリキュラムを uncover する，つまり（再）発見する教え方をする努力をしています。

なります。フォーマルな形成的評価とインフォーマルな形成的評価のいずれによっても，教育内容についての目標が注意深く調整され，ニーズを踏まえるようにつくられている時，学習指導は一番うまくいくのです。生徒が大切な目標を達成するために，教室の経営は予測可能で柔軟性に富むものとならなければなりません。こうした思考の流れはきわめて常識的なことですが，常識というものがそもそもいつもそうであるように，達成するのは困難なことが少なくありません。一人ひとりをいかす教育を実践したり，その計画を立てたりすることは難しそうなことに思われるかもしれませんが，それはうまくいった事例を私たちがほとんど知らないからなのです。しかし，一人ひとりをいかす教育の探究をスタートする前向きな方法を示す事例は，確かに存在しているのです。

## さまざまな学校からのポートレート

　教師は，一人ひとりの生徒が示すさまざまなレディネスや興味関心，学習へのアプローチに見合ったやり方で，どのようにすれば一人ひとりに手を差し伸べることができるのかということを明らかにするために，毎日教えています。効果的に一人ひとりをいかす教室をつくり出すのに，たった一つの「正しいやり方」などありません。教師は，自分の個性と指導へのアプローチにマッチしたやり方で，学習の場面を工夫します。以下に取り上げる，一人ひとりをいかした教育を進めるいろいろな教室からの事例のいくつかは，私自身が直接観察させてもらったものです。また，いくつかのものは，訪れたことのある複数の教室のことを再構成したり，教師と会話した内容をもとにして書いたりしました。一人ひとりをいかす教室がどんなふうに見え，そしてどんなふうに感じられるのかをイメージできるようにする手助けになると思います。

　生徒一人ひとりの多様性にはほとんど目を向けないで教える教師の例と，常に頭の中で生徒一人ひとりの多様性に配慮しながら教えようとする教師の例とでは，いったいどこがどのように違うのかということを注意深く考えてみてください。そして自分が教える一人ひとりの生徒について考えるのです。自分の教える生徒によりフィットしているのはどちらのシナリオでしょうか？　そしてそのような違いが生まれるのはどうしてなのでしょうか？

## 二つの小学校低学年の教室の事例

ジャスパー先生が自分の受け持つ小学1年生のクラスで過ごす一日の間，生徒はかわりばんこで学習センター注11にやってきます。ジャスパー先生は，数年かけて一生懸命，いくつかの教科領域に関連する多彩な学習センターをつくりあげました。生徒はみんな，すべての学習センターに行きます。それというのも，みんなが他の人と同じことをしないと，不公平になると言っているからです。生徒は，学習センターでは自分の机と椅子の制約から解放されて，やりたいことに合わせて動くことのできる自由さを満喫しています。

イザベルはセンターでの学習を楽々とこなしています。対照的に，ジェイミーはどうやればいいのかがわからなくなりがちです。ジャスパー先生は，ジェイミーをできるかぎり手助けしようとしますが，イザベルのことはほとんど心配しません。というのも，彼女のスキルは小学1年生として期待されるレベルをはるかに超えているので，すべての作業をまったく滞りなく，正確にすることができるからです。今日，ジャスパー先生のクラスのすべての生徒は，学習センターで複合語について学習することになります。10個の複合語のリストから，5語を選んで図解します。その後，ジャスパー先生が，自発的に申し出てくれた生徒に，自分で図解したイラストを見せるように求めます。そして，10語すべてについて生徒が図解イラストを共有するまでそれを続けるのです。

廊下の先の方では，カニンガム先生も小学1年生の教室で学習センターを使っています。彼女は，多様な教科についておもしろいセンターを開発することにたくさんの時間を割いていました。そして，カニンガム先生のセンターは，一人ひとりをいかす教室の原則のいくつかを利用しています。誰にとっても新しい概念やスキルが導入される時などは，特定の学習センターで全員が活動することもあります。でも，生徒一人ひとりのレディネスについての継続的な把握に基づいて，生徒をある特定の学習センターに行かせたり，あるセンターで特別な課題に取り組ませたりすることの方がもっと多いのです。

今日，彼女の生徒もそのセンターで，ジャスパー先生の授業と同じく，複

---

注11：「学習センター」とは，生徒に「知識やスキルや理解を教え，使い方を示し，それらを拡張するためにデザインされた，たくさんの活動や教材と教室内の特定の場所」（144ページ）のことです。詳しくは，第8章を参照ください。

合語についての学習をしていました。センターには生徒の名前が掲げてあり，それぞれの名前の脇には，4色のシールの中から1色を選んで貼ってあります。生徒は自分の色のシールと同じ色のフォルダーの中に入れてある課題に取り組みます。たとえば，サムのフォルダーは自分の名前の横に赤いシールを貼ってあります。サムは，このフォルダーの中の教材を使いながら，言葉の組み合わせの正しい順序を決めて，よく知っている複合語をいくつかつくらなければなりません。それに加えてサムは，一つひとつの単語や，それらの単語を組み合わせてできた複合語を図解するポスターもつくることになります。ジェナは，青のフォルダーの中の教材を使いながら，教室の中や何冊かの本の中を探し回り，複合語の例をいくつか見つけます。彼女はそれらをみんな書き出して，ブックレットの中に図解するのです。紫のフォルダーの中の教材を使いながら，チュアンナは，自分の生み出した詩や物語をおもしろくする複合語を使って，詩や物語を書くことになります。彼女はもちろん，読むだけではなくて，見るだけでその物語や詩がおもしろくなるように，複合語の図解をすることでしょう。ディオンは，緑のフォルダーの中に，教師自作の物語を見つけて読みます。その物語には，正しい複合語と間違った複合語が使われています。ディオンは言葉の探偵になって，それらの複合語の中に「わるもの」と「いいやつ」を探すのです。彼は，物語の中に見つけた，いいやつ（正しい複合語）とわるもの（間違った複合語）をリストアップするための表をつくり，最後には物語の中の「わるもの」を「いいやつ」に変えることになるでしょう。

翌日のサークルの時間[注12]には，生徒全員が複合語でやったことを共有することになります。生徒はお互いの話を聞きながら，課題ファイルの中に入っていた学習目標のチェックリストをもとにして，発表者のそれぞれの作品について一番いいと考えたことを言ってあげようとするでしょう。カニンガム先生もまた，控えめなためにグループの前では話すのをしぶっていた数名の生徒にスポットライトを当て，その子たちの作品のいいところをみんなに話したり，少

---

注12：サークルの時間では，文字通り生徒たちが輪になって座り，学校であったことや自分たちが不安に思うことなどの気持ちを順番に表します。進行役は，教師もしくは生徒が担当します。サークルの時間の受容的で打ち解けた雰囲気の話し合いを通し，生徒が自分の意見や自分の置かれている状況を客観的に述べることによって，思考力や表現力を磨くことができるとともに，自分を大事に思う心やお互いを思いやる心を育むことにも役立つので，欧米諸国では長年取り組まれています。

なくとも簡単な反応を引き出せるような質問をしたりするでしょう。

## 二つの小学校高学年の教室の事例

スリンズ小学校の5年生の生徒は,「有名人」という概念を扱いながら,社会科と国語科を合科で学んでいます。生徒みんなが調査スキルを磨いたり,応用したりすることや,いろいろな概念を論理的な流れで書くことや,自分たちが学習している有名人について理解したことを発表の際に聞き手と共有することが期待されています。

エリオット先生は,生徒みんなに,自分たちがすでに学習した文学や歴史をもとにして,有名人の伝記を選んで読むように求めています。そして,自分たちが選んだ人物についてもっと多くのことを発見するために,生徒は学校図書館から借りた本やインターネットの情報を使うのです。一人ひとりが,選んだ有名人の属している文化や子ども時代のこと,教育,抱えていた課題,そして世界への貢献について説明することで,レポートを書きます。自分のレポートの中に,もともとの実例だけでなく,「発見した」実例を使うように,促されます。エリオット先生は,資料調査や構成の仕方や言葉をいかに使いこなしているかということに焦点を当てた,学習の手助けとなる評価基準を与えています。

やはり小学5年生を受け持つメイ先生[注13]は,スポーツ,アート,医薬品,アウトドア,文章表現,他の人を支援すること,といった,クラスの生徒たちが特別な才能をもち,魅力を覚えているかもしれない領域を,自分自身で確かめるための,「みんなの興味関心一覧」を提供しています。生徒は最終的に,有名人の特徴についてのユニットで,その「みんなの興味関心一覧」の中から自分が興味を覚える領域を選ぶのです。

メイ先生のクラスでは,人間のあらゆる試みにおいて,いろいろな文化から生まれた有名人がすべての領域での理解と実践を形成してきたということを話し合うのです。メイ先生は,指導的な政治家,ミュージシャン,宇宙飛行士,地域のまとめ役,科学者,アーティストを伝記的に描いた文章を読み聞かせし

---

注13:メイ先生についての記載はユニットの長い導入のことですが,生徒の「有名人」学習の必然性を生み出す学習です。これがないとなぜそれを学ぶのかが生徒に認識されないで終わってしまいかねません。

ます。彼女がスポットライトを当てた人々の中には男性もいますし，女性もいます。そして，多彩な民族や文化の人々が含まれています。生徒と先生は一緒になって，これらの有名人に見られる特徴と原則を説明するのです。

たとえば，これらの有名人は創造的であることが多く，自分の領域を進歩させるためにリスクを負い，最初は周囲から拒絶されていても後に尊敬されることが多く，時に失敗し時に成功し，粘り強く物事を追究するものです。生徒は，歴史的な偉人たちや作家，現在のニュースで報道される人々に，こうしたさまざまな原則をあてはめて考えてみるのです。最終的に，生徒は，「正当な理由で」有名になった人もいれば，「間違った理由」で有名になった人もいるという結論に達しました。生徒は，世界に対して肯定的な影響をもたらすことによって有名になった人々を調べようと決めたのです。

学校メディアの専門家[注14]は，一人ひとりの生徒が，特定の興味関心のカテゴリーの中で成果をあげた有名人のリストをつくる手助けをします。彼女はまた，どのように資料を探していけば，多様な文化や時代の有名人を調査するのに役立つかということを生徒が学ぶ手助けもします（どういう人ならインタビューできそうかということについてのブレインストーミングを含めて）。彼女は，自分で読んで明快に理解することのできる調査資料を選ぶことの重要性について生徒に語り，生徒にとってやさしすぎたり難しすぎたりすると思われる資料に代わる別の資料を探し出す手助けをするのです。

メイ先生と生徒は，メモの取り方について話し合い，この調査の間，多様なやり方でメモを取ろうとしました。また，ウェブやオンライン，ストーリーボードやマトリクス[注15]のような，情報を構造化するいろいろな方法を考察し，クラスの他の生徒のために，どのアプローチをとれば一番いいかということを話し合いました。また，自分たちが学んだことを表現することのできるすべての方法について話し合ったのです。論文，歴史小説，一人芝居，そして人物の性格描写など。メイ先生は生徒に評価基準を与えて，学習内容，調査，計画，

注14：「学校メディアの専門家」は，学校図書館の専門家が司書だったのに対して，もはや本だけが資料ではなくなっているので，学校図書館を学校メディア・センターに代えたのと一緒に名称変更されています。日本でそれを実現している学校はどのくらいあるでしょうか？

注15：ここでは，さまざまな情報を構造化して把握するための格子状の表のことを「マトリクス」と言っています。

そして，効果的な物語文の特徴について，方向性を示しました。生徒もメイ先生と個人学習をすることで，理解，学習過程，最終的な成果物についての個人的な目標を設定することになります。

　メイ先生は，こうした課題を続けながら，一人ひとりに個人指導をしたり，小グループに加わったりして，個人的なコーチングをするために，生徒の理解と進み具合を評価するのです。生徒も，評価基準と個々の目標によって，自分たちの学習をお互いに評価し合います。生徒は，お互いの書いたレポートに，世界に対して肯定的な影響を及ぼした誰かのことが示されていることを，確信しています。最終的に，クラス全体で，自分たちの部屋の脇の廊下の壁に一枚の壁画を完成させることになるのですが，それにはパズルのピースのようなかたちで，有名人についての諸原則が組み込まれます。その一つひとつのパズルのピースに，生徒一人ひとりが調べた有名人の人生から引き出した原則の例が言葉や絵で表現されるのです。また，それらの原則をどのようにして有名人たちが信じるようになったのかということや，彼ら自身の人生にとってどういう点で大切なものになったのかということも付け加えられています。

## 中学校のいくつかのクラスの比較

　コーネル先生の理科のクラスでは，生徒が特別なサイクルで学んでいます。教科書のある章を読む，その章の最後の質問に答える，自分たちが読み取ったことを話し合う，実験をすませる，小テストを受ける，というサイクルです。生徒は4人のグループで実験をして，レポートを完成させます。コーネル先生は，問題行動を最小限にするための方法としてこのグループで実験するように生徒に求めているのです。時には，生徒に実験グループのメンバーを選ばせるようにしています。生徒は各自で教科書の文章を読み，質問に答えます。コーネル先生は，一つの章を扱う間に，通常2回か3回，クラス全体での話し合いをするようにしています。各章のテストの前に，クラスでユニットの振り返るための学習をします。生徒は，学年の初めと半ば（秋と冬）に行った学習の成果を，学年の終わり（春）に行われる「サイエンスフェア」に参加して発表します。

　サントス先生は，理科の授業で教科書やオンラインの素材をもとにして学習

第1章　一人ひとりをいかす教室とは？　13

する場合，生徒に「読みのチーム」をつくるように求めます。そのチームはだいたい似たような読みの力の生徒を組み合わせています。サントス先生は，いろいろなグループの生徒が，教科書のその章から必要不可欠な概念をつかむのに必要な，図式や具体的な絵をそなえた見える化シート[注16]や学習記録を多彩に工夫しています。そして，生徒の読む能力に応じて，いろいろなレベルのインターネット資料を準備しています。このように，読みの方法が多様なので，生徒は目的に応じて，ペアで読み聞かせ合ったり，黙読したりすることになります。生徒は協力して見える化シートを完成させますが，書くためのきっかけになる問いに答えたり，ブログに書き込んだりすることは個人でやるのです。生徒が活動している間，サントス先生はグループの間を回って，一人ひとりの相談に乗ります。時折，先生がその文章の大事な一節を生徒に読んだり，生徒が先生に読んで聞かせるように求めたりします。サントス先生はいつも，より深い理解を探っていて，生徒が自分の考えを明確にする手助けをするのです。

　サントス先生はしばしば，生徒が実験を行ったり，ビデオを見たり，オンラインでいろいろなモデルや図を探したり，その章を読む前に補足資料で学習させたりしますが，そうすることによって，生徒がもっと後になってから複雑で抽象的な文章を扱う時の手助けをし，このユニットを進めるための方針を生徒にはっきりと自覚させることになります。時には，生徒が教科書の文章をしばらく読み，実験をしたりデモンストレーションするのを見たりして，それから再び文章に戻ることもあります。時には，教科書を読み，調べた後で，実験をしたり補足資料を読んだりすることになります。サントス先生は，抽象的な概念についての生徒の関心や能力に応じて，そのグループが取り組む資料の順番を入れ替えるかもしれません。彼女はよく，一つの実験について二通りのものを同時進行させます。一つは，必要不可欠な原理を理解するために具体的な経験を必要としている生徒のための足場づくりを含む実験であり，もう一つは，すでに重要な原理を把握していて，複雑で不確定な条件のもとでもその原理を扱うことができる生徒のための実験です。

---

注16：原文では graphic organizer。情報を視覚的に構造化して，わかりやすくするためのワークシートのこと。コンセプトマップやマインドマップなどが日本では知られていますが，できるだけわかりやすく表現するために「見える化シート」と訳しました。

一つのユニットの間，サントス先生は形成的評価を何度も行っています。形成的評価は，そのユニットの大切な学習成果をしっかりと達成するための評価法です。ですから，彼女は，重要な知識や理解やスキルについてどの生徒にもう少し追加の指導が必要なのか，ユニットの最初の方であってもどの生徒にはより進んだ課題を提供する必要があるのか，そして，新しい条件で概念やスキルを応用することが難しいのはどの生徒なのか，ということを，常にしっかりと見きわめることができるのです。たいていの場合，重要なパフォーマンス評価の形式を選ぶのは生徒です。その際，生徒に求められる学習の成果はどのような形式でも変わりません。生徒が総括的評価のための理科のプロジェクトを完成させた時は，どのようなプロジェクトを選ぼうと，以下に示した評価の基準を一つのルーブリック（評価基準表）が提供することになります。

- あなたが学習しているテーマに関連する，学校の周りにあるコミュニティーでの課題を調べたり，対処したりするために，一人であるいはペアで活動している。
- 現在取り組んでいる地域の話題を応用し，学校の周りにあるコミュニティーに属する個人やグループに対して指導的役割を果たす形で活動している。
- あなたが学習したテーマについての科学的な業績に（大きな）貢献をした，過去と現在の科学者たちを調べている。
- あなたが学習したテーマに基づいて正確な科学的知識を使いながら，サイエンス・フィクションを書いている。
- あなたが学習したテーマのいくつかの側面が，実際にどのように役立っているのかということを，年下の生徒にわかってもらえるように，教室のカメラを使って物語付きのフォト・エッセイをつくる。
- あなたが別のやり方を提案して，サントス先生と一緒に理科についての理解とスキルを表現するためのプロジェクトをつくる。

オレイリー先生の中学2年生の国語の授業では，生徒は同じ小説を読んで，それらについてクラス全体で話し合っています。生徒は自分たちの読みについてジャーナル注17への書き込みを完成させました。通常，オレイリー先生は，

毎晩その小説の一部を家で読んで，要約をしていくつかの振り返りの質問に答えることを宿題にしています。

　ウィルカーソン先生の8年生の国語の授業では，生徒が時々，「勇気」や「葛藤の解消」といった共通するテーマの小説を読みます。ウィルカーソン先生がテーマにそった5～6冊の小説を5冊ずつ用意し，生徒は自分が読みたいと思った本を選んでから，4～5人のグループになって小説を読み合います。教師はあらかじめ，それらの小説が幅広い範囲にわたっていることや，さまざまな興味関心をカバーしていることや，さまざまな文化を扱っていることも確かめます。

　ウィルカーソン先生の受け持つ生徒はよくブッククラブ[注18]をやります。ブッククラブでは同じ本を読んでいる人と，おのおのの読んだ感想や考えを話し合うのです。生徒のブッククラブでは，各人が読みたいと思った本を選んでいるので，一人ひとりの読みの能力が異なっています。ブッククラブを行う前に優れた読み手が自然に使いこなしている，理解するための方法（関連づける，質問する，イメージを描く，推測する，何が大切かを見きわめる，解釈する，修正しながら意味を捉える）を，あらかじめ生徒に教えておくようにします[注19]。通常ブッククラブは，1冊の小説を数回に分けて読んでいきますが，会って話し合うたびにより充実感が味わえるように，内容だけでなく，自分たちの理解の仕方や話し合い方などについても振り返りを行います。

　ウィルカーソン先生は，ジャーナルに書くための手がかりになる問いやブログへの書き込みにいろいろな工夫もします。生徒に応じて違った問いや書き込みを求めることもありますし，自分の興味を覚える問いを生徒が選ぶように働

---

注17：ジャーナルは，生徒が自分の学びの過程や内容について，個人的な反応，疑問，気持ち，考え，知識などを記録するノートです。日々の活動を記録する日記／日誌でも，教師が書いたことや言ったことを記録するノートでもありません。詳しくは，『「考える力」はこうしてつける』の第6章を参照してください。

注18：詳しくは，吉田新一郎『読書がさらに楽しくなるブッククラブ』（新評論，2013年）やジェニ・デイ他（山元隆春訳）『本を読んで語り合うリテラチャー・サークル実践入門』（渓水社，2013年）を参照してください。

注19：理解するための方法の教え方については，吉田新一郎『「読む力」はこうしてつける』（新評論，2010年）とエリン・キーン（山元隆春他訳，『理解するってどういうこと』（新曜社，2014年）を参考にしてください。

きかけることもあります。どんな小説にも共通のテーマについてクラス全体で話し合う機会をふんだんに設けて，そのテーマが読んでいる本の中で，あるいは自分たちの人生でどのように「展開する」のかを理解するのにどんな生徒でも貢献できるようにしています。

・・・

一人ひとりをいかす教室は，異なる方法で学び，学ぶスピードも違い，そして多様な才能や興味関心を持ち込んでくる生徒を支援するためのものです。さらに大切なことに，そのような教室こそ，どのような条件の生徒であろうが放り込んで一斉授業をする教室よりも，生徒のためになるのです。一人ひとりをいかす教室の教師はそうでない場合よりも生徒と深く関わりながら，機械的なエクササイズとしてではなくて，一つのアート[注20]として，教育に取り組むのです。

生徒の共通性と違いの双方に積極的に取り組む授業を開発することは，簡単なことではありません。以下に続く各章では，一人ひとりをいかして，一人ひとりに責任をもつための工夫に満ちた教室について説明します。それは，あなたのクラスや学校にぴったりと合った環境を自分自身で時間をかけてつくりあげるためのガイドになることでしょう。

---

注20　教えることと学ぶことは，機械的なエクササイズの連続では決してなく，アートであることを算数・数学で示してくれているのが，ポール・ロックハート（吉田新一郎訳）『算数・数学はアートだ！』（新評論，2016年）です。アートなら，全員とはいわないまでも，ほとんどの生徒が算数・数学を含めて，すべての教科が好きになり，かつそれぞれの教科の知識やスキルも身につけます。

# 第2章

## 一人ひとりをいかす授業を実践するための八つの原則

> すべての生徒にいつでも有効な決まったやり方やコツはありません。一つの教室の中に寄せ集められた多様な学習スタイルや学習へのアプローチ，能力をもった生徒全員を夢中で取り組ませることのできる授業のプランやユニットはありません。
>
> 『教えること～ある教師の旅（未訳）』ウィリアム・エアーズ◆3

　指導が上手な教師は，時には生徒のために自分の教え方を変えます。また，それらの教師の多くは，ある程度，生徒に応じて教え方を変えようと思っていると言うでしょうし，実際そうしています。しかし，気配りのできる教師が昼食時に生徒に特別な支援をしたり，教室で話し合いをしている時に，学習がよくできる生徒に難しい質問を投げかけたりするといった例をあげていくことが，本書の目的ではありません。本書は生徒によって学び方が異なることを想定し，一人ひとりをいかそうといつも首尾一貫した計画を練り，それを改良したいと思っている教育者の手引きとなるものです。

## 一人ひとりをいかす教室の本質 ～ 八つの原則

　一人ひとりをいかす教室がどのようなものかについて，決まった一つのイメージはありません。けれど，すべての生徒が学習で成果をあげることを目指している教室には，共通するいくつかの特徴があります。これらの特徴を考える

ことは，一人ひとりをいかす教え方の本質とねらいを理解するのに役立ちます。

## 学習環境は生徒と学習を積極的に支える

　一人ひとりをいかす教室で生徒が夢中で学習する際の鍵となるものは，その学習環境です。教師はカリキュラムをデザインしたり授業を実践したりするのと同じぐらい，意識的に，目的をもって，魅力的な学習環境をつくることに取り組んでいます。実際，教師は，学習環境，カリキュラムそして授業という三つの要素が密接につながっていることをわかっています。そして学習環境が生徒の感情面のニーズに影響し，その感情的なことが物事の認識や学習に影響することもわかっています。魅力的な学習環境をつくることを目指して，一人ひとりをいかす教室では，教師は生徒が以下のことを理解するように支援します。

- 生徒がありのままで受け入れられ，尊重されること
- 教師は，生徒がこれから学ぶことに対して学ぶ能力をもっていると確信していて，生徒の学習を全力で支えるつもりでいること
- 生徒は互いの成長を支えるために協力し合うこと
- 成功と失敗はどちらも学習の過程で必要なものであり，教室は成功しても失敗してもよい場所であること
- 努力すれば，目に見えて成長できること
- 教室での決まり事や学習の進め方には，すべての生徒が成功するのに必要なことが含まれていること

## 教師は一人ひとりの違いにしっかり注意を払う

　幼い頃から子どもたちは，ボールを蹴るのが上手な子，おもしろいお話ができる子，数字に強い子，人を喜ばせるのが得意な子，といろいろな子どもがいることをわかっています。文字を読むのが苦手な子，感情を抑えるのが苦手な子，そして手足が不自由な子がいることもわかっています。子どもたちは，みんな同じでないという世界を受け入れているようです。みんなが同じであることを求めているのではなく，むしろ自分が尊重され，大切に育てられ，そして自分ができないと思っていることがおだてられてでも達成できた時の喜びの感

覚を求めているのです。

　一人ひとりをいかす教室の教師は，人には，食べたい，見守られたい，安心したい，何かに属したい，何かを成し遂げたい，誰かの役に立ちたい，満たされたいといった，共通の基本的な欲求があることをよくわかっています。人には，努力する場所が違っても，時間的制約があっても，支えられる環境が違っても，これらの欲求があることもわかっています。生徒による違いに注意を払うことによって，生徒がそうした欲求をうまく口に出すことを支援できることも理解しています。私たちの経験，文化，性別，遺伝子，そして神経回路のすべてが，私たちが何をどのように学ぶかに影響しています。たった一つの授業プランですべての生徒に効果的に授業ができるというのはまったくの幻想ですし，示された学び方が「嫌ならやめてしまいなさい」というアプローチをとるつもりもないのです。むしろ，一人ひとりをいかす実践をしている教師は，重要な学習の目標に向かって多様な道筋を用意する必要があり，生徒が成功するためにもっとも効果的な道筋を生徒が自分で見つけることができるように支援する必要があることを，当然のことだと考えています。

　一人ひとりをいかす実践をしている教師は，1年前に学習した算数をもっとよく理解できるようになるためにはさらに学習が必要な生徒がいることをわかっていますし，今年学習した算数ではまだまだ物足りないと思っている生徒がいることもわかっています。当然のように何の問題もなく英語を学ぶ生徒たちがいる反面，悪戦苦闘しながら学ばなければならない生徒たちがいるということもわかっています。生徒が教室にそれぞれの才能を持ち込み，その才能が認められ，引き出され，開発されるべきだということもわかっています。生徒たちの才能に一つとして同じものはなく，また，それはこれまで伝統的に学校で尊重されてきた才能ですらないと理解しています。一人ひとりをいかそうとする教師は，家庭で失った自信を回復させるためにたびたび声かけをする必要のある生徒がいることをわかっています。注意や忠告よりも優しいユーモアで語りかけた方がよりよい反応ができる生徒もいるし，敬意を示すために険しい表情をする生徒がいることもわかっています。痛々しいほど恥ずかしがり屋の生徒には，クラスのみんなの前で話す前に，紙の上で「話す」必要があるかもしれないし，それとは対照的に，積極的に振る舞って教室を自分の舞台に変えて

しまう生徒もいるとわかっています。仲間はずれをつくらない方法をきちんと指導した方がよい生徒もいるし，ユーモアが行き過ぎにならないような指導が必要な生徒もいるとわかっています。言い換えれば，一人ひとりの生徒に手を差し伸べようとしている教師は，彼らの認識と感情の多様性に応じようとしているのです。

## カリキュラムは学習を支援するために構成される

　教科書に書かれていることをすべて学習できる人はいません。一つの教科全体は言うまでもありません。脳というものは，もっとも能力の高い人でさえ，覚えたことよりももっと多くを忘れるような構造になっています。それゆえ，教師はこれから学習するテーマや領域について何を知り，何を理解し，何をできるようになることが生徒にとって重要なのかをはっきりと知らせることが大切です。

　一人ひとりをいかす教室では，教師はそれぞれの教科の重要な知識，理解そしてスキルに総合的に注意を払い，カリキュラムをつくっています。生徒はそれらの知識，理解，そしてスキルをしっかりと自分のものにして授業を終えるのが望ましいのですが，実際には学ぶべきことをすべて獲得して終わったと感じるようになることはまずないでしょう。

　そのテーマで何が一番大切なのかをはっきりさせることで，それを学習することの意味やおもしろさや適切さを生徒が理解しやすくなります。そうすれば，悪戦苦闘している生徒を事実と情報が混乱したプールに放り込んで溺れさせるようなことにはなりません。学習が進んだ生徒には繰り返しの作業や単純なデータ集めをさせるより，むしろ重要で複雑な問題に取り組む時間をつくってあげられます。それぞれの生徒がもっともよく成長し成功できるようにしていく過程で，教師，生徒，評価，カリキュラム，そして授業が密接に連携し合うことを保証することにもなります。

　鍵となる学習内容についてどのように学習や授業が展開していく可能性があるのかを理解することは，生徒の学習の入り口や現在の学習状況を考慮しながら次のステップを決めるのに役立ちます。このことを，生徒がマイアミからボストンまで旅行することを目的とした例で説明してみます。教師は，生徒が最

終目的地を目指して旅をする時の毎日の行程に目を配ります。その場合，教師は，生徒がアトランタへ行ってしまうことや，ロサンゼルスに行ってしまうことは望んでいません。一方，ボストンへ行くためにはたくさんの高速道路や脇道があるし，移動手段も時間の使い方もさまざまです。けれど，教師は，すべての生徒に毎日同じ距離を旅行させたり，常に同じ移動手段を使わせたりしなければならないとは，決して思っていません。

## 評価と指導は切り離せない

　一人ひとりをいかす教室では，評価とは絶えず診断し続けることです。評価とは，特定の概念やスキルについての生徒のレディネス，興味関心，学習へのアプローチについて，日々のデータを得ることです。このような教室の教師は，評価を，ユニットの終末の時点で生徒が何を学んだのか（学ばなかったのか）を見いだすものとしてではなく，むしろ，翌日の授業をどのように修正したらよいかを考えるために，今，行うべき手段だと理解しています。

　形成的評価のデータは，教師と生徒の小グループの話し合い，クラス全体の話し合い，ジャーナル，ポートフォリオ，授業終了時の振り返り，スキルの一覧表，プレテスト，宿題，各種アンケート調査，チェックリストを使った生徒の観察などから得ることができます。このようなフォーマルないしはインフォーマルな評価は，大切な概念を誰が理解し，目標としているスキルを誰が獲得していて，それらがどの程度上達しているのか，興味関心の程度はどのくらいなのかを浮かび上がらせてくれます。その後，教師は個々の生徒が今の能力をさらに伸ばすことができるように支援することを目指して，翌日の授業づくりを行ったり，今日の授業づくりをやり直したりさえします。さらに，教師にとってきわめて重要な授業の目標は，生徒が自分自身の学習に責任をもつようになること，つまり，生徒が学習の目標を自覚しようと努力し，その目標を踏まえた自分の現状への意識を高め，目標に向かって（さらなる高みへと）着実に進んでいくための計画をつくるのを支援することです。明確にしっかりと設定された目標や成功のための基準に照らして自分ですべきことを生徒自身で分析するように促すことは，生徒が学習者としての自立性，主体性，自己効力感を継続的に高めることに役立ちます。

学習における基準点（ユニットの一区切りの時点，またはユニットの終末時）
では，一人ひとりをいかす教室の教師は，多くの教師と同様に生徒の成長をフォーマルに記録するために総括的評価を行います。しかしその時でさえ，それぞれの生徒が獲得したスキルや理解したことを十分に発揮することができるように，さまざまな評価の手段を使います。評価では，生徒の間違いを列挙することよりも，生徒が知識を獲得し，理解し，できるようになったことを表現できるような支援を重視します。

## 教師は，生徒の多様性をもとに，内容や方法や成果物を変える

一人ひとりをいかす教室の教師は，内容や方法や成果物[注1] および学習環境を変える時に，評価の資料を思慮深く使います。内容とは，教師が生徒にあるひとまとまりのユニットで学んでほしいことや，生徒が重要な情報を手に入れることができるようにするための教材や手順のことです。方法とは，生徒が基本的な知識や理解すべきことの意味をよく理解したり，応用したり，人に伝えたりするための大切なスキルを確実に用いることができるようにデザインされた活動です。成果物とは，生徒が学んだことを表現したり活用したりする時の手段です。

生徒のレディネス，興味関心，学習履歴は変化します。レディネスは，生徒がユニットを学び始める時点での特定の知識や理解，スキルについての最初の状態です。たとえば，レディネスが十分でない生徒には，以下のことが必要です。

- 学習を次に進めることができるようにするために，今までの学習を確認し，不十分な点を補うよう支援する人
- 個別の指導や練習の機会をもっと増やすこと
- ステップの数が少なく，生徒が身近に感じることができ，読めば簡単にわかるなど，学習に取り組みやすいように構造化ないしは具体化された活動

---

注1：本書では，「内容」「方法」「成果物」という言葉が繰り返し用いられますが，これらはそれぞれ学習する内容，学習する方法，学習の結果としての成果物のことを意味しています。詳しくは，92〜95ページを参照ください。そこには，総括的評価のさまざまな手段についても述べられています。

第2章　一人ひとりをいかす授業を実践するための八つの原則　23

　　や成果物
- もっとゆったりしたペースでの学習

　一方，学習が進んでいる（＝レディネスの度合いが高い）生徒には以下のことが必要です。

- すでに修得しているスキルの練習や理解していることを省くこと
- さらに難しい読み物教材等に取り組むことができるような，複雑で，オープンエンドで，抽象的で，多面的な活動や成果物
- てきぱきとしたペースの学習。または，テーマをもっと深く追究する場合は，ゆっくりとしたペースでの学習

　レディネスは変化するものです。なので，生徒の学習がうまく進むこともあれば，なかなか進まなくて苦労することもあります。レディネスは能力と同義語ではありません！
　興味関心は生徒の特定のテーマやスキルに対しての親近感や好奇心，感情に関係しています。ある生徒は分数を意欲的に学びたいと思っているかもしれません。その生徒は音楽にとても興味があって，算数の先生が分数と音楽がいかに関係しているかを説明したことがあったのかもしれません。また，ある生徒は，アメリカ独立戦争の学習に魅力を感じるかもしれません。それは，その生徒が薬に特に興味があって，その当時の薬に関する成果物をつくるという活動を選択することができたからかもしれません。また別の生徒は，自分が幼い頃から慣れ親しんだお話と似ているとわかったので，『ロミオとジュリエット』の学習に興味をもったのかもしれません。
　学習履歴は，生徒の学び方と関係します。それは，能力の得意・不得意[注2]，性別，文化，学習スタイルによって形づくられるようです。ある概念について学ぶために，仲間とその概念について話し合うことが必要となる生徒がいます。また，グループでの話し合いよりも，一人で考え，文字にすることでよりよく学習で

注2：私たち人間には，一つの能力しかないのではなく，多様な側面（能力）があります。詳しくは，
　39〜42ページを参照ください。

一人ひとりをいかすことは，
教師が生徒のニーズに積極的に対応することであり，
マインドセット◆25注3によって形成される。

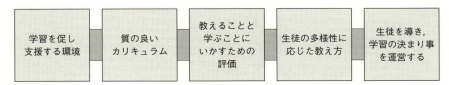

一人ひとりをいかすことに関わる次のような一般的原則によって導かれる

| 学習を促し支援する環境 | 質の良いカリキュラム | 教えることと学ぶことにいかすための評価 | 生徒の多様性に応じた教え方 | 生徒を導き，学習の決まり事を運営する |

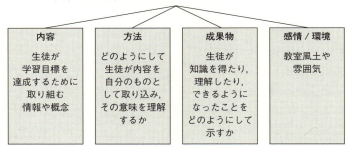

教師は次の要素を通して一人ひとりをいかすことができる

| 内容 | 方法 | 成果物 | 感情/環境 |
|---|---|---|---|
| 生徒が学習目標を達成するために取り組む情報や概念 | どのようにして生徒が内容を自分のものとして取り込み，その意味を理解するか | 生徒が知識を得たり，理解したり，できるようになったことをどのようにして示すか | 教室風土や雰囲気 |

生徒の以下のものに応じる

| レディネス | 興味関心 | 学習履歴 |
|---|---|---|
| 学習目標との隔たり | 学習の動機となる思い，親しみ，身近さ | 学習への好みのアプローチ |

以下に例示したような，さまざまな教え方注4を通して

学習／興味関心センター，見える化シート，足場かけされた読み／書き，多様な入り口，三つの能力，段階的課題，契約，メニュー，三目並べ，複合的プロジェクト，個別のプロジェクト，表現方法の多様性，グループワーク

**図2.1 一人ひとりをいかす教え方**

きる生徒もいます。部分から全体へと進む方が学習しやすい生徒もいるし，ま
ず全体像をみて，それからそれぞれの部分を理解していく方がよい生徒もいま
す。論理的，分析的なアプローチが好きな生徒もいます。創造的で活用を重視
した授業が好きな生徒もいます。算数での学習からアプローチするのが有効な
時もあれば，歴史や英語での学習からアプローチするのが有効な時もありま
す。また，慣れ親しんだ内容でのアプローチが有効な場合もあれば，まったく
新しい内容の学習では別のアプローチが有効な場合もあります。こうしたこと
は，珍しいことではありません。目指すべきことは，ある特定の「種類」の学
習者として生徒にラベルを貼ったり分類したりすべきではなく，学習にアプロ
ーチする多様な方法を提供し，与えられた時間の中で学習する時にもっとも効
果的な方法がどれかを決める手助け（生徒によっては自分から申し出るかもし
れません）をしなければならないということです。

　教師はカリキュラムの要素（内容，方法，成果物）のうちの一つかそれ以上
を，生徒の特徴（レディネス，興味関心，学習履歴）のうちの一つかそれ以上
に基づいて，授業やユニットのどの場面でも変えることができます（図2.1参
照）。しかしながら，教師はユニットごとにすべての要素を変える必要はあり
ません。一人ひとりをいかす教室では，その時々でさまざまな対応をすること
があります。クラス全体で取り組むので，一人ひとりへの対応はしないという
のがその日の決まりだったり，教師が生徒の興味に沿って対応したり，多様な
レディネスをもつ生徒を慎重に組み合わせてつくったグループが有効になる時
もあります。カリキュラムの要素を変えるのは，次の二つの場合にのみ意味が

---

注3：マインドセットは経験や教育などによって形成される心のもち方のことで，価値観や信念など
　　もこれに含まれます。一人ひとりをいかすことは，人の能力を固定的に捉える「硬直マインドセッ
　　ト」によってではなく，能力は拡張的・可変的で，常に変わりうるという「しなやかマインドセット」
　　によって推進されると言えます。
注4：ここで例示されているもののほとんどは，次のようにこの後の章で取り上げられています。
　　● 「学習／興味関心センター」「見える化シート」「多様な入り口」「三つの能力」「段階的課題」「契約」
　　　「複合的プロジェクト」「三目並べ」については，第7章と第8章を参照してください。
　　● 「足場かけされた読み／書き」は生徒のその時々のレディネスなどを踏まえて，適度なチャレンジ
　　　となるように学習を組織したり手立てを用意したりすることで，具体的な例は第8章の「段階的
　　　活動」の箇所を参照してください。
　　● 「個別のプロジェクト」「表現方法の多様性」については第5章の成果物の箇所を参照してください。
　　● 「グループワーク」については第7章や第8章で具体例が取りあげられています。

あります。それは，①カリキュラムの要素を変えることを必要とする生徒が現にいる時と，②生徒が主要な概念を理解したり，重要なスキルをもっと完璧に使ったりすることができるようにしていくために，カリキュラムの要素を修正した方がよいと思える理由がある時です。

## 教師と生徒は学習について協働する

教師には，学習を設計することについて主たる責任があります。けれど，学習をデザインしたり組み立てたりする時に，生徒は大切な援助をしなくてはなりません。教師がすることは次のようなことです。重要な学習を構成するものが何かをつかんでおくこと，診断すること，手立てを考えること，学習内容の目標と生徒のニーズに基づいて授業のアプローチを変えること，クラスがスムーズに機能するようにすること，うまく時間を管理できるように気をつけること。こうしたことを教師がするにしても，生徒たちは，クラスの秩序，機能，そして有効性を向上させることに大いに貢献できます。

生徒は診断的な情報を与えてくれるし，教室のルールをつくったり，そのルールに従って教室を運営する過程に参加したり，貴重な資源として時間をうまく使うことを学んだり，お互いの学習を積極的に支援したりできます。生徒は教材が難しすぎたり，簡単すぎたりする時，学習がおもしろい時（そしておもしろくない時），支援が必要な時，一人でできる時，こうした時がいつなのかを教師に知らせることができます。教師と生徒が，教室で経験するすべてのことを一緒に形づくるパートナーとなった時，生徒は自分自身の学習の主人公となり，自分自身を理解することや互いを評価し合うこと，クラスの仲間の学習だけでなく自分自身の学習の向上にもつながるような選択をすることに関わるスキルをさらに上達させます。生徒はクラスメイトにとっても教師にとっても有能なパートナーになります。

一人ひとりをいかす教室では，教師はリーダーです。あらゆる有能なリーダーと同じように，後についてくる生徒たちにしっかり注意を払い，その旅へとみんなを確実に巻き込んでいきます。教師と生徒は一緒に計画し，目標を立て，進歩をモニターし，成功や失敗を分析し，成功することをもっと増やそうと模索し，失敗からも学ぼうとします。教師が行う意思決定には，クラス全体に当

てはまるものもあれば，生徒一人ひとりによって違うものもあります。

　一人ひとりをいかす教室は，もちろん生徒中心です。生徒は授業中にお客さんではなくて，しっかり仕事をする人です。教師は時間，場所，教材，そして活動をうまくコーディネートします。生徒たちはクラスの目標と一人ひとりの目標の両方を達成できるように，自分たち自身や教師を支援し，お互いに助け合えるようになることで，教師が発揮できる効果はますます高まります。

## 教師はクラスの到達基準と個人の到達基準のバランスをとる

　多くのクラスでは，小学5年生の「到達基準」に達していなければ，生徒は「ダメな」5年生です。もし，その生徒の成績がその学年で求められているレベルより下であったなら，たとえクラスの誰よりも進歩していたことがあっても，それは少しも評価されないのです。これと同様に，5年生の生徒は5年生で学習することをやり続けるのが普通です。たとえ，その生徒が5年生の到達基準やその他の要求レベルを2年前に達成していても，です。その生徒については，私たちはよく「その生徒は自分自身でうまくやっています。いつも良くできます」と言います。

　一人ひとりをいかす教室では，教師は期待される到達基準を理解し，一貫してそれに注意を払います。その一方で，教師は生徒一人ひとりの到達基準も理解しています。ある生徒が学習で苦労している時，教師には二つの目標があります。一つ目は，その生徒の現時点での知識やスキルや理解をできるだけ素早く向上させるとともに，しっかりと考えて理解したことと大切なスキルをその生徒がうまく活用できるようにすることです。二つ目は，クラスの目標に向かって，さらにはその目標を越えて，その生徒が着実に成長していくようにすることです。言い換えれば，一人ひとりをいかす教室では，教師は，年齢と学年レベルの両方を意識し，生徒たちにとって重要な学習目標を達成することを目指します。しかしながら，教師には，クラスの目標を目指す道筋が生徒一人ひとりの目標にも当てはまるものであるということもわかっています。つまり道筋は固定されていません。ある生徒にとってはちょうどよい目標であっても，他の生徒には窮屈な目標になっているかもしれません。このように一人ひとりをいかす教室の教師は，生徒一人ひとりの成長とクラスの目標を考慮しながら

生徒の状態を把握し続けます。

　偉大なコーチというのは，チームのプレイヤーを全員同じにすることによって，コーチ自身やチームの偉業を達成しているのではありません。偉業を達成するためには，コーチは与えられた時間内でできるだけそれぞれのプレイヤーをベストの状態にしなくてはなりません。理解やスキルに弱点があることが大目に見られることはありません。すべてのプレイヤーはその強みや能力をいかして活動するのであって，弱点をいかすことはできないのです。どんなチームのメンバーについても「もう十分だよ」ということはありません。常に次へのステップがあります。一人ひとりをうまくいかす教室での評価，授業，フィードバック，そして評定では，クラスと個人の目標及び到達基準が考慮されるとともに，生徒は，学習者として，人として，それぞれの特別な能力を開発し続けるようコーチングされます。

## 教師と生徒は柔軟に活動する

　オーケストラが，個人，多様なアンサンブルのパートやセクション，そしてソリストから構成されているのとちょうど同じように，一人ひとりをいかす教室では，個人，多様な小グループ，そして全体としてのクラスから構成されています。彼らは，さまざまな楽器やソロのパートや役割を担いながら，「全員で一つの楽譜を演奏できるようになる」ためにみんなで取り組みます。ある時にはセクションごとに，あるいは個人で練習し，またある時には合同で練習します。彼らの目標は，みんなで追求している演奏ができるよう努力するとともに，クラスのそれぞれのメンバーが音楽的に上達することです。

　クラスの生徒がもっている，学習についてのさまざまなニーズに対応していくために，教師と生徒はさまざまな方法で一緒に活動します。教材を柔軟に使ったり，ペースを柔軟に変えたりします。クラス全員で一緒に活動することもあれば，小グループで活動するのが効果的なこともあります。全員が同じ教材を使うこともあれば，多様な教材があった方が効果的なこともたびたびあります。時には全員が12時15分に課題を終えることもあれば，早く課題を終える生徒がいる一方で他の生徒にとってはまだ時間が必要な場合もあります。

　誰が一緒に活動するのかを教師が決定する時もあれば，生徒がそれを選択す

る時もあります。教師が決定する時には，教師はある意図をもって，同じようなレディネス，興味関心，学習履歴の生徒でグループをつくります。別の目的の時には，教師は異なったレディネス，興味関心，学習履歴の生徒でグループをつくります。生徒に与えられる課題はその時々で異なります。言い換えれば，グループ分けはとても柔軟で，流動的です。グループ分けは，生徒のニーズと学習内容の目標に応じて決まります。グループに与えられる課題は，そのグループのメンバー一人ひとりの強みによってデザインされます。教師は，生徒を「理想的な子」とも「問題児」とも考えていません。生徒も自分自身やお互いのことをそのように決めつけていないと，教師は確信しています。教師が生徒の一番の支援者であることもあれば，生徒が互いに最良の支援者となることもあります。

　一人ひとりをいかす教室では，教師は，クラス全体ではなくて生徒一人ひとりや小グループに焦点を当てるのに役立つ，幅広い学習方法を利用します。学習上の決まり事のある方が授業を進めていく上で役立つこともあれば，生徒一人ひとりが別々に探究学習を進めていく方がうまくいくこともあります。目標とすることは，生徒にとっての難易度や興味関心に適切に応じながら，重要な理解やスキルの習得へと生徒を向かわせることです。

　表2.1（次ページ）は，教え方へのアプローチを，一人ひとりをいかす教室とそうでない伝統的な教室とを比較する形で示したものです。あなた自身の教室について考えたり，この本の残りを読み通したりしながら，あなたが二つの教室を比較して思ったことを自由につけ加えてもらってかまいません。伝統的な教室と一人ひとりをいかす教室（ここでは，両極端の教室が存在すると仮定しています）の間に位置する多様な教室の状態があることを覚えておいてください。自己評価をするためには，表2.1の二つの枠の間には連続的な段階があると考えてください。そして，現在のあなたの教え方だと思うところに×をつけ，あなたがこうありたいと思うところに○をつけてみてください。

## 一人ひとりをいかす教室をつくるための三本柱

　一人ひとりをいかす教室をつくるための明確に定式化された方法はありませ

**表 2.1　教え方のアプローチが異なる教室の比較**

| 伝統的な教室 | 一人ひとりをいかす教室 |
|---|---|
| 生徒たちの違いは隠されていて，問題が生じた時に対応する。 | 生徒たちの違いには価値があり，授業を計画する際のベースとして考慮される。 |
| 評価は誰が「できた」かを見るために，学習の終わりに行われるのが普通である。 | 評価は生徒のニーズに応じた授業をどのようにつくっていくかを考えるために，継続的，診断的に行われる。 |
| 狭い意味での能力（＝学力）が支配している。[注5] | 広い意味での能力に焦点を当てている。[注6] |
| 教師は，ある生徒は賢くて，ある生徒は賢くないと考えており，その考えに基づいて教えている。 | 教師はすべての生徒は成功する能力をもっていると考えており，「豊かな高みを設定して教える」ことと一人ひとりをいかす教え方を計画することがその考えの支えとなっている。 |
| 生徒の優秀さには，一つの定義だけが存在する。 | 生徒の優秀さは，個人の成長と達成していることが確認された到達基準の両方で定義される。 |
| 生徒の興味関心はめったに引き出されない。 | 生徒は，興味関心に基づいた選択をするようにたびたび指導され，支援される。 |
| 学習するために複数のアプローチが提供されることはほとんどない。 | 教えることや学習することのために，数多くのアプローチが一貫して提供される。 |
| 教室全体での一斉指導がほとんどである。 | 指導のためにグループがたびたびつくられる。 |
| 教科書，指導書，学習内容や目標が授業の範囲を規定している。 | 学習目標と，生徒のレディネス，興味関心，学習へのアプローチを踏まえて，授業が計画される。 |
| 学習の焦点は，生徒たちの状況を無視した事実の習得とスキルの使用である。 | 学習の焦点は，必要不可欠な理解を達成したり，その理解を拡張したりするために，重要な知識やスキルを活用することにある。 |
| 課題には選択の余地がないのが普通である。 | 課題を選択できるのが一般的である。 |
| 時間の使い方には柔軟性がない。 | 時間の使い方には生徒のニーズに応じて柔軟性がある。 |
| たいてい，一冊の教科書だけを用いる。 | 多数の教材やその他のリソースが用いられる。 |
| 概念や事象の解釈は一つだけで，一つの正答が求められるのが普通である。 | 概念や問題や事象についての多様な見方がいつも求められる。 |
| 教師が生徒の行動を指示する。 | 教師は，生徒の自立と協働に必要なスキルを伸ばしていくことを促す。 |
| 教師が教室の問題を解決する。 | 生徒が互いに問題解決を支援し合ったり，教師の問題解決を支援したりする。 |
| 課題の評価には，たいてい一つの評価方法しか使われない。 | 生徒は多様な方法で評価される。 |
| 評定は，パフォーマンスだけが問題で，方法や進歩は関係しない。 | 評定は，生徒のパフォーマンス，学習の方法，成長を反映している。 |

注5・注6：「狭い意味での能力」がペーパーテストの点数に代表される学力＝知識の理解・暗記度であるのに対して，「広い意味での能力」とは本来は知識と同じかそれ以上に大切な技能（思考，発想，活用，表現やコミュニケーションなどに関わるスキル）や態度（主体性，自立性，探究心，自己効力感，好奇心，共感などをもって物事や他者との関係に取り組む態度）も含んでいます。

ん。むしろ，一人ひとりをいかす教室づくりが効果的にできるかどうかは，四つの哲学と，いくつかの原則，そしていくつかの軸となる教え方の実践によって決まります。言い換えれば，一人ひとりをいかす教室は，決まったやり方や定式化された方法に基づいてつくられるものというよりも，直感的に素早く答えに近いものに到達する方法であり，原則に基づいてつくられるものです。

　図2.2は，一人ひとりをいかすしっかりとした教室を形づくるための三つの要素を示しています。この章の以下の部分では，三本柱の一つ目である哲学について考察します。哲学は，一人ひとりをいかす教室の実践の形を決めることになります。二つ目と三つ目の柱に示している，一人ひとりをいかす教室を成功させるための鍵となる原則と教え方の実践については，第4章から第8章で取り上げます。

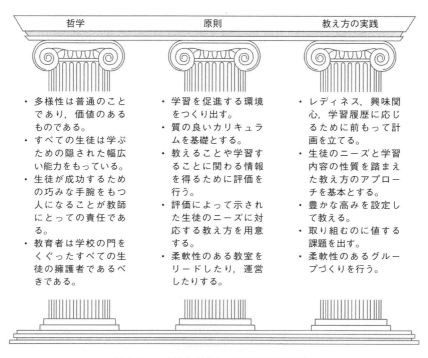

**図2.2　一人ひとりをいかす教室の三本柱**

## 一人ひとりをいかす教室の哲学

　人間は人生を未完成の状態で生きていきます。幼い時から無数の事柄について信念を築きます。私たちは，大なり小なり，経験を通して，その信念を確かめ，洗練させます。有能な信頼できる親になることとはどういうことかについて，頼りになる確固とした哲学をもって親の立場になっていく若者はほとんどいません。むしろ親として駆け出しの人は少しずつしっかりとした親となっていくのであり，親としての長い時間をかけた経験を意図的に振り返ることによって鍛えられ，経験によって修正され，強化され，洗練されていくのです。

　これと同様に，十分な情報に基づいて検証を済ませた，教えることについての哲学をもって，教師としての経験を始める人もほとんどいません。反対に，最良の教師は時を経て進化します。教師という仕事がどういう性質のものかについての批判的な吟味と振り返りの結果として，教師としての専門的な決定が，習慣や服従や便利さに基づいてなされるのではなく，しかるべき方角を指し示すコンパスとしてはたらく哲学に根ざしたものになっていきます。言い換えれば，教師は自分の実践を，ただ教師としての義務を果たすという信念に基づくものとしてではなく，教師の仕事に意味と目的を与える信念に基づくものとして捉えるようになります。教室にいる多様な生徒に配慮する以前の段階では，十分に練り上げられた，教えることについての哲学をもっている必要は必ずしもありません。しかし時間をかけて経験を積み，思考することを通して，一人ひとりをいかす実践は，生徒一人ひとりの価値に関する基本的な信念，すなわち，もっと人間らしくなることとは何を意味するのか，教えることと学ぶことは教師と生徒の能力をいかに輝かせ，拡張させることができるかについての信念と一致するものであるということが明確になってきます。一人ひとりをいかすことは，人間の可能性を輝かせる実践者としての教師という存在に根ざしていると同時に，その力量をさらに成長させることを求めます。一人ひとりをいかすことについての「哲学」は，次にあげる重要な見解に基づいています。

第2章　一人ひとりをいかす授業を実践するための八つの原則　33

● **多様性は普通のことであり，価値のあるものである。**

　どの人の人生も他の人とは異なっていて，限りなく価値のあるものです。私たちの人生は，たくさんの意見や見方に出合うことを通して豊かになります。多様な学習者を包み込むコミュニティーは，排他的なコミュニティーよりも力強いのです。

● **すべての生徒は学ぶための隠された幅広い能力をもっている。**

　教師にとって重要な役割は，大切な学習目標を（しばしば目標以上に）達成できる能力があるという信念を生徒自身に伝えること，大切な学習目標を達成するために，一生懸命，知的に努力するよう生徒のよき相談相手になること，そして，生徒の努力が成功によって報われる経験を何度もできる（いつもできるとは限らないとしても）ように，一歩ずつ学習が前進するように足場かけ注7をすることです。

● **生徒が成功するための巧みな手腕をもつ人になることが教師にとっての責任である。**

　疑いもなく，生徒たちこそが（彼らの家族と共に）自らの成功の中心的な役割を担っています。それに対して，教師の仕事は，生徒のために積極的に協力し，生徒がした努力を認めて励ますことや，家族を支援し励ますことです。注8ある教師が次のように言っています。「私の教室の誰かが失敗したら，私も失敗したということです」と。

---

注7：英語圏では，教育用語としては広範に使われていますが，日本ではあまり知られていません。認知心理学の生みの親の一人であるジェローム・ブルーナーによって普及されました。足場かけ（scaffolding）は，指導する側に決まったスケジュールがあり，その通りにやらせる，というものではなく，指導者が，子ども（学習者）が今どういう状態にあり，その発達の最近接領域がどこにあるのかを見きわめて，最良の環境を与えることを指します。具体的には，子どもが自分でできるところについてはあまり介入せず，子どものできないことを補い，発達を手助けすることであり，それによって遂行できるレベルの課題が与えられた時，子どもの発達はおのずと促されるとされます。
　http://www.nihongokyoshi.co.jp/manbow/manbow.php?id=331&TAB=1

注8：学校の中にいると，ここに書いてあることの大切さはわかっても，それは忘れ去られがちです。このことをしっかりと踏まえた教育活動をすることと，忘れ去ったままで行われることによってつくり出される結果の差はきわめて大きいものになります。教師一人ががんばることから，生徒や家族ががんばるのをサポートする役割を果たすことに転換するのですから。

● **教育者は学校の門をくぐったすべての生徒の擁護者であるべきである。**

　多様な能力別グループ編成についての議論では，たくさんの賛否両論が出されています。教師が把握したある時点での生徒たちの能力をもとに彼らを授業のためにグループ分けすることは，私たちが重視しているのは協同性よりも同質性であり，本当に賢いのは何人かの生徒だけだと思っているというメッセージを発信することを意味します。そのことに注意を喚起することができれば，本書の目的としては十分です。努力が必要だとラベルを貼られた生徒は，学校は自分たちを引き上げてくれるよりも，引きずり下ろすような場所だと結論づけることになるでしょう。「賢い」と思われている生徒にとっては，グループ分けされたクラスでは世界の見方が狭くなってしまい，自分には努力する必要などないという結論に達するリスクが高くなります。「中間」のレベルにグループ分けされた生徒にとっては，「あなたはまさに平均です。悲劇は学校にいる間は起こらないかもしれないけれど，あなたの人生で本当に祝福される瞬間が訪れる見込みもありません」というメッセージになります。生徒をラベルづけすることは，彼らに何度でも高い代償を払わせることになるのです。

　このように，明らかに多様な学習ニーズがある生徒たちを一つの教室に集めて，あたかも同じように扱って教えることはよいことではありません。同じように，限られた証拠しかないにもかかわらず，その証拠に基づいて，教える上で便利だからという理由で，生徒を能力別のグループに区別するということもよいことではありません。人類の歴史上，世界が一つの村社会で，一緒に生活する方法や一緒に問題を解決する方法をお互いに学び合う必要があった頃は，教室は村社会のすべての人が共に成功できるようになっていて，それは今よりはるかによい選択でした。「（民主的な社会においては）教育とは，まさに平等と機会，そして，すべての人の十全たる人間愛の認識に関わるものです。」◆3

　一人ひとりをいかすことは，すべての生徒が優秀さに到達するための機会を等しく提供されるように，授業をデザインしていくためのモデルです。そのために，一人ひとりをいかす教室の教師は，すべての生徒が成功する能力をもっていると信じています。すべての生徒が主要な概念や教科の原理をしっかりつかみ，カリキュラムの文脈の中で思考し，問題を解決する人になるように求めるカリキュラムで授業をします。すべての生徒が大切な学習目標に向かって，

さらにその目標を超えて，次のステップに進んでいけるように足場かけをします。そして，教室の仲間一人ひとりがお互いの成長を積極的に支え合う教室をつくります。

・・・

　教師としてあなたが現在実践していることと，教師としてあなたが力量を向上させようとしている方法について，読み，考え続けるつもりなら，あなたが言葉にした（あるいは，まだ言葉にはしていない）教えることの哲学について考える時間を取ってください。その哲学は，あなたと生徒との関わりに，カリキュラムについての考え方に，そして，あなたの教え方の手順に，どのように現れていますか？　現在のあなたの哲学は，教育者としてのあなたの成長にどのように役立っていますか？　それはあなたの影響力をどのように制限する可能性がありますか？　思慮深くて，振り返りを大切にする授業実践は，教師と関わり合う生徒たちの自己実現に貢献するだけでなく，教師の自己実現にも寄与するのです。

第**3**章

# 学校でのやり方と，そもそも誰の ためにしているのかを再考する

「これまでの私の教え方の何が問題なんですか。ほっといてください」は，教師の口癖です。学ぶ気のない生徒が増加するのを，生徒本人や家庭や社会のせいにはしますが，自分たち教師や学校こそが問題だと捉えることはありません。教え方や学び方を法律で規制しようというのはほとんど不可能なことです……たいてい，政策の変更が及ぼす影響は皆無か，よくて最低限です。大海原での暴風雨の影響は，「水面では大しけでも，海底では（ちょっと濁るぐらいで）穏やかです。政策が劇的に変化することで，見かけ上，大きな変化があったかのように見えますが，水面下では，日々学校や授業で起こることは何事もないかのように続きます。」

『学びの見える化（未訳）』ジョン・ヘイティー◆40

「一人ひとりをいかす教え方」は比較的新しい考えだと思う人もいますが，教育という活動が誕生した時点ですでに行われていたと言えるでしょう。実際，この考え方は儒教やユダヤ教やイスラム教の書物や経典の中に「人びとはその能力や強みに違いがある」と書いてあります。一人ひとりをいかす教え方はそれらの違いをしっかりと踏まえているだけなのです。

より最近でも，米国やカナダおよびその他の国々[注1]に多く存在した教室が

---

注1：この中には，間違いなく江戸時代から明治にかけて存在した日本の塾や寺子屋や学校も含まれます。日本の場合は，年長者（ないし長く塾に通う者やその能力を塾長から認められた者）が年少者（や新入り）を教える仕組みも根づいていました。

一つだけの校舎で一人ひとりをいかす授業は普通に行われていました。6歳から16歳ぐらいまでの生徒がその教室に来ていました。教師は，全員が同じ本を読んだり，同じ算数の問題を解いたりすることは現実的ではないことを知っていたので，違いを前提に授業を計画していました。教師はまた，6歳児に必要な算数の指導と16歳の生徒を対象に行う数学の指導の違いもわきまえていました。しかし今日，私たちが一人ひとりをいかす教え方と呼ぶ実践は，そうした常識的なことだけでなく，人間の脳がどう機能するのかということや，生徒たちはいかに学ぶのかといったことの理解も踏まえています。過去20～30年の教え方・学び方に関する知識の発展を押さえることは，一人ひとりをいかす授業の基盤を理解する上でとても効果的だと思います。

## 教育の変化

100年前の人々がどんなふうに暮らしていたのか，自分がどれだけ知っているかを考えてみてください。今度は，時間を早回しして現代について考えてみてください。いろいろな意味で，この間に起こった変化は，その前の何万年もの人類の歴史よりも大きな変化です。たとえば，農業が100年前と今，どのように行われているかを考えてみてください。医療の100年前と今や，交通の100年前と今とではどうでしょうか？　21世紀に入ってから起こった技術，エンターテイメント，コミュニケーションの変化について考えてみてください。目まぐるしい変化を遂げています！　多くの人が「古きよき時代」のノスタルジアに浸りたい気分になることもありますが，昔の医療，コミュニケーション・システム，ファッション，食料（雑貨）品店の方を実際に選ぶ人はいません。

私たちは学校が変化のない制度だと思いがちですが，教育者としての私たちは100年前，いや20～30年前には知るはずもなかった，教えることと学ぶことについての多くを理解するようになっています。それらの知識の多くは心理学や脳科学から得られていますが，教室での継続的な観察の結果からも得られています。知識の源が何であろうと，これらの変化は，鉛筆からタイプライターに，そしてパソコンに（あるいは石盤から，紙に，そしてタブレットに）革新的に変化したのと同じレベルなのです。

第3章　学校でのやり方と，そもそも誰のためにしているのかを再考する　39

# 教えることと学ぶことに関する現時点での四つの理解

　生徒たちがどう学ぶのかということについて私たちが手に入れたたくさんの
知識と，それが教師の実際の教え方に与える影響はきわめて大きいものがあり
ます。それらをすべて紹介することは，この本の範囲をはるかに超えています
が，教えることと学ぶことに関する最近のきわめて重要な発見の概要をいくつ
か説明することは，一人ひとりをいかす教室の議論の中身を向上させるのに役
立つと思います。

　モデルに忠実に実践される一人ひとりをいかす教え方は，常に，教えること
と学ぶことに関する科学的かつ経験的な理解の副産物と捉えられます。それら
を無視して行われるものではありません。私たちの現時点での学ぶことに関す
る理解は，個性を認め，大事にし，そして育てる教室のあり方をしっかりと支
えています。次に紹介する，教えることと学ぶことにまつわる四つの理解は，
教師が自分の実践に磨きをかけるために必ずしも常に有効だったわけではあり
ません。しかしながら，それらすべてが一人ひとりをいかす教え方を実践する
上では中心的な理念です。

## 能力[注2]は変化しやすい

　能力に関する過去50年ほどの研究の成果が，私たちの能力は一つしかない
のではなく，多様な側面があることを証明してくれています。ハーバード大学
教授のハワード・ガードナーは，言語，論理的 − 数学的，空間，身体 − 運動，
音感，人間関係形成，自己観察・管理，自然との共生の八つの能力があるこ
とを示し，九つ目の生存のための能力の存在も示唆しています。◆36, 37, 38　彼が，
1983年に提唱した時は七つの能力でしたから，その数は変わっています。一方，
ロバート・スターンバーグは分析力，実践力，そして創造力の「三つの能力理論」
◆81, 82, 83 を提唱しました。二人の前にも，ソーンダイク，サーストン，ギルフ

---

注2：原語は intelligence なので「知能」とすべきかもしれませんが，訳者の一人が『マルチ能力が育
　　む子どもの生きる力』（トーマス・アームストロング著，小学館）を訳した経験から，子どもたち
　　にも理解しやすい「能力」を使います。この訳書は，ガードナーの理論（オリジナルは，Multiple
　　Intelligence）を教師向けにわかりやすく書いたものです。本書18 〜 20ページで，いくつかの「得
　　意な子」と「苦手な子」などとして紹介されているのが，この理論のわかりやすい説明です。

ォード注3 ら多数の研究者が多様な能力の存在を明らかにしていました。能力の名称は多様ですが，教育者や心理学者や研究者は，以下の三つの重要な点については合意しています。

- 私たちは異なる方法で考え，学び，創造する。
- 潜在的な力を引き出すことは，何を学ぶのかとそれを学ぶ際に自分の得意な能力をどれだけ使うことができるのかに大きく影響される。
- 学習者には多様な能力を引き出し，発展させるための機会が必要である。

## 脳には可鍛性注4 がある

　とてもパワフルで，比較的新しくわかってきたこととして，人間の脳は，筋肉と同じように，鍛えて成長させることができるということがあります。換言すると，知能ないし能力は生まれた時点で決まっていたり，幼少期に固定化されたりするものではないということです。多様な学びの体験を提供することで，多様な能力を拡張させ，能力に対する固定的な見方も打ち砕きます。◆17, 24, 78 ニューロンは使われれば使われるほど増え，そして成長します。逆に使われないと，退化します。活発に学ぶことは，脳の機能自体を向上させることを意味します。◆17, 80, 89, 108, 109　私たちは，「利口」か「バカ」かのいずれかとして生まれ，それに左右される形で一生を過ごすのではなく，いつでも自分の能力を拡張できるのです。◆24, 25, 79, 108

　これらの研究成果は，教師にとって多様で明らかな示唆を提供します。まず，教師は生徒たちの一つや二つの能力だけでなく，多様な能力を認め，大事にし，そして育てる役割を担っているということを意味します。学校に来る前に豊富な学びの体験をしていなかった生徒たちであっても，豊かな体験をすることができる環境を提供することで，その埋め合わせが可能となります。実際のところ，すべての生徒が没頭できる新しい学びを継続しないと，脳の力を失ってし

---

注3：コロンビア大学教授だった Edward Thorndike（1874 ～ 1949 年）は，心理学者・教育学者で，教育評価の分野で教育測定運動の父と言われています。シカゴ生まれの Louis Leon Thurstone（1887 ～ 1955 年）は，サイコメトリックス（精神測定）などの分野でのパイオニアです。同じく心理学者の Joy Guilford（1897 ～ 1983 年）は，人間の知能は合計 120 種類もあるという説を唱えました。
注4：衝撃や圧力で破壊されることなく変形できる固体の性質のことで，柔軟性が高いということです。

まう危険にさらされているのです。したがって，教師の重要な役割は，どんな探究のテーマを扱うにしろ，そして生徒のレベルがどうであろうとも，適切なチャレンジを提供することと，生徒が自分の脳の力を拡張し続けるのに必要な理解や練習の機会を提供し，習慣にまでしてしまうように支援することです。

## 脳は意味を強く求めている

　医療分野での画像技術の進歩によって，私たちは人の脳がどのように機能しているのかを見ることができるようになりました。そこから得られた発見は，教えることと学ぶことについての理解を急速に押し広げています。今や，学んでいる時に脳はどのように機能しているかを私たちはかなり具体的に知ることができるのです。[17, 18, 43, 53, 79, 89, 109]

　脳は，意味のあるパターンを探し求め，意味のないものは認めようとしません。脳は，バラバラの情報を留めることもできますが，情報の意味が明らかになる主要な概念やテーマなどを大きな塊として記憶に留める方がはるかに効率的です。[54] 脳は，絶えず部分を全体につなげようとします。ですから，新しいことをすでに知っていることとつなげることが人の学びになるのです。[8, 27, 79, 107, 109]

　脳は，情報を無理やり押しつけられた時よりも，それ自体に意味を見いだせる時に一番よく学べます。脳は，表面的なレベルでのみ意味があるようなことにはあまりよく反応しません。そうではなく，自分の生き方に関連したり，人生を変えたり，あるいは感情的な部分に訴えたりするような，個人的に深く意味を見いだせるものの方にはるかに効果的かつ効率的に反応します。[79, 80, 107, 109]

　脳の研究は，それぞれの学習者の個性や効果的なカリキュラムや指導のあり方についても多くを示唆してくれています。一人ひとりの脳は唯一無二であり，教師は異なる学習者にとって新しいアイディアや情報を理解できるように多様な機会を提供する必要があること，新しいことをすでに知っていることと関連づけようとする際に，ある生徒にとって新しいことが他の生徒にとっては既知のこともありうることを示してくれています。そして，状況によってはその反対にもなりえます。[79, 80, 107]

この研究から明白なのは，カリキュラムは生徒の意味づくりを活発にするものでなければいけないということです。[注5] カリキュラムは，概念やテーマや原理的なものによって形づくられるべきです。意味のあるカリキュラムは，生徒の興味関心や生徒がもてる関連性をベースにしています。さらには，生徒の感情や経験まで引き出します。もし生徒たちが概念や情報やスキルを身につけ，理解し，使いこなせるようにしたければ，私たちは生徒にそれらを自分のものにするために必要で十分な機会を，単純ではない，本当に存在するような学習活動に参加する形で，提供する必要があります。◆ 80, 108, 109

脳の研究はまた，学習を，未知のことを既知のことと関連づけることと捉えるので，教師は新しいことを古いことと結びつけるための豊富な機会を提供しなければならないことも示しています。これは，三段階で可能です。まず，教師は教える教科の大切な概念，原則，スキルが何かを明確にします。次に，教師は生徒の学習ニーズを熟知しておく必要があります。そして最後に，この学習ニーズの情報を使って，生徒がすでに知っていることと学ぶことが求められている内容を関連づけることで，生徒が理解できるように一人ひとりをいかすことのできる学びの機会を提供します。◆ 8, 80, 107

## 人間は適度のチャレンジがある時に一番よく学ぶ

心理学と脳研究の進歩に伴い，私たちは，適度のチャレンジを提供された状況の時，人はもっともよく学べるということを知りました。◆ 11, 20, 42, 43, 80, 102, 103, 107 生徒にとってある課題が難しすぎる時は，脅威を感じ，自己防衛モードを選択してしまいます。脅えている生徒は思考や問題解決を持続することができません。一方で，あまり簡単すぎる課題も，生徒をのんびりモードにしてしまうので，思考や問題解決を抑えてしまいます。

適度のチャレンジがある課題は，生徒を未知の世界に踏み込ませるものではあるけれど，どうやって取りかかればよいのかはよくわかっていて，しかも，新しい理解のレベルに達することができるようサポートが得られるようなものです。換言すれば，課題があまりにも難しすぎたりあまりにもやさしすぎたり

---

注5：カバーすることが目的のカリキュラムは意味づくりにはあまり寄与しないし，よく学べないということになります。その結果，生徒たちは学ぶことを嫌いになるという弊害さえ生み出します。

すれば学ぶ意欲が失われてしまうのです。学びが継続されるには，努力が必要なことと，その結果としてよい結果が得られることを生徒は理解していることが大切です。一方で教師は，今日は適度のチャレンジであったものが，明日も同じではないと覚えておくことが必要です。生徒の学びの進行に伴って，チャレンジもより困難度を高めなければなりません。◆80, 107

　この新しい知識は，教師にとても重要な示唆を提供します。ある生徒にとって適度のチャレンジとやる気を提供するものが，他の生徒に対してはほんのわずかのチャレンジしか（したがって，ほとんどやる気も）提供しないこともありうるということです。さらには，同じ課題が他のクラスメイトにとっては難しすぎる場合がありうるということです。学習課題は，個々の生徒がもっともよく学べる領域に調整する必要があります。そして，生徒が意欲をもって学び続けられるように，課題の複雑さとチャレンジの度合いを上昇させなければなりません。注6

## 私たちが教えている生徒のことについて考える

　しばらく前までは，学校に来る子どもたちには両親がそろっていました。子どもが学校に出かける時や学校から帰る時には，少なくとも親のどちらかが家にいました。しかし，今は片親しかいない家庭の子がたくさんいます。登校時や下校時に親が家にいるのは稀になっています。この事実は必ずしもマイナス面だけではありませんが，子どもたちの生活を悪化させています。なかには，孤独な状況に脅えている子もいます。そこまでひどくはなくても，学習の進み具合や宿題を継続的に確認してくれる人や学校の様子を聞いてくれる人のいない子が増えています。

　善かれ悪しかれ（おそらく両方と思われます）多くの時間をサイバースペース注7の中で過ごしている子どもたちを私たちは教えています。彼らの世界は，両親や祖父母のそれと比較すると大きくもあり小さくもあります。子どもたち

---

注6：これをみごとなぐらいに埋め込んでいるのが，子どもたちが（大人も！）病みつきになるコンピューターゲームとオンラインゲームです。
注7：コンピューターネットワークがつくり出す仮想空間のことです。

とはたくさんのことを知っているかもしれませんが，知っていることの理解度は低いかもしれません。彼らはすぐに楽しめることや準備された遊びには慣れていますが，想像力はあまり豊かではないかもしれません。彼らは昔の子どもたちがまったく遭遇したことのない現実や問題に対処しなければなりません。その上，著しく少ないサポートしか得られない状況でそれらの問題を乗り越えていかなければなりません。彼らは，大人の世界でどんな可能性があるのかは知っていますが，それらを実際に得るための方法は知りません。そうした子どもたちは，大人の世界をコントロールしている人たちを脅かすことにもなるテクノロジーを簡単に操作できますし，使いたがってもいます。

今日，より広範な背景とニーズをもった多様な生徒が学校に通ってきます。そうした生徒の多くは，就学前に身につけていると教師が当然視していたものが欠けています。育つ環境によって充実した体験をしている子もいますし，乏しい体験しかしていない子もいます。そして，充実した体験をした子たちと，そうした体験ができなかった子たちの間には大きなギャップができています。

## 公平さと優秀さを求めて努力する

どんなクラスであっても，同質性の度合いがどうであっても，生徒はレディネス，興味関心，学び方，学ぶ動機づけ（少なくとも教えられる教科に対する）などにおいて必ずかなりの幅があります。したがって，教師は継続的に生徒たちを人として把握し続け，学習目標にどれだけ近づいているかを究明し続ける必要があります。[注8] その知識を，成長を促す形で（一人ひとりのレディネスをいかす），学ぶ動機づけを高める形で（一人ひとりの興味関心をいかす），学びの効率化を図る形で（一人ひとりの学習履歴をいかす）指導の修正に活用することによって，生徒たちはよりよく学べるのです。ですが，一人ひとりをいかす教え方の潜在力がフルに発揮されるのは，教師たちがその可能性を理解した上で，多様な生徒たちにとって，優秀さに迫る際の公平さが保証されるような学校とクラスづくりに努力する時です。それは，どんな生徒も，学ぶ際の継続的な成功体験と学ぶ動機づけの持続に，その将来の多くの部分を依存しているからです。

---

注8：日本流の言い方だと，「子ども理解と見取りを重視し続ける」ということだと思いますが，その子ども理解や見取りの具体的な方法を知って実践する上でも，本書はきわめて価値があると思います。

第3章　学校でのやり方と，そもそも誰のためにしているのかを再考する　45

　今日の生徒の多くは，学業で成功を収めるためのサポートを家庭でほとんど得られずに学校に来ています。親たちは子どものことを大切に思っているにもかかわらず，知識に欠けていたり，子どもにとって有益なサポートを提供するための時間も資源もなかったりすることが理由としてあげられます。時には，親の愛情によって提供される安心安全を欠いた状態で登校してくる生徒もいます。いずれにしても，体験，サポート，モデル，計画，振り返りなどがあれば，学業の成功を当然期待できるはずなのに，それが欠けていることによって，生徒の学びの計り知れない潜在力は鈍らされています。しかしながら一方では，たくさんの大人のサポートと，今しているよりも何か月あるいは何年も先の知識やスキルを携えて学校に来る生徒もいます。

　学校の存在意義は，こうしたすべての生徒に均等な機会を提供することにあります。教師の中には，サポートが得られていない生徒にとっての課題として公平さをあげる人がいる一方で，サポートが十分に得られている生徒にとっての課題として優秀さをあげる人もいます。実のところは，公平さと優秀さの両方がすべての生徒のもっとも重要な課題でなければいけないのです。落ちこぼれる恐れがある生徒にとっては，教室の外では提供されることがない体験や期待をもっとも優秀な教師が提供することによってしか，公平さを実現することはできません。彼らの可能性をフルに開花させるために断固として，組織的に，積極的に，そして効果的に取り組まない限りは，問題を抱える生徒が優秀さを実現することはできません。それは，生き生きとして元気になるカリキュラムによってしかもたらされません。[注9] 私たちは生徒と大きな夢を見なければなりませんし，私たちは夢を実現するための粘り強いパートナーであり続ける必要があります。こうした生徒に対しても，公平さと優秀さの両方が，私たちの目的を達成するための重要な指針です。

　いくつかの領域で当該学年の達成目標をすでに満たしている生徒に対しても，その時点からさらに成長できる機会が提供されるべきであるという意味での公平さも大切です。それには，生徒の可能性をしぼませないように断固として取り組み続ける教師の存在が不可欠です。そうした生徒にはよい見本をたくさん

────────────────────

注9：すでにやることがすべて決まっている教科書（指導書や指導案）をカバーする授業＝固定化したカリキュラムでは，当然に無理であることを意味します。

示し，よいことはしっかり褒め，そして優秀さを要求し続ける教師が必要です。それは，生徒に大きな夢を見させ，彼らがチャレンジを受け入れ，体験し，そして楽しみさえも見いだすことを可能にしてくれる教師です。公平さと優秀さの両方は，学校に通ってくる他の生徒にとっても同じように，これらの生徒にとっても重要な指針です。

すべての生徒は，自分たちの可能性を実現するために，毎日やれることはすべてやってくれる教師の楽観主義や熱意や時間や努力が提供される権利をもっています。いけない子だとか，迷惑な子だとか，夢も希望もない子だとか，面倒をみきれないというような理由で，生徒を排除することは教師にとって許されることではありません。優秀さを実現するための公平さを提供することは，今の学校にとってきわめて大きな課題なのです。

## 公平さと優秀さの追求とクラス編成

これまで学校は多様な生徒のニーズを満たそうと，三つの方法を試みてきました。まず，もっとも普及している形態ですが，一人ひとりの学習ニーズをほとんど無視した形で同学年の生徒を一緒のクラスにして，一斉授業を行う方法です。二番目は，一つないしいくつかの教科で落ちこぼれたり，授業で使われている学習言語[注10]をまだよく解しなかったり，あるいはその学年で学ぶことをすでに知っていたりといった理由で，標準に当てはまらない生徒を分離する方法です。こうした「普通でない」生徒は普通のクラスから取り出され，教師が似たようなニーズをもっていると見なした他の生徒と一緒に特別なクラスに集められて，特定の時間，ないし一日中，そこで過ごすことになります。この方法の根底には，このような状況でこそ教師は生徒の知識やスキルのレベルに合わせられるという考えがあります。常識的にはこの考えは合っているかもしれませんが，特に一つないしいくつかの教科で問題を抱えている生徒の場合，研究の結果はそのようなクラス編成による学習体験は間違っていることを示しています。◆ 34, 35, 40, 41, 56, 76, 77

---

注10：学習言語は，「授業や学習場面で使用される言語」（p.4）と規定され「学習を行うにあたり，是非習得しなくてはいけない大切なもの」とされています（バトラー後藤裕子著『学習言語とは何か』三省堂，2011年）。ここでは，米国に移住してきたばかりの生徒や，貧困によって学習支援が受けられず生活言語は問題がなくても，学習言語に問題を抱える生徒のことを指していると思われます。

第3章　学校でのやり方と，そもそも誰のためにしているのかを再考する　47

学年の進度から遅れがちな生徒のためにグループが編成されたにもかかわらず，しばしばこのような状況では，教師の期待値は下がり，教材は簡素化され，授業も退屈なものになり，進み具合も低下します。自分の周りにいる生徒を見渡しても，すでにやる気を失っている人しか見ることができません。こうした状況から脱して「普通」のクラスに戻ることは至難の業です。換言すれば，補習クラスは補習が必要な生徒をいつまでもその状態のままで放置していることになります。[34, 35] このことを，ヴァン・マーネンは以下のように書いています。

　　ひとたび私が，一人の子どもを「問題行動」あるいは「低学力の子ども」として見たり，あるいは，私がその子を特別な「学習スタイル」，特定の「認識の仕方」をもっている子どもと見なすと，私はすぐに，その子に特定の教授法，あるいは専門的な技巧を探そうとする。ここで起こることは，私が真にその特定の子の声に耳を傾け，見つめようとする，その可能性を無視することである。（その代わりに）その子を，本当の囚人のように，抑圧的なカテゴリー化された言葉で扱うようになる。子どもたちを技術的，診断的，あるいは道具的言語で取り扱うことは，実際のところ，精神的遺棄とも言える。

　　　　　　　　　　　　　　（『教育のトーン』マックス・ヴァン・マーネン[101]）

　研究者の中には，進んだ生徒を上級のクラス[注11]に集めれば，軽快なペース，刺激的なやり取り，高まる教師の期待，豊富な教材など，得るものが多いと主張する者がいます。[1, 47] つまり，生徒は成長し続ける存在だというわけです。しかしながらこれらの研究は，上級クラスで進んだ生徒たちの学習ニーズが認められ，そしてしっかりと対処された場合の結果と，進んだ生徒が能力差の混在する一般的なクラスの中でそのニーズを認められず，対応もされなかった場合の結果を比較したものです。
　能力差の混在するクラスで，あらゆる生徒の学習ニーズが認められ，対策が講じられた場合の結果を調査した研究が，数はさほど多くないものの報告されています。これらの結果は，そのようなクラスが進んだ生徒を上級クラスに集める代わりの有力な候補であることを証明しています。同質性ではなくて，進

---

注11：能力別のクラス編成にして行われる進度の速い授業のことです。

んだ生徒の学習ニーズを満たすことが大切であることを明らかにしてくれているのです。◆7, 16, 62, 64, 91, 94　加えて，上級クラスを編成することは，その生徒の自分に対する肯定的な見方を損なう可能性をはらんでいます。さらに，その後の生徒の要望や進路を教師が見きわめる際の決断に悪影響を及ぼす可能性もあります。◆51, 71

　理論的には，能力差が混在するクラスでも，進んだ生徒がいるという理由で，すべての生徒に優秀さへの公平なアクセス（接近手段）を実現することは十分に可能であり，進んだ生徒向けの高度なカリキュラムと教え方によって，すべての生徒が恩恵を受けます。しかしながら，学校がこれまで機能してきたのと同じ状態のままでは，この前提には三つの弱点があると言わざるを得ません。

　第一に，教師が問題を抱えている生徒のレディネスを見きわめて，それに的確に対処でき，彼らが他の生徒と同じように有能かつ自信をもって機能できるようになるまで学びを段階的に発展させていけないと，生徒は能力差が混在するクラスで長期的な成功体験を得ることはありません。能力差が混在するクラスに入れられた問題を抱えた生徒は他の生徒と同じように高い期待を突きつけられますが，その期待を満たす方法を自分で見いださなければならないようでは，期待に応えることはできません。そのようなアプローチで，問題を抱えた生徒が真の成長という結果を得ることはできません。

　能力差が混在するクラスの第二の課題は，進んだ生徒がやらなくてもいいことをさせられることです。他の生徒に教える役目をさせられたり，学ぶスピードの遅い生徒が追いつくのを待ったりすること（もちろん大人しく！）などです。暗黙のうちに（時によっては明白に），進んだ生徒はすでに押さえるべきことが押さえられているので，彼らのニーズは気にかけられることがありません。言い換えると，カリキュラムや教え方は「平均的な生徒」を対象にしており，進んだ生徒の特質やニーズを踏まえたものにはなっていません。このアプローチは，カリキュラムで扱う内容をすでに知っているような生徒の成長を促すものではないのです。

　能力差が混在するクラスの第三の課題は，多くの授業で実際に行われ続けていることですが，「平均的な生徒」を満足させられれば，すべての生徒を満足させているに等しいという前提です。この根拠となっているのは，学年ごとの

到達基準は誰にとっても恩恵を受けるものだという考え方です。実のところ，この標準的な対応の仕方が平均的な生徒にとってさえもベストの方法でないことはすでにわかっていることです。すでに 21 世紀に入ってかなりの年数がたっても，一般的なクラスにおいてはこの「平均的な生徒」に焦点を当てた授業が続いています。その結果，典型的な授業は，ごく少数の生徒にとってのみほどよいもので，他の生徒はすでにわかっているのでおもしろくなく，その一方で，圧倒的多数の生徒を難しすぎてやる気にさせられないでいます。このようなアプローチでは，誰に対しても公平さも優秀さも提供することはできません。

　以上の二つの方法と比べて，第三の方法である「一人ひとりをいかす教え方」は，能力差が混在するクラスにおいて生徒の多様な学習ニーズを認め，それらを満たす柔軟なルーチンによって学びのコミュニティーを提供するのです。一人ひとりをいかす教室においては，複合的なカリキュラムがすべての生徒のニーズを満たす指導計画を考える上での出発点であり，その結果，すべての生徒にとって学びのコミュニティーや公平さ，優秀さが提供される可能性があります。

## 私たちが知っていることとやっていることのギャップ

　学ぶことや脳の機能，効果的なクラス編成などに関する，説得力のある新しい知識があるにもかかわらず，過去 100 年間授業で行われていることにほとんど変化は見られませんでした。私たちは依然としてある年齢の生徒は他の同じ年齢の生徒たちと一緒のカリキュラムを同じようにこなしていくのがベストな方法であると思い込んでいます。さらに，すべての生徒が課題を同じ時に終わらせることができるのがベストとも考えていますし，登校日数も同じがいいと考えています。

　このような状況の中で，採用している教科書の特定の章のテストと一定期間ごとに行われる（中間や期末などの）最終テストで，教師は生徒の理解度を評価しています。年度始めのスタートのレベルがどこであろうと，特定の学年のすべての生徒に教師は同じ評点方式を使っています。そして最終的な成績は，前の成績が出された時からどれだけ成長しているのかということや，生徒の態

度や思考の習慣が成績の伸びや低迷にどう影響したのかといったことの情報は提供してくれません。年度末には，同じ学年のすべての生徒は当該学年で扱った内容について平均的な成績を得ることができるという前提で標準テストが行われます。そして，学校や教師や生徒の背景，提供されている機会や支援などはまったく考慮されずに，望ましい成績を上げた教師や生徒や学校はたたえられ，上げられなかった者は叱られます。

　カリキュラムは，生徒に（必ずしも意味のある状況で提示されているとは言い難い）たくさんの知識やスキルを積み上げたり，覚えたりすることを求める形で成り立っています。1930年代の行動主義の遺産であるドリルを使った繰り返しの練習が主要な学習方法として君臨しています。教師には「しっかり管理した」クラス運営と，ほとんどの時間，生徒よりもがんばって仕事をすることが求められています。[注12]

　実際，テストの点数で測られる学力に学校が焦点を当てれば当てるほど，現状は言語と計算の領域を中心とした暗記と理解力だけが大切だという考えを浮き彫りにすることになっています。これは，読み・書き・そろばんが重視された100年前の状況とまったく変わるところがありません。組立ラインの工場や農業での仕事が中心だった時代です。学校は，生徒を人生のためよりもテストのために準備させ続けています。しばしば，マンガの方がお堅い文章よりも核心をついた形で問題を描いています（図3.1を参照）。

　多くの生徒にとって足並みを揃えて同じ速度で進んでいく学習アプローチが機能しない場合，能力によって彼らをクラス分けしています。しかもそれは，彼らを選別する方法が深刻な欠陥をもっていることの認識や，個々の生徒や社会全体に対してラベルを貼ったり選別したりすることの影響についてしっかり議論することなしに行われています。一方で，組織的に，もっとも進んだ生徒はもっとも経験とやる気のある教師が担当し，質の高いカリキュラムによって思考力や問題解決の能力をもつ者としての練習が提供されます。それは同時に，もっとも問題を抱えた生徒たちは新任の教師ややる気をなくしている教師が担

---

注12：これは，教師ががんばって教えることイコール生徒たちがよく学ぶという前提なわけですが，それには生徒がよく学べる貴重な時間を奪い去っている部分は考慮に入っていないことを意味します。

第 3 章　学校でのやり方と，そもそも誰のためにしているのかを再考する　51

図 3.1　「典型的な学校の一日」[注13]

当し，レベルが低くて刺激がない，意味を感じられない状況での継続的な練習を繰り返しさせられることを意味しています。数年後に，能力の低いクラスよりも能力の高いクラスの生徒の方がはるかに主体的に，しかもさらにいい成績を上げる形で学べるという成果のみを重んじることで，振り子が逆の方に振れて，能力差が混在するクラス編成に戻ることもありますが，その際に生徒の異なるニーズに対応する必要性が語られることも，それが実際に実践されることもなかったのです。

　生徒を教室から教室へクラス替えすることは，すべての生徒がよく学べる学

---

注 13：上のコマ割りのところが典型的な学校の一日で，下の方では「ホッブス，きみにまた会えてうれしいよ！」と上のコマ割りのところに登場するカルヴィンが言っています。カルヴィンと二人きりでいる時だけ本物の虎になるぬいぐるみのホッブスは「今日もいつもと同じだった？」と言っていて，上下の対比が，上のコマ割りの部分（典型的な学校の一日）への皮肉になっているということでしょうか？　典型的な学校から解放されることも，典型的な日常だと。
　カルヴィンとホッブス（英：Calvin and Hobbes）は，ビル・ワターソン（Bill Watterson）によって 1985 年から 1995 年までもっとも多い時で世界中の 2,400 紙以上（日本では読売新聞英語版＝DAILY YOMIURI）に掲載された新聞連載漫画です。

校をつくり出すという大きな課題の解決法にはなっていないし，これからもならないでしょう。解決法は，多様な生徒のニーズを満たし，学習目標をも超えてしまうような学びを実現する質の高いカリキュラムと一人ひとりをいかす教え方を可能にする教師の専門性をサポートすることに見いだせます。表3.1は，誰にとっても望ましい教育実践を行うためにすでに私たちが知っていることと，それらの知識があるにもかかわらず私たちが学校で行い続けていることを比較したまとめです。右側の思考や行動様式から外れた例外もありますが，残念ながら，私たちがやり慣れたことが主流であり続けています。

多くの研究者が，学校はなぜ変化に抵抗するのかということに関してわかりやすく書いています。◆23, 30, 33, 44, 68, 69 その要点は，「過去100年間，多くの分野ではイノベーションと成長を受け入れてきたが，教育だけは強固に停滞したまま止まっている」というものです。

教えることと学ぶことに関する近年の理解に実践を一致させるために，私たちは「一人ひとりをいかす教え方」をどのようにしたら実現できるのかを，いくつかの前提を立てて追究する必要があります。

- 生徒は，もっている体験，レディネス，興味関心，能力，言葉（読み・書き，聞く・話す），文化，性差，学び方などで異なる。ある小学校の教師が次のように指摘した。「生徒は，私たちのところにそれぞれ異なる特徴をもって来ます。それに応えて私たちの教え方を，一人ひとりをいかす教え方にすることは筋が通っています。」
- 一人ひとりの潜在力を伸ばすために，教師はすべての生徒の異なる出発点を明らかにし，年間を通して確実な成長を実現する必要がある。
- 生徒たちの違いを無視するクラスは，特に「平均」から著しく異なる生徒の潜在的な力を伸ばすことはできない。
- 生徒の成績を伸ばすために，生徒がカリキュラムに自らを合わせられると仮定せずに，教師が生徒のためにカリキュラムを修正しなければならない。
- 最善の教育実践を目指そうとすることが，一人ひとりをいかす教え方の出発点である。教えることと学ぶことの最善の理解を否定するような実践なら，それをどんなに修正したところでほとんど意味がない。著名な教育学

第3章　学校でのやり方と，そもそも誰のためにしているのかを再考する　53

**表 3.1　教育実践に関する「理解と現実」**

| 私たちが知っていること | 私たちがしていること |
|---|---|
| 生徒たちは，いま歴史上もっとも多様になっている。多様性は当たり前のことであると同時に，有益だ。 | 生徒たちの違いを問題視している。 |
| 能力は固定化されておらず，流動的である。もし，知的にこつこつと励み，十分なサポートが得られれば，すべての生徒はよい成績を取るのに必要な学習ができる。 | 教えやすさの観点から，学校はできのよい生徒とそうでない生徒を分けたがる傾向がある。 |
| 教師と生徒の信頼関係と学習者のコミュニティーに基づいたクラス環境は，生徒たちの成績にプラスの貢献をする。 | 教師は多すぎる生徒を抱えており，生徒をよく知ることは困難と思っている。教室は，バラバラな個人の集まりであり，学習者のチームないしコミュニティーとは捉えていない。 |
| カリキュラムは，各教科はどのように構成されているのかを生徒が理解する助けとなっており，興味をそそり，生徒の理解と知識の転移に焦点を当て，生徒の生活に関連があり，そして生徒を思考力や問題解決の能力をもつ者と位置づけている。 | カリキュラムはたいてい，到達基準，指導書，教科書によって決定づけられている。生徒の生活と関連づけられることや生徒の身の周りの世界を理解する助けになることは稀である。「正解」が重視され，深い思考や意味づくりは軽視ないし無視されている。 |
| 形成的評価は，質の高いフィードバックを提供し，指導上の変更・改善を導き，そして生徒の自立性を高めるのに使われることで，生徒の学びにきわめて効果的な影響を及ぼしている。 | 形成的評価は成績に使われることはあるが，生徒のニーズに応えるための指導に使われることはほとんどない。生徒も，形成的なフィードバックを自らの向上に役立てることはない。 |
| 生徒たちの違いは学習において重要で，その違いに対処することは学びを持続させるのに不可欠である。 | 同じ学年の生徒をすべて同じであるかのように教えている。 |
| 生徒のレディネス，興味関心，学習への姿勢に対応する教え方は，より多くの生徒がよい結果を得る助けになる。 | 同じ教え方，学び方，教材，スピードなどすべてが，誰にでも通用するというアプローチをとっている。 |
| 予測可能性と柔軟性とのバランスがとれていて，生徒の自立性を育み，生徒と教師の信頼関係の下に築かれたクラス運営をすることが生徒たちにとってベストな成長を生み出す。 | クラス運営は従順であること，つまり柔軟性に欠け，「思考の複雑さ」よりも「正解」が重視され，生徒への不信感などがベースになっている。 |
| 生徒にレッテルを貼ったり，選別したりすることは，生徒の成績を上げるのに効果的でないだけでなく，自分の能力や他者の能力の見方という点でも大きな代償を払うことがわかっている。 | 多様な生徒が協力し合って学ぶインクルーシブなクラス[注14]をつくるよりも，生徒にレッテルを貼ったり，選別したりすることを当たり前だと思っている。 |

注14：障害のある生徒を含むすべての生徒に対して，一人ひとりの教育的ニーズに合った適切な教育
　　的支援を，通常の学級で行うことです。

者のセイモア・サラソンが思い出させてくれているように，どんな授業も
生徒を知識の探究に熱心に取り組ませ続けられるものでなければ，失敗す
る運命にある。

- ベストの形で実践されている教育と生徒の違いに積極的に応えようと修正
し続けることをベースにしたクラスは，実質的にすべての生徒が恩恵を受
ける。一人ひとりをいかす教え方は，問題を抱えた生徒たちと進んだ生徒
たちの両方のニーズを満たす。英語が外国語の生徒のニーズも，学び方に
好き嫌いのある生徒たちのニーズも満たす。性差や文化の違いも満たす。
生徒が学校に一緒にもってくる多様な長所，興味関心，そして異なる学び
方へのアプローチにも対応する。私たちは同じものになるために生まれた
のではなく，理にかなったサポートによって，すべての生徒は彼ら（私た
ちも）が夢見た以上のことを達成できるという事実を重視する。「たとえ
私たちがどんな人でも優秀なバイオリニストに育っていくことができる方
法を見いだしたとしても，オーケストラには木管楽器や金管楽器や打楽器
や他の弦楽器を演奏する最高レベルの音楽家たちが必要なのです」とハワ
ード・ガードナーが思い出させてくれている。◆38 一人ひとりをいかす教
え方は，すべての人に上質のパフォーマンスを提供することであり，すべ
ての生徒にそれぞれの強みで成長するチャンスを与えることだ。一人ひと
りをいかす教え方は，生徒に基礎的な能力と（どんな分野でもプラスの成
果を生み出すのを補強する）成功した人がもっている考え方と働き方の習
慣を身につけさせるのを助ける。

・・・

　根本のところで，一人ひとりをいかす教え方は教師にいくつかのシンプルな
質問に答えることを迫ります。まず，なぜ同じ学年の生徒は学び方が「同じ」
と思い込んでいるのでしょうか？　生徒が私たちのクラスにまったく同じスキ
ル，知識，態度，思考の習慣，強み，傾向，やる気，自信，サポート体制，学
校に対する見方などをもってやってくるという証拠はあるのでしょうか？　そ
してそれらの証拠もなしに，生徒がすべて同じ内容を同じような方法と同じス
ピードで教えることを私たちが受け入れてしまうのはどうしてなのでしょう

か？　生徒が同じ大きさの靴を履き，同じ量の夕食をとり，同じ睡眠時間が必要だというのがおかしいことはわかっているにもかかわらず，です。これらの質問に対してどう答えるかということが，教えることと学ぶことについて私たちがどう考え，そしてそれを踏まえてどう計画し，どう実践するかなど広範囲にわたる影響を及ぼします。

# 第4章

# 一人ひとりをいかす教育を
# 支援する学習環境

　ほんとうによい先生とは，生徒を教えることができるし，先生も学ぶことがで
きることがわかっていて，自分を学習環境に一体化できる人のことです。文字通
り生徒の座席の中に自分が座る椅子を見つけて座り，スポンジのように柔らかい
頭脳をもった生徒と関わり合うことを楽しみ，生徒から吸収します。そして，生
徒の頭脳が空欄を補充する問題を解くために使われることよりも，考えているこ
とや発言することに高い価値を見いだしています。

クリスタ，17歳

『教師がくれた人生の贈り物』ジェーン・ブルースタイン◆12

　ある教師が私におもしろい質問をしてくれたことがあります。ひたむきに質
問する彼女に圧倒されて，その時はそれなりの答えしか言えなかったのですが，
それ以来何度も何度も，私は彼女のその質問に対する自分の答えをつくり替え
てきました。彼女のおもしろい質問とは次のようなものでした。「生徒が整然
と座って，それぞれが一人で黙って勉強をしているような教室で，一人ひとり
をいかす教育はできるのですか？」

　その教師は眉間にしわを寄せながらこんな質問をしてきたので，私もきっと
同じような表情を浮かべて，次のように答えました。「そうね，そういう教室
でもあなたなら一人ひとりをいかす教育の原則をいろいろ応用できるでしょう。
あなたなら，生徒が取り組むのにちょうどよい難しさの内容を提供することも

できるかもしれません。一人ひとりの生徒に適度なやりがいをもたらすような
さまざまなレベルの活動をさせることもできるかもしれません。そして，一人
ひとりの興味や能力に応じた問題を提供することもできるでしょう」と。

　私は少し間をおいてつけ加えました。「あなたは，学習を進めていくと，協
力したり話し合いをしたり動いたりせずにはいられない気持ちになる生徒にど
う対処したらいいか，てこずっているのですね。」少し間をおいてまたつけ加
えます。「でも，みんな整然と座って，同じことを，同じやり方で，同じだけ
の時間をかけてやっている教室と，全員が整然と静かに座って，それぞれが抱
える困難に適した課題やそれぞれの興味関心に関わる課題に取り組む教室のど
ちらを選ぶかと言われたら，私なら即座に後者を選びます。」

　さらに続けて，「この二つの選択肢しか提供しないということは，教師と生
徒の両者にかなりの制約をかけていますね」と私は言いました。そこで話を止
めずに，さらに次のように言いました。「ここで私たちが話していることのほ
とんどは，もし教室環境が不完全であれば無力になってしまいます。」

　質問をしてくれた教師は「ほのめかして」いたのです。つまり，彼女の言葉
は質問したいことの一部でしかなかったのです。本当は次のようなことを言お
うとしていたのでしょう。「わかりました。私のカリキュラムでは，確かにい
ろいろなレディネス[注1]をそなえた生徒を受け持っています。そして，混乱さ
せたり退屈させたりして，生徒の多くを迷わせているのも認めます。生徒の
興味や学習の足跡をうまく活用することでもっと学習の成果を上げさせること
ができるということもわかりました。そういうことについてはほとんどあなた
に賛成です。でも，自分が教室の前に立ってしっかりと舵を取るというイメー
ジを捨てられるとは思えないのです。自分のカリキュラムの見方をどういうふ
うに変えるべきかということについて，あなたはいいことを言ってくれました。
でも，あなたは私に教師としての自分自身のイメージをつくり直せと言ってい
るんじゃありませんよね！」

　この教師に対して言ったことについての私の考えは変わりません。今でも私
は，生徒の課題が必要不可欠な理解とスキルに焦点を当てたものであるべきだ

---

注1：22 〜 23 ページを参照してください。

と考えています。そういう課題は，いろいろな形で提示される必要があり，そうすることで，すべての生徒が自分で問題なくこなすことのできる範囲を超えて，自分の力を伸ばすようになるべきです。こうした種類の課題は，同じことを，同じやり方で，同じだけ時間をかけてやる一斉指導よりもずっと望ましいものです。

　ですが私は，あの頃よりも，教室の環境がはるかに大切だとも考えています。この教師は，風邪をひいた患者が足もひどく骨折している時に，風邪の治療だけをしていったい何の役に立つのかと問いかけているのです。確かに，風邪の治療は役に立ちます。でも，足がすっかり治らなければ，その後ずっとその患者は痛みや苦しみや，足を引きずりながらの生活を強いられることになるでしょう。

　この章では，私がこの教師にもっと言うことができたかもしれないことのいくつかを述べ，一人ひとりをいかす教育でいったい何が大切なのかということを探究します。生徒と教師，そして教室は，一緒になって，学びのための小宇宙をつくります。不健全な小宇宙でも，何かよいことは起こるでしょう。しかし，本当にすばらしいことがいつも起こるのは，しっかりとした健全な教室[注2]でのことなのです。

## 学習の三角形としての指導

　以前，若くて，聡明で，熱心な数学の教師が，がっかりした表情の生徒たちと無言の戦いに取り組むのを観察したことがあります。この教師の幾何学についての知識は深くて広いものでした。授業での活動も関連性のある魅力的なものだったのです。ところが，彼の教える思春期の生徒は，無関心と敵意の間を揺れ動いていたのです。賞賛すべき授業に無言の憎悪をはびこらせた原因はいったい何だったのでしょうか。私は，いたたまれないほど長く続くその状況を観察することになってしまいましたから，それ以上の苦悩から私たち全員を救

───────────────────────

注2：健全な教室とは，精神的にも肉体的にも安心安全であり，適度のチャレンジがあり，サポートが受けられ，自分の価値を認められているところです。53ページの表3.1の左側に示されていたように，人がなぜ，どう学ぶのかということについて私たちが知っていることを実現している教室です。

う終業のベルが鳴った時には，この教師や生徒と同じくらい私もホッとしました。

「どうしてうまくいかなかったのでしょうか？」と，彼は後になってから私に聞いてきました。「何が悪かったのかな？」と。多くの教師と同様に，私が教室で教えていた当時，学習環境をつくり出すことについての自分の信念をはっきりと話す機会は私にもありませんでした。来る日も来る日も，うまくいくことを大事にして，そうでないことは省いていこうとすることで，教えていたのです。しかし，この教師に対する私の答えは，公立学校の授業で20年間にわたって私が自分の生徒や同僚たちから教えられてきたことの，大切な部分を言葉にしたものだったと思います。

私の答えは次のようなものでした。「上手な指導（artful teaching）は，学習の三角形みたいなものです。それは，教師と生徒と学習内容をそれぞれの角のところに置いた正三角形です。そのうちのどれかがうまくいっていなかったり，他の要素とのバランスを欠いたりしてしまうと，その指導の上手さは失われてしまいます。」

この若い数学の教師は，この三角形（図4.1参照）の二つの角に問題がありました。彼の指導内容についての知識は完璧でしたが，自分の受け持つ生徒に対しては不安に思っていて，深く関わり合えていなかったのです。結果的に，彼は自分の知っていることを教室の中でクジャクのように見せびらかしていただけで，自分がそこになくてはならない存在であることを，自分の生徒に（そして自分自身に）信じ込ませようと考案されたショーの舞台に立って歩き回っていただけなのです。学習内容という一角のみではとても三角形とは言えませ

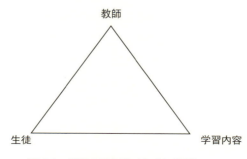

図4.1　学習の三角形（上手な指導）

ん。

　教師と生徒が一緒になって，学習の三角形を強めることのできる学習環境を
つくり上げることができるようになるためには，健全な教室において生徒と教
師と学習内容が相互にいい関係を築き合うことで，それぞれにとって何が起こ
るのかということを理解することが大切なのです。

## 教師─教室でのリーダーシップと責任を引き受ける

　定義の上では，正三角形は三つの等しい辺からなる図形です。ですから，厳
密に言えば，他よりも際だった「頂点」はありません。しかし，私たちの目的
に即して言えば，健全な教室に教師は欠くことのできないリーダーですから，
教師が学習の三角形の頂点にいなくてはなりません。

　リーダーシップは生徒と共有されたものでなくてはなりませんが，そのリー
ダーシップについての責任は，その課題についての専門的力量をそなえ，伝統
や法律にもくわしい大人の方にあります。こうしたリーダーシップを担うこと
のできる教師なら，自信をもつことができるに違いありません。そういう自信
をもつことのできない教師は，教師と生徒が互いを受け入れ，肯定し合う雰囲
気をつくることや，生徒同士の間にそうした雰囲気をつくることができません。

　これは，安定感のある教師ならば戸惑うことがなく，確固とした方向を示す
という意味ではありません。まったく逆です。教室の多様性はとても大きなも
のですから，教師が戸惑うことは当然のことですし，当たり前のことなのです。
安定感のある教師は毎日，一日じゅう学習者であろうとしますし，教師の役割
がもつ曖昧さを楽しむものなのです。率直であるために「正しく」あることは
それほど重要なことではありません。つまり，生徒を能動的にしようとすれば，
あらゆることに答えることはあまり重要ではないのです。安定感のある教師は
一晩じゅう思い悩まなければならない大切な問いや，今日よりも明日の方がよ
くなるためにじっくりと考えなければならないことが毎日生まれるのだという
信念をもって，学校を後にします。安定感のある教師は，こうした，じっくり
と考えて発見したことが，教師として魅力のあるもので，個人として満足のい
くものになると信じています。

　さらに，安定感のある教師は教室の雰囲気を自分がコントロールしていると

いう事実を受け入れます。一日一日を，敬意を払ったり，謙遜したり，喜んだり，退屈な苦役をこなしたり，可能性を覚えたり，打ち勝ったりする日とすることができるかどうかを，生徒に対する自分のアプローチや指導が決めるのです。教師には，自分が間違う日もあることがわかっていますが，同じ間違いを避けるだけの能力と責任感を自分がもっていることもわかっているのです。

## 生徒たち―自分たち一人ひとりの違いと機会をいかす

　メアリー・アン・スミスは私のメンター（数歩先んじる先達）の一人です。でも，彼女はそのことを知りません。私たちが一緒に教えていた町から彼女がいなくなるまでに，そのことを私がうまく伝えられなかったからです。私が中学生を教えていた時，彼女は小学生を教えていました。しかし，彼女が私と共有してくれた大切な智恵は，5歳でも55歳でも，すべての学習者に応用できるものだったのです。

　毎年，校長は，たくさんのはみ出し者の子どもたちをメアリー・アンに任せていました。その5，6年後にそうした生徒を私が受け持つことがよくありました。そういう生徒の保護者の話に耳を傾けていると，その子どもたちが学校で居心地よく過ごした唯一の年が，メアリー・アン・スミス先生に受け持ってもらった年であったということがわかったのです。4人の男の子の母親でもあるメアリー・アンは，自分の家庭をつくり上げるのと同じやり方で教室をつくり上げたのです。家庭でも教室でも，子どもたちについて彼女にわかっていたことがいくつかあります。

- どの子も他の子と似ているところもあり，違っているところもある。
- 子どもたちは人間として無条件に受け入れてもらうことを望んでいる。
- 子どもたちは今日よりも明日はよくなれると信じたがっている。
- 子どもたちは自分の夢を叶える手助けを求めている。
- 子どもたちは自分なりに物事を理解する必要がある。
- 子どもたちは大人と一緒に取り組む時，より効果的により一貫して物事を理解する。
- 子どもたちは動きや楽しさや安心を求めている。

- 子どもたちは自分の生活と学習に一定の権限を求めている。
- 子どもたちはその権限を伸ばしたり，それを賢く使ったりする手助けを求めている。
- 子どもたちはより広い世界で安心できることを望んでいる。

　メアリー・アンの息子たちに対する目標は，それぞれかなり違ってはいたのですが，彼らが一体となること，幸せになること，そして自立することでした。彼女は一人ひとりに敬意を払い，共通する性質ばかりでなく，違いについても敬意を払っていました。一人ひとりがベストを尽くすことを強調したのです。彼女は子どもの一人ひとりと過ごしていましたが，子どもたちは必ずしも同じことをやってはいませんでした。子どもたち一人ひとりに機会を与えましたが，それはいつも同じ機会というわけではありませんでした。彼女は子どもたちの成長を冷静に見届け，子どもたち一人ひとりのニーズや問題に応じた指導や訓練をしていて，誰にでも通用する処方箋に頼ることはなかったのです。

　彼女の教室は彼女の家庭にとてもよく似ていました。子ども一人ひとりが異なっているというのは当然のことでした。毎日，彼女はそれぞれの子どものために時間を見つけたのです。彼女は子どもの誰もが成長するための機会を提供し，必要とされる指導を提供していたのです。彼女が一人ひとりと過ごす時間はやり方と内容が全部違っていて，機会と指導も子どもによって変えてあり，またその子どもが見る夢の性質によっても変えてあったのです。

　彼女は，子ども一人ひとりの強みをできるだけたくさん見つけ，それらを補強する方法も見いだそうとしたのです。チャーリーは他の子たちよりも多様なアート素材を必要としていました。エリは読むべき多様な本を必要としていました。ソーニャは，自分の怒りを抑えるために，教師がいるという安心感を必要としていました。ミシェルはもっと頻繁に「自分を解き放つ」ことを忘れないために教師が必要だったのです。

　こうした子どもたちはみな夢を見ていました。メアリー・アンと彼女の受け持った子どもは自分たちがどのように成長しつつあるのかということについて話し合いました。子どもたちは，夢に向けて成長していく自分たちを教師がどれほど自慢に思っていたか話したのです。ミカは他の子よりもよく読み，フィ

リップは他の子よりも小刻みに体を動かしたり，教室の中を動き回り，チョウンシーは他の人にはできない独創的な質問をし，ベスは立方体を扱っていたかと思えばすぐに数字を扱い，ホルヘはスペイン語でした質問を英語に切り替えることがよくありました。メアリー・アンは，「しなやかマインドセット」[注3]に基づいて，どの子どもも大切だと思ったことを学ぶ能力をもち，みんなが成功への道を見つけて，それを進む手助けをすることができるという確信をもって教えていたのです。

　メアリー・アンの教室は，心，選択肢，そしてサポートの観点でとても広かったのです。いろいろな学習内容の目標や学習の目安をたくさんもっていましたが，8歳の子どもが理解するにはこれがちょうどいいというような標準化はしていませんでした。ですから，メアリー・アンの教室の子どもは標準化されていなかったのです。彼女の教室の子どもにはそれがわかっていました。そして，この事実によって，子どもは自分自身とお互いをより好きになっていたのです。

## 内容─それを学習者にとって切実なものにする

　自分の理科の授業で何をどのように教えるかをどうやってわかるようになったか話してくれた教師がいました。彼女は，厚すぎる指導書や，中身は濃いけれども簡単すぎる教科書や，楽しくはあっても，はっとすることもなければおもしろくもない実験と格闘していました。自分が教えている生徒の心があまりに頻繁に離れていきましたし，日々変わらない任務に息が詰まるようなものを感じていました。

　同僚の一人が彼女にこう言ったそうです。「ちょっとだけ教科書や到達基準のことを忘れてみましょう。あなたに理科が魅力的だと思わせてくれたことを思い出して，それに戻ることです。自分が科学していると思わせてくれたのは何だったのか考えてみましょう。そして，あなたが教えている生徒が理科について学べるのは，あなたの授業しかないのだと考えてみることです。その生徒にとってみれば理科を学べるたった一つだけの授業なのです。これまでもこれ

---

注3：24ページ図2.1のマインドセットの注（25ページ）を参照してください。

からも。あの生徒が理科を好きになるように教えるために，あなたには何が必要なのでしょうか？　それをちょっとだけ考えてみましょう。それから，今私があなたにやるべきだと言ったことのほんの一部だけでもやり方を変えてみてください。教える生徒が 3 人だけしかいないと想像してみてください。自分の3 人の子どもたちだけだと。そして，その年の終わりに，あなたが死ぬかもしれないとしたら。その年に理科であなたはいったい何を教えますか？」

　その教師は私にこう言いました。「その日以来，私は理科で何をすべきなのかがわかりました。私はそれまで，自分がすべきことをどのようにしたらいいのかわかっていませんでした。でも，自分がすべきことをはっきりさせることができて，自分が何について教えるかという考え方が変わりました。」

　中学 2 年生の担当教師ジュディ・シュリムも似たような視点で振り返ってくれました。「歴史の教師としての私の目標は，自分の生徒が，歴史とは死んだ人々の研究ではないと実感できるようにすることです。それは，過去によってつくられた鏡を生徒が手にするようにして，その中に自分たちを見いだすことなのです。」

　レイチェル・マクアナーレンは自分が教える数学の生徒に次のように言っています。「今ここに私たちが取り組んでいる問題があります。こちらがその答えです。さぁ，この答えに私たちをたどり着かせるか，たどり着かせるかもしれないことのすべてについて話し合いましょう。」数学にしばしばつき物の「脅かし」は彼女の教室にはもはや微塵も見られず，生徒はその問題について可能な限りの考え方を熱心に探究することになったのです。

　この 4 人の教師は学習の必要不可欠な目的を理解しています。バラバラの情報を蓄積したり，頭を使うことのないスキルの練習を繰り返したり，指導要領に即しているかどうか，リストをもとにチェックしたりすることで評価していくような実践ではありませんでした。もっとずっと力強いものです。私たちは生まれてから，自分を取り巻く環境のどのような場所にでも住処を見つけようとします。自分が何者であるか，人生の意味とは何か，楽しみや痛みや勝利や死をどのように理解するのか，他者とどのように関わらなければならないのか，そして私たちはなぜここにいるのか，ということを明らかにしようと試みながら，私たちは生き，そして死ぬのです。美術，音楽，文学，数学，歴史，理科

といった，私たちが学習する教科は，そうした人生における究極の問いに対して私たちが答えるための手助けをしてくれるレンズを提供してくれるのです。読むこと，書くこと，地図を描くこと，計算すること，そして絵を描くことといった，これらの教科のさまざまなスキルは，有意義なやり方で知識を扱う力を私たちにもたらすのです。◆61 未知について考えたり悩んだりすることは，鵜呑みにしたバラバラの名前やデータや事実や定義をはき出したり，関連性のないバラバラのスキルの練習をすることよりもずっとずっと大きな力を私たちにもたらすのです。

　健全な教室における学習内容は，このような実感に根ざしています。ですから，健全な教室で教えられ，学ばれる内容とは次のようなものなのです。

- 生徒にとって大事なものであり，個人的なものであれ，なじみのものであれ，既知の世界と関連している。
- 生徒が自分自身と自分を取り巻く世界を現在よりも深く，自分の成長する背丈に見合ったかたちで理解するのを手助けする。
- その教科についての練習ではなくて，「ほんとうの」歴史や数学や美術を扱う。
- 生徒にとって何か実際に大事なことにすぐに使うことのできるものである。
- 教室の中でも，外でも，生徒の力と可能性につながるように彼らのアイディアを切りひらく。

　健全な教室では，その学習内容が，生徒を標準化されたテストやつまらない競争に向かわせるのでなく，人格をもった一人の人間として受け入れるのです。扱う題材はダイナミックなものであり，知的な魅力をそなえていて，一人ひとりに訴えかけるところがあって，学習者に力をもたらすものなら，その題材にそなわった「細部」はより大切なものとなり，記憶されうるものになるでしょう。こうした考えに立ってつくられた教室では，生徒は重要な事実やスキルを，自分たちの成長につながるアイディアや課題や抱えている葛藤を通して習得するのです。

## 健全な教室環境のさまざまな特徴

　私たちの前に，教室の中でリーダーと学習者との両方の役割を担うことに居心地のよさを覚えている教師が一人いると想像してみてください。その教師は学習者の重要なニーズを理解し，それに反応し，自分の取り上げる題材が生徒にとってどれほど意味があるのかということを理解しています。教師と生徒がお互いに敬意を払ったり，丁寧に配慮したりしながら，次第に成長していくような環境をつくり出すために，この教師はどのようなことをするのでしょうか？　題材が，個人の成長や集団としての成長の媒体となるような環境を，彼女はどのようにすればつくることができるのでしょうか？　この教師が学習の三角形をダイナミックでバランスのとれたままに保ち，本物の学びのコミュニティーをつくり出すために，していることはどういうことなのでしょうか？

　教えることは発見することであって，定式化された手順で問題解決していく営みではありません。教育のさまざまな原則が私たちを導いてくれるのですが，それは料理のレシピではないのです。これから考察するのは，健全な教室環境で営まれる教えることと学ぶことのさまざまな特徴です。あくまでも自らの教育実践を振り返るための出発点であって，完璧なマニュアルのようなものではありません。ここにあげたリストを自由に編集し，修正してください。そして，自分が使いやすいように付け加えたり省いたりしてみてください。

### 教師は生徒一人ひとりを個人として理解する

　『ちいさな王子』（一般的には『星の王子さま』のタイトルで知られている）◆66 の中で，幼い旅人（ちいさな王子）がキツネに出会う場面がありますが，そのキツネは王子に「ぼくをなつかせてくれよ！」と言います。王子はキツネの言っていることの意味がわからないようだったので，キツネは次のように説明します。「自分でなつかせたもののことしか，ほんとにはわからないんだよ。」さらに，なつかせるまでにはとても長い時間がかかると言います。

　　「辛抱がかんじんだよ。最初はぼくからちょっと離れて，こんなふうに，草むらにすわるんだ。ぼくはきみのことを横目で見るけど，なんにも言わないでね。ことば

は誤解のもとだから。でも毎日少しずつ，ぼくの近くにすわるようにして……」[66]

　ちいさな王子は，「なつかせる」ことを通してこそ，私たちがなつかせたものの個性がわかるようになるのだと，理解するようになります。「心で見なくちゃ，ものはよく見えない。大切なものは，目には見えないんだよ。」[66]

　健全な教室の教師も，こんなふうにいつも生徒を「なつかせ」ようとしているのです。つまり，生徒が本当はどういう人なのかということをわかったり，この世界で一つだけのその子の個性を見つけたりするのです。しかし，目立たない生徒にはそういうことがなかなかできません。教師の介入が必要のない生徒にもそういうことはなかなかできません。教師はすべての生徒を「なつかせ」ます。健全な教室の教師は，人間としての自分を生徒の前にさらすことをもおそれません。彼らは，生徒を自分に「なつかせ」るリスクをおそれないのです。[注4]

## 教師は，生徒をまるごと捉えて教える

　健全な教室では，生徒が知的でもあり感情的でもあるということ，身体の欲求を絶えず変化させるということ，文化や言語や家族という背景をもっているということを，教師が理解しています。書くことや算数・数学について生徒に教えることと，書くことや算数・数学をする体験を生徒にさせる形で教えることとの間には違いがあります。[注5]フランス語の授業をする前に感情が高まっていることもありますが，フランス語の授業によって感情が高まることもあります。自尊心の低い生徒が一生懸命学ぶこともありますが，ほんとうにしっかりと達成することで，自尊心以上の大切なことが生み出されることもあるのです。つまり，自己効力感です。生徒が家庭から学校に持ち込むようなことを，教室

---

注4：別のところで，ちいさな王子とキツネは次のようなやりとりもしています。「ううん。友だちがほしいんだよ。『なつかせる』ってどういう意味なの？」「それはね，つい忘れられがちなことなんだよ。『きずなをつくる』という意味なんだ」（『ちいさな王子』p.105）つまり，大切に思い，信頼するようになるということです。ちなみに，ここで「なつかせる」と訳されている tame には「手なづける」「飼い慣らす」という意味もあります。

注5：「書くことや算数・数学」についての情報を生徒に与えることが教師の仕事だと思われがちですが，そうではなくて，「書くことや算数・数学をするという体験」を通して本当に大切なことに生徒が気づき，そしてさまざまな知識やスキルを身につけていくことが重要だということです。

のドアの外側に放り出してはいけないのです。同様に，授業が心底おもしろければ，そこで行われたことを生徒は家庭に持ち込むに違いありません。

## 教師がいつも自分の専門的な知見を広げようとしている

ある教科についての本物の専門的知識は，すでに明らかになっている事実を習得したものではなくて，じっくり考えて発見したことやスキルを応用したものです。歴史の専門家は，教科書の章の最後にあるいくつかの質問に答えてそれでことを終わらせたりはしません。彼らは，場所や人々や出来事について新たなレベルの理解を追い求めます。作家は単に文法規則を習得していることを示すために，ページを言葉で埋めているわけではありません。意見を見つけたり，人生のありふれたストーリーや一風変わったストーリーから主張が伝わったりするように，書いているのです。

専門家は，自分の専門領域の必要不可欠なスキルや概念をきわめて質の高いレベルで使いこなしています。しかし，ある時同僚が私に，教師が苦しいのは，私たちが科学者になるためではなくて，理科を教えるために教えられたからだと言ったことがあります。私たちは，自分が雄弁な科学者となるためではなくて，教えるための専門性をそなえた人として人前で話せるようになるために教えられたのです。

## 教師は生徒とさまざまな概念を関連づける

詩人であり，小説家であり，歴史物の作家でもあるポール・フライシュマンは，『イリアッド』の出来事を現代の新聞記事のように書いた自らの『Dateline: Troy（デイトライン：トロイ戦争）』◆29 という本を教師にどのように使ってほしいか，ローラ・ロブとの対談の中で述べたことがあります。その対談でのフライシュマンの次のようなコメントは，教師が有益な振り返りをするきっかけになるでしょう。

私が本当に望んでいるのは，最善の先生がやっていると思われるすべてのこと，つまり，うわべだけ見ると生徒にとって関係がないように思える題材を切実なものにして，生徒にとって大切なものにすることができるような気持ちに，先生方

がなるということです。自分たちの人生と有意義なつながりがあるということが
わかれば，生徒は，テストを受けたり，事実の記憶に精を出したりするのではな
くて，こうした題材についての切実な読者になってくれると思います。これは，
カリキュラム上のどの教科にも応用できます。数学の三角法で私が不可を取った
理由は何なのでしょうか？　私には，三角関数について習得することがそれだけ
でおもしろいとは思えませんでしたし，自分にとってどんな役に立つのかがさっ
ぱりわからなかったのです。でも，ちゃんとした先生ならそういうことをきっと
私にしっかりとわからせてくれたはずだと，確信しています。◆65

## 楽しい学びにしようと教師が一生懸命努力する

「楽しい」と「学び」は，どちらも大切な言葉です。健全な教室では，教師
が学びについて真剣に考えています。学習者になるということは人間がもって
生まれた権利なのです。それより大切なことはほとんどありません。そして，
探究したり理解したりするための時間を私たちはほんのわずかしかもっていな
いのです。ですから，ある教科について一番大切なことに焦点を絞ったり，そ
の一番大切なことが生徒の経験の中心となるように位置づけたりすることが，
とても重要なのです。

その一方で，生徒は楽しいことに反応するようにプログラムされています。
生徒は依然として，子ども（人間？）としての生活のエネルギーやリズムに満
ちあふれています。動いたり，何かに触れたり，笑ったり，お話をしたりする
ことは，重要なスキルと理解に向かう出発点です。ですから，健全な教室の教
師なら，どの授業でも，すべての生徒が夢中で取り組んで理解することができ
るように努力するのです。

優秀な生徒たちのための夏期講習プログラムに参加していたある教師が，彼
女の4日間の授業の後に，私のオフィスのドアに次のようなメモを残していま
した。「私は一生懸命教えました。その結果みんな疲労困憊で息も絶え絶えで
した。」生徒に対して一生懸命いろいろな課題を与えてしまい，多くのことを
要求しすぎて，生徒のエネルギーを使い果たさせてしまった，とこの教師は言
っているのです。かなり優秀な生徒たちでも楽しみとやりがいのある課題を欲
しているはずなのに，そうした欲求を見きわめることができなかったのです。

## 教師が高い期待を設定する ── そして多くの階段[注6]を提供する

　健全な教室の教師は，生徒が大きな夢を抱く手助けをします。その夢は一つひとつ違いますが，生徒はみんな大きな夢を抱こうとして，それをかなえる具体的な方法を必要としています。そのために，教師は教えます。つまり，ある生徒の次の学びの基準やそこで必要になる支援の仕方を完全に知っておくということです。これには，指導計画，ルーブリック，明確に指示された成果物づくりのための課題，教室の中の多様な作業環境，複数の教材，補習と発展のための小グループなどが含まれます。

　どの生徒であっても，もっとも切実な内容を学ぶに値するのですから，健全な教室の教師は，一番優秀な生徒の興味を引いたり，やりがいを感じたりすることについて考えることから始めたり，一人ひとりがカリキュラムにアクセスする（取り組む）道を保障したりします。幅広い生徒に対する適切なサポートを伴ったしっかりしたカリキュラムは，生徒の一人ひとりが学習者として劇的に成長する能力をもっていることを教師が信じていることの証です。そのような指導は，学習者についての教師の成熟した考え方を伝えるばかりでなく，一人ひとりを歓迎し，自信をもたせ，やりがいをもたらし，サポートするような学習環境に貢献するものです。

　ほとんどの生徒は，どのようにすれば今日自分がいる地点を越えて成長できるのか，その方法を教師が見せるまで，わかりません。健全な教室では，教師が成功のためのコーチの役割を演じ，生徒一人ひとりに違う出発点から全員が最大限の成功を確実に手に入れるゲームプランを提供するのです。そういう教師は，生徒が「ゲームをしている」あいだ，サイドラインに立ったままで，励ましたり，巧みにほめたり，アドバイスをしたりするのです。

## 生徒がいろいろな概念を自分なりに理解する手助けを教師はする

　私たちは学習者として，自分の理解の仕方をめったに「繰り返す」ことはありません。暗誦することやワークシートやテストを通して情報を復元することでは，概念や情報を保持してそれらを使いこなせる学習者は育たないからです。

---

注6：この階段は159ページの図8.4の④で示されていることに相当します。

多くの教師が，自分自身が教師教育で受けた授業を通して，そのことをまざまざと見せつけられてきました。教授たちが教師に教える内容を実際の教育場面に関連づけて捉えることができないために，授業で教えられたことが要を得ないと教師は考えます。しかし，自分が教える立場になると，つまり，情報をいかす場面に立った時には，教師はそれを忘れ去ってしまっているのです。注7

　その教室が健全であるかどうかは，考えることと不思議に思うことと発見することがあるかどうかにかかっています。小学校教師のボブ・ストラコータは次のように言っています。

　　もしも私たちがもがいたり，新しく考え出したりする複雑な過程を経なければ，私たちの知識はむなしいものです。それがほんとうなら，私は，教えている生徒に私の知識や経験を伝えることができないということになります。そのかわり私は，世界やその中で自分がどう生きていくのかということについての理解を新しく考え出す責任をもつ手助けになるような方法を見つけなければなりません。そうするために私は，しっかりと指示をしろ，生徒に自分の知識を教えろ，やるべきことを教えろ，と促された自分の受けた訓練に抗いながら，もがかなければならないのです。◆87

## 教える営みを生徒と共有する

　健全な教室の教師は常に，生徒が教えることと学ぶことにおいて中心的な役割を演じるようにいざないます。いろいろなやり方でそのようにいざなうのです。第一に，健全な教室の教師は生徒が，一人ひとりのために行われる教室の運営を理解したり，運営に貢献したりすることができるような手助けをします。健全な教室の教師は，授業のルールやスケジュール，学びの手順についての話し合いに生徒を関わらせ，いろいろなプロセスやルーチンにどういった効果が見られるかということを生徒と一緒に評価するのです。うまくいったら，生徒と一緒に喜びます。うまくいかない場合は，教師と生徒が一緒になって修正し

---

注7：つまり，教員養成課程における教授たちの教え方が悪いモデルになる場合があるということです。何よりも大切な概念を中心に据えた教え方のモデルを示すことに，もっと注意が払われるべきです。この点については，79ページの下の部分〜92ページの概念についての記述をご覧ください。

たり改善したりするのです。第二に，健全な教室の教師は，効果的に教え合ったり，学び合ったりすることを生徒にしっかりと伝えます。第三に，健全な教室の教師は「メタ認知[注8]的な指導」をしているのです。彼らは，幼い生徒にもわかるようなやり方で，自分たちがどのように授業を計画するのか，家に帰ってから教室の課題の何に頭を悩ましているのか，そして授業の進め方をどんなふうに考えているのか，ということを生徒に説明します。健全な教室の教師は自分の指導者としての役割を受け入れていますが，生徒がとても多くの暗黙知をもっていることを理解しています。その暗黙知とは，この世界で機能しているものについての明瞭な感覚や，自分自身と仲間たちについての価値ある発見です。それだけでなく，生徒が学習者としても人としても成功したいと望んでいるということについても理解しているのです。健全な教室の教師は生徒の力と，生徒が自分のいる世界に積極的に貢献しようとする願望とに拠って立っているのです。

　健全な教室では，取り組まれていることのどこが重要なのかということについての絶え間ない話し合いがあり，学ばれるべきことの何が切実なことなのかということについてのしっかりとした感覚があります。つまり，すぐに役立つことよりも，じっくりと時間をかけてテーマを選び，どのように取り組むべきか考えるということです。それは，期待感に満ちた旅行のために計画を立てるようなものです。教師と生徒は期待感に満たされながら，行き先やルートを思案し，不測の事態にも柔軟に対応するのです。

## 教師が生徒の自立を促す

　演劇監督は，役者から裏方に至るまで，多様な人物の多彩な役割によって生まれる一つひとつの動作を，何週間もかけて組織化するという特殊な仕事を担っています。監督がいろいろなやり方で行う介入がなければ，ほとんど何も起こりません。しかし，劇が始まると，監督は基本的に用なしです。もしも役者やスタッフが自分たちでうまく劇をすることができないようなら，それは監督が失敗したことになるのです。

---

注8：メタ認知とは，自分の思考や行動を対象として客観的に把握し認識することです。

このことは教えることがどのようなものか，あるいは，どのようにあるべきかということをよく表しています。教師は一日一日と，自分の教える生徒の人生において次第に用なしになっていくべきなのです。解決策を提供する代わりに，生徒が自分自身で物事を明らかにできるようにしていくのです。質を高めるための指示や手引きはしていくべきですが，いくらか曖昧なところや，選択すべきところや，柔軟に考えるところはそのままにして，生徒が転移させたり，常識を応用しやすくすべきです。生徒がどれだけ責任を担うことができるかを注意深く評価し，できるだけ多くの責任を生徒に担わせるべきです。そして，その上でほんのちょっとだけコーチするのです。

　ほとんどの教室にはとても多くの生徒がいるので，教師は彼らに自立した判断をさせる面倒に取り組むよりも，その子たちのためにいろいろとやってしまう方が簡単なことだと考えがちです。教師はよく，小学2年生も，小学5年生も，高校2年生でも「自分たちで自立して学習させるには未熟すぎる」と言います。私にはそれが不思議でなりません。ほんとうにすべての生徒が一日の大半を自分たちで自立して学習するような教室の名前を挙げることができますか？　それは，5歳までの子どもからなる幼稚園のことです。

## 教師が前向きな教室経営をする

　健全な教室では，誰もが敬意をもって他の人を親切に扱うことがはっきりと期待されています。そのような場所には笑い声が満ちています。ユーモアは創造性と密接に関わります。ユーモアの源は，予期せぬ楽しい関連づけであり，のびのびとした自由であり，間違いも意外なかたちで有益な教えになるという感覚です。決して嫌味や感情を傷つけるようなことではなくて，何らかの笑いを生み出すもので，他の人と笑い合う能力から生まれるものなのです。

　前向きでエネルギーのある健全な教室でさえも，生徒には学習の仕方や行動の仕方について思い出させてくれる存在が必要です。彼らが感情的にも社会的にも健全に成長することができるようにするためには必要なことなのです。しかし，健全な教室では，規律の問題が大問題になることはめったにありません。なぜなら，生徒が前向きに注意や力を注ぐからです。そうした教室では，生徒が受け入れられ，価値づけられて，そしてそのことが彼らにもわかっています。

そうした生徒は教師が規律について大きなことを期待するというよりも，むしろ学習目標に向けて一緒に進んでくれるパートナーであることに気づいています。

　健全な教室では，生徒は一人ひとりにとってもっとも居心地のいいやり方で学習する機会に出合うことになります。教師は，適切な決定をする方法を生徒が理解する手助けとなるわかりやすい手引きを提供します。教師は，生徒の本物の努力が何よりも増して目に見える成果をもたらすことを確信しています。そのようにして，教師は生徒が自分自身の学習の主役となるように，系統的に手引きするのです。生徒は，自分のために組み立てられた学習目標を理解したり，自分の学習目標を立てたり，その目標を達成したり，その目標を超えるために計画を立てたり，状況に合わせて計画を修正したり，自分がどのように成長しているかを見つめたり，質の高い学習を探究することから新たなエネルギーを手に入れたりするのです。

　そうした環境が，逸脱した行動を導くことになりがちな，緊張やストレスを取り除く（あるいは少なくとも可能な限り小さくする）のです。厄介な問題，あるいは繰り返し起こる問題を扱わなければならない場合には，生徒への敬意や，前向きな成長への願望や，共有された意思決定が，最終的に敵対することではなくて，理解と学びにつながるのです。

　私が子どもだったある夏，古いガレージの裏の小さな空間に，子猫たちがいるのを見つけました。一番仲の良かった友だちが帰宅するのを待ちながらとてもワクワクして，彼女が帰ってきたらすぐに自分が見つけた素敵なものを見せに連れて行こうと思ったのです。子猫を見せに友だちを連れて行く間ずっと，私は彼女にそれを見つけた時の私の喜びがどんなにすばらしかったのか話していました。舞い上がっている私と彼女の期待とが混じり合い，私たちの歩みはバレエのトーダンスと跳躍とが混じり合ったようなものでした。ガレージに着いた時に，私は身を引いて，その小さな空間を指さして言ったのです。「今度はあなたの番よ！　近づいてよく見てみて。」

　健全な教室環境とは私のこの経験によく似ていて，共有したくなるような素敵なことを発見しようとして探究し続けるリーダーとしての教師がいるところなのです。私たちはよく，時には小グループで，時にはクラス全体で，生徒一

人ひとりと私たちが一緒の旅を共有するようにいざなうのです。私たちが誰を選んだとしてもその人は特別に選ばれたと感じるのです。なぜなら，そのようにいざなうことは次のように話しかけるようなものだからです。「あなたはとても大切な人だから，私の見つけた，とっておきの宝物を見せてあげる！」と。

　こうした旅への期待はとても大きなものです。旅の歩みは活気づきます。そのうち，私たちが身を引いてこう話しかけるタイミングがやってきます。「さあ着いたわ。今度はあなたの番よ。自分の思い通りに考えて，自分の目に見えるものを見てごらん。そうすれば，自分が何をやったらいいかわかるでしょう」と。こうして私たちは生徒が学ぶのを目の当たりにすることになります。そして，その過程で私たちも学習者になるのです。そしてもう一度最初からやり直すのです。

● ● ●

　生徒の学習の「審判」というよりも「メンター」として評価を考えることに挑戦したり，生徒のニーズに配慮して指導を計画するという要請に応えたり，そうしたニーズに柔軟に応じながら教室を切り盛りしながら，生徒の注意を引きつけるようなカリキュラムをつくるのは難しいことです。しかし，教師のあらゆる仕事の中でもっとも難しいのは，そして生徒の成功にとってもっとも重要だと思われるのは，受容や肯定や挑戦やサポートを提供しながら，教室の住人である一人ひとりを日々学びにいざなう教室環境をつくり出すということなのです。

# 第5章

## よいカリキュラムは一人ひとりをいかす授業の基本

　ギヴァーは何かを払いのけるように片手を振った。「そりゃ，きみの先生がたはちゃんとした訓練を受けているさ。科学的事実ってやつを理解している。ここでは誰もが，仕事のために十分な訓練を受けている。つまりだね……記憶なしには，それらの知識には何の意味もないということだ」「なぜあなたは，それにぼくは，こんな記憶をもたなきゃならないんです？」少年が尋ねた。「記憶がわれわれに叡智をもたらしてくれるからだ」とギヴァーは答えた。

『ギヴァー　記憶を注ぐ者』ロイス・ローリー◆49

　ある若い教師が，一人ひとりをいかす授業のための授業プランを初めて自分でつくろうとしていました。「この流れで正しいかどうか，見てくださいませんか？」と，彼女が私に尋ねました。

　彼女が担当している小学4年生は，みんな同じ物語を読んでいました。彼女は課題を五つ準備していて，生徒のレディネスのレベルを考慮しながら，それらの課題のどれか一つを生徒一人ひとりに割り当てる計画になっていました。彼女が私に示した五つの課題は次の通りです。

1. 本の新しいカバーをつくる。
2. 本の一場面の舞台セットをつくる。
3. 登場人物のうちの一人の絵を描く。

4. 物語の結末を書き換える。
5. 今回読んでいる物語の登場人物と，クラスのみんなで読んだことのある
　　他の物語の登場人物との間で行われる会話を考える。


　これらの課題を見て，私が教師をしていた最初の10年間，私が毎日答える
ことを誰かが私に要求していた質問，つまり「あなたは，これらの活動をした
結果として，生徒たちに何を獲得してほしいと考えているのですか？」と尋ね
ました。
　彼女は目を細め，少し間をおいて，「わかりません」と，答えました。
　私は，再び尋ねてみました。「課題を完璧にやり終えたとしたら，生徒みん
なが共通に理解できるようになっているはずのことはどんなことですか？」
　彼女は首を横に振りました。「まだ，わかりません。」
　「そうですか。では，質問を変えましょう」と言って，私はしばらく間を置
きました。「作家が登場人物をつくっているということを，生徒たちに知って
もらいたいですか？　作家がなぜ時間をかけてこの本を書いたのかを理解して
もらいたいですか？　主人公の人生が生徒たちの人生とどれだけ似ているかと
いうことを考えてもらいたいですか？　あなたが考えた活動は，生徒たちが何
を理解する手助けとなるのですか？」
　彼女は真っ赤になって，「まあ，どうしましょう」と叫びました。「わかりま
せん。物語を読んで何か関係のあることをすればいいのだと思っていました。」

## 「ねらいのはっきりしない」授業

　私たちの多くが，かつてはこの若い教師と同じだったかもしれません。私た
ちは，生徒が何かを読み，聞き，見るだろうという漠然とした感覚で，教師と
いう仕事につきました。そんな漠然とした感覚で，生徒たちは何かの活動をす
るはずだと思っていました。次の例も考えてみて下さい。

・ 小学5年生のある教師はブラックホールについて話をします。それから，
　そのテーマについてのビデオを見せます。ブラックホールについて書くよ

うにと言います。それは何を学ぶためでしょうか？　ブラックホールでは重力がなぜそのように働くのかについて学ぶためでしょうか？　「時間」について考えるためでしょうか？　ブラックホールの進化について理解したことを表現するためでしょうか？

- 西部開拓についての小学3年生のユニットの一つで，生徒たちは幌馬車を製作します。このことは，探検，危険，資源の欠乏，あるいは環境への適応についての理解にどう役立つのでしょうか？　この活動は開拓地を前に推し進めることに関するものでしょうか？　それともこれは糊やはさみを使うための活動でしょうか？

- 中学校のある教師は，分数を小数に変換するようにと生徒たちに言います。その目的は答えを確認して，次に進むことでしょうか？　それとも，教師は，たとえば，どうすればうまくその変換ができるのかとか，なぜそのように変換できるのかといったことを理解させるような，もっと大事な目的を考えているのでしょうか？

　それぞれの例では，その内容を経験することで生徒たちが何を獲得すべきなのかについて，教師の考えはぼんやりとしたものでした。生徒たちは「物語についての何か」を，「ブラックホールについての何か」を，「西部開拓についての何か」をしました。分数を小数に変換することについて大切なことを少しだけしました。これらの活動は死ぬほど退屈なことでも，まったく役に立たないことでもありませんが，少なくとも二つの問題点があることを示してくれます。一つは，質の高い授業と学習の実現を妨げる障害となる問題です。もう一つは一人ひとりをいかす効果的な教え方の実現を妨げる障害となる問題です。

　生徒が授業の結果としてどんな知識を得て，何を理解し，何ができるようになるのかということについて教師が明確にわかっていなければ，教師が用意した学習活動は，それが魅力的であってもなくても，生徒が学ぼうとしている内容に内在している基本的な概念や原理を理解することにはきっと役立たないと思います。基本的な概念や原理についての教師の理解が曖昧だと，活動も曖昧になってしまい，その結果，生徒の理解も曖昧になってしまいます。これが，質の高い授業と学習の実現を妨げる障害です。

この種の曖昧さは，一人ひとりをいかす教え方にも影響します。一人ひとりをしっかりといかす授業では，すべての生徒が同じ基本的な知識を獲得し，同じ基本的なスキルを使い，同じ基本的な理解を追求する必要があります。レディネスや興味関心や学習へのアプローチはさまざまであっても，生徒は知識を習得し，概念を理解し，いろいろな方法でスキルを使うことが必要となります。学習が最後まで終わった段階で，すべての生徒が何を知り，理解し，そして何ができるようになっているかについてはっきりとわかっていない教師は，優れた授業を開発するための重要な核となるものを見逃してしまっています。冒頭で登場してもらった小学4年生の若い教師が考えた五つの「一人ひとりをいかす」ための活動は，そこが問題です。教師は物語についての五つの「何か」をつくっただけです。これらの活動だと，おそらく物語についての五つの曖昧な理解に終わるだけでしょう。まったく何も理解できなかったという結果になってしまうかもしれません。

　この章は，多くのカリキュラムや授業に蔓延している曖昧さを少なくする一助になることと思います。また，この章は，この本の残りの部分で取り上げている，一人ひとりをいかす教え方についての数多くの事例を理解するためのお膳立てをします。この章で目指すのは，一人ひとりをいかす教え方についてのしっかりとした基礎をつくることです。いずれにしても，活動や成果物を一種類考え出して用意するだけでも時間がかかります。二つ，三つ（さらに五つ）を用意するためには，もっと努力が必要になります。たくさんの種類を用意する前に，確固とした，効果的な授業をつくり出すものが何であるのかについてしっかりと理解しておくことが大切です。

## 持続的な学習のための二つの重要な柱

　生徒たちは教室で何が起こっているのかをとてもよくわかっていることに，私はこれまでずっと興味をそそられてきました。生徒たちが私の授業を正確に診断して，次のように言ったことがありました。「先生の授業はとても楽しいよ。すべてを学ぶことができているわけではないけれど，楽しいんだ。」また，これとは逆のことがあることも生徒たちはよくわかっています。「数学を学習し

ているんだと思うけど，いつも，授業が恐ろしく長い時間に思えるんだ。」

　こうした声からわかるのは，よい授業のためには二つの要素が必要であると，生徒が無意識のうちに気づいているということです。それは，夢中で取り組むことと理解することです。授業が生徒の想像力をつかんで，好奇心を刺激し，意見を誘発し，魂を揺さぶるようになれば，生徒は夢中で取り組むようになります。生徒が夢中で取り組むようになれば，磁石に引きつけられたように散漫になりがちな注意力が授業に引きつけられ，学習を持続させることができます。理解するということは，事実や情報をただ思い出すことではありません。学習者が理解しているということは，大切な概念を「身にまとい」，物事についての記憶のリストの中に正確に取り込むことです。

　脳科学者は，学習の持続に必要な二つの要素に対して，二つの少し異なる用語を使っています。それは，意味づけと知覚です。意味づけとは，学習内容と自分自身の経験や生活とを関連づけることに関係しています。知覚とは，物事の様子や仕組みについての学習者の把握力に関係しています。意味づけは夢中で取り組むことと，また知覚は理解することと，深く関係しています。◆80 どちらの場合でも，伝えようとしていることは同じです。内容と関連づけられていなかったり，その内容を理解していなかったりすれば，本当に学習したことにはなりません。

　何かを理解している生徒は次のことができます。◆4

- それを使うこと。
- 例をあげながらそれを明確に説明すること。
- 他の概念と比較したり対照したりすること。
- 教科の他の例と関連づけたり，他の教科と関連づけたり，自分の生活経験と関連づけたりすること。
- よく知らない場面に転用すること。
- 新しい問題の中に埋め込まれている概念を見いだすこと。
- すでに理解している他のことと適切に結びつけること。
- その概念を例証したり，具体化した新しい問題を持ち出したりすること。
- その概念のアナロジーやモデル，メタファー注1 を考えたり，その概念を

絵で描き示したりすること。

- 問題の条件を変えて「もし〜だったら」という質問をつくり，それに答えること。
- 新しい知識やさらなる探究へとつながるような質問や仮説をつくり出すこと。
- 概念をつくるために，具体的なことをもとに一般化すること。
- 知識を使って自分自身や他の人のパフォーマンスを適切に評価すること。

　夢中で取り組むことができない授業では，生徒は集中できなくなります。学習する内容を自分自身の生活で大切なことに結びつけられないために，生徒はその授業が大切な授業だと考えることができません。そのような授業で「学習したかもしれない」ことを，生徒は長い期間にわたって使うことはしません。その教科で「主要な概念」や原理を生徒に十分に理解させることができなかった場合，学習したことを重要な文脈で使う能力がない状態にしてしまうことになります。このように，夢中で取り組むことと理解することが十分でない授業はほとんど効果がなく，学習に対する情熱も学習者としてのパワーも弱めてしまいます。

## 学習のレベル

　ヒルダ・タバは，他の研究者に先んじて，学習にはいくつかのレベルがあると理解していました。◆[70] 私たちは事実や，真実だと思っている個々の情報を学習します。私たちは，概念，すなわち，情報を整理したり保持したり使った

---

注1：これらは，いずれも比喩による表現や思考を意味します。

　アナロジーは類推と呼ばれることもあり，未知のあることを既知の別のことをもとにして説明したり思考したりするものです。たとえば，音の伝わり方を考える時に，水面に生じる波の伝わり方をアナロジーとして利用することができます。

　モデルにはいろいろなタイプがあり，学習のために用いられるモデルもあれば，学問レベルのモデルもあります。前者の例として，理科では，電流の学習で電流の強さや電圧の理解を促すために，水流モデルが教科書でよく取り上げられています。後者の例としては，原子モデルとか DNA の二重らせんモデルなどがあります。

　メタファーは隠喩ともいい，「人生は旅だ」とか「心臓は電池だ」のように，ある物事の特徴を別の物事との類似点をもとに表現するものです。一般的には「〜みたい」や「〜のようだ」と表現する直喩とは区別されます。

りするのに役立つ，共通した要素をもった事柄のカテゴリーをつくることができます。私たちは，概念を支配するルールである原理を理解することができます。概念と原理という用語は，教育の世界で私たちがしばしば「理解」とか「重要なアイディア」と呼んでいることに対するもっと専門的な用語です。私たちは学習者として，学習するということについての考え方や学習対象に対する態度や揺るぎない確信を高めます。そして，運がよければ，理解したことを利用することが可能となるスキルを伸ばしていきます。

　十全たる豊かな学習には，これらのすべてのレベルが含まれています。意味づけを推進する概念や原理を伴わない知識は，その場限りのものです。行動に移す時に必要とされるスキルを欠いている意味づけには，効果がありません。学ぶことの魅力に対する積極的な態度は，私たちが知識を得て，理解し，生活の中で実行できて初めて日の目を見ます。

　ヤングアダルト向けの小説である『スティックス（未訳）』◆5 の著者ジョーン・バウアーは，学習において関連性を見つけることが子どもや若者たちに必要だと言います。理科，数学，歴史，芸術の原理と，私たちがビリヤード場や恐怖の場面，そして悪夢のような出来事に立ち向かえるよう私たちを大きくしてくれる勇気の泉の中で見いだす原理とは同じものであることを，子どもや若者たちは理解すべきです（1997年の私信より）。

　『スティックス』の中で，熟練教師は学習のすべてのレベルを調和させていると描かれています。彼女は10歳のミッキーのことを書いています。ミッキーは，おばあさんのビリヤード場で行われる，10歳から13歳で競技するナインボール注2 のチャンピオンシップで優勝することに情熱を燃やしていました。ミッキーの父親は，ビリヤードのチャンピオンでしたが，ミッキーが赤ん坊の時に亡くなっていました。

　ミッキーの友だちのアレンは，ミッキーがナインボールに対してもっているのと同じくらい，数学に情熱を燃やしていました。アレンは数学を記憶したことがありませんが，数学的に考えています。それが彼の生き方です。数学はこ

---

注2：的球のカラーボール9個（1番から9番まで番号がついている）と手球1個の計10個の球を使い，キューとよばれる棒で手球を撞き，手球を番号順に的球に当ててポケットに落としていくゲーム。最終的に9番のボールを落としたプレイヤーの勝利となります。

84

の世で決して期待を裏切らないとアレンは言います。アレンは，角度が何であるかわかっています。彼は，ベクトルが「あなたをある場所から別の場所へ連れて行く線」◆5-1 であることを知っています。これらは，アレンが事実として学んだことです。さらにアレンは，エネルギーと運動についての概念と，その概念を支配する原理のことを理解しています。そして次のように説明しています。

　　「すべての物体は，外から力が働かなければ，静止状態のままか，あるいは等速直線運動を続けるんだ。ビリヤードで言えば，ビリヤードの球は何かに当たらなければ，どこにも行かない。そしていったん球が動き始めると，それを止めるためには，ビリヤード台のレールや他の球，台の上の布の摩擦のような，何かが必要なんだ。」◆5-2

　アレンは数学が有用だとわかっているので，彼にとっての数学はそれがなければ多くのことを的確に説明できない言葉と同じです。彼にとって，宇宙は数学の言葉で書かれています。しかしアレンにとってもっとも重要なのは，何を学習してきたかではありません。何を理解しているかでもありません。もっとも重要なのは，彼がもっているスキルです。アレンは，バンクショット注3や幾何学の角度について，入射角や反射角について，ミッキーに教えるためにピンクの糸を使います。「おまえが8番球をレールに向けてある角度で打てば，同じ角度でレールから跳ね返るんだ。」◆5-3 アレンは，ミッキーがビリヤード台の上で球の描く線がわかるように，そして，もっとたくさんのことを見つけることができるように，ビリヤード台の図を描きます。そして，次のように説明します。

　　「僕は学校でテーブルを見続けているんだ。ロングショット注4，ショートショット，バンクショット，ベクトル。僕はどこにでも幾何学を見つけているんだ。ダ

注3：手球を的球に当てることでその的球をクッションに当て，反対のサイドのポケットに入れること。
　　入射角や反射角，クッションのへこみなどを考慮することが必要になります。
注4：手球と的球の間の距離を4ポイント以上離れて的球をポケットに入れることです。

イヤモンドの形をした野球場，Ｖ字型をした鳥の飛び方。僕は昼食にブドウを食べながら，円について考えるんだ。僕はストローで息を吹きかけて，ブドウをお盆の角に向けてぶつけるんだ。わー！　角に二つのブドウが集まるぞ。すべてのことはつながっているんだ。」◆5-4

　アレンはいくつかの事実を知っています。しかし，彼に力を与えているものが何かと言えば，それは，彼の知っていること（事実）ではなく，彼が理解していること（概念や原理）です。そして，彼が理解したことを，学校のワークシートから遠く離れた状況でどうやって実践（スキル）へといかしていくかということです。

　すべての教科は，主要な概念と原理をもとにできています。そして，その性質上，各分野の専門家が使う，鍵となるスキルを必要とします。いくつかの概念（パターン，変化，相互依存，視点，部分と全体，そしてシステム）は汎用的であり，教科横断的であり，相互のリンクを促すものです。これらの概念は体育，国語（文学），理科，コンピューター・サイエンス（事実上はすべての学習になりますが）の一部をなしています。また別の概念はもっと教科特有のもので，その他の教科にはさほど影響力はもちません。教科特有の概念の例としては，数学における確率，芸術における構図，国語における声（主張），理科における構造と機能，そして，歴史における一次資料をあげることができます。

　同様に，スキルにも汎用的なものがあったり，教科固有のものがあったりします。汎用的なスキルには，まとまりのある段落を書いたり，概念を順序よく整理したり，よい問いを投げかけることがあります。教科固有のスキルには，数学で等式の両辺を揃えること，音楽で移調すること，文学や作文で隠喩を使うこと，歴史で資料を総合的に扱うことがあります。表5.1（次ページ）は，いくつかの教科の学習の鍵となるレベルを示しています。

　指導計画を立てる時に，教師は，ユニットが終わるまでに生徒が知るべきこと（事実），理解すべきこと（概念と原理），そして，できるようになっていること（スキル）についての独自のリストをつくることが必要です。その次に，教師は，生徒が没頭することのできる活動の核をつくり，これらの基本的事柄を生徒の生活に関連のある文脈の中で学ぶことができるようなさまざまな機

**表 5.1 さまざまな教科の学習レベルの例**

| 学習レベル | 理科 | 国語（文学） | 歴史 |
|---|---|---|---|
| 事実 | ・ 水は華氏212度で沸騰する。<br>・ 人はホ乳類である。 | ・ キャサリン・パターソンは『テラビシアにかける橋』を書いた。◆59<br>・ プロットと登場人物の定義 | ・ ボストン茶会事件がアメリカ独立戦争を引き起こすきっかけとなった。<br>・ アメリカ合衆国憲法の最初の修正10か条が権利章典と呼ばれる。 |
| 概念 | ・ 相互依存<br>・ 分類 | ・ 声（主張）<br>・ ヒーローとアンチヒーロー | ・ 革命<br>・ 権力，権威，支配 |
| 原理 | ・ すべての生物は食物連鎖に組み込まれている。<br>・ 科学者は生物をパターンによって分類する。 | ・ 作家は自分の意見を共有する手段として登場人物の声を使う。<br>・ ヒーローは危険や不安定から生まれる。 | ・ 革命は最初の進化である。<br>・ 自由はすべての社会の中で制約がある。 |
| 態度 | ・ 自然保護は私たちの生態系に有益である。<br>・ 私は大切な自然のネットワークの一部である。 | ・ 詩を読むのは退屈だ。<br>・ 物語は自分自身を理解する手助けとなる。 | ・ 私たちの未来をより賢明に生きられるようにするために，歴史を学ぶことは大切だ。<br>・ 時には，他人の幸福を守るために，いくらかの自由を喜んで諦める。 |
| スキル | ・ エネルギー効率のいい学校になるための計画を立てる。<br>・ リサイクルの費用と効果についてデータを分析する。 | ・ 個人の声をより確かなものとするために比喩的な言葉を使う。<br>・ 文学の中のヒーローとアンチヒーローを，歴史や現在の生活の中のそれらと結びつける。 | ・ ある問題に対する立場を表明したり，支援したりする。<br>・ 適切な資料の分析に基づいて結論を出す。 |

会を提供することが必要です。鍵となるスキルを使って，鍵となる概念と原理を理解させるように生徒を導く活動にする必要があります。本書の以降の章で述べる，一人ひとりをいかす授業の実例は，こうしたことが明確になるような，教科固有の概念，原理，事実，スキルの代表的なものです。

第5章　よいカリキュラムは一人ひとりをいかす授業の基本　87

表5.1　さまざまな教科の学習のレベルの例（続き）

| 学習レベル | 音楽 | 算数・数学 | 美術 | 国語 |
|---|---|---|---|---|
| 事実 | ・ストラウスは「ワルツの王」として知られている。<br>・音符記号の定義 | ・分子と分母の定義<br>・素数の定義 | ・モネは印象派である。<br>・原色の定義 | ・母音と子音の定義 |
| 概念 | ・テンポ<br>・ジャズ | ・部分と全体<br>・数の体系 | ・遠近法<br>・ネガティブスペース | ・主題<br>・文脈 |
| 原理 | ・音楽のテンポがムードを決める助けとなる。<br>・ジャズには構成されたものと即興とがある。 | ・全体は部分からつくられる。<br>・数の体系の部分は，相互に依存している。 | ・物体はさまざまな視点から眺められ，描かれている。<br>・ネガティブスペースは，構図の中でなくてはならない要素にスポットライトを当てるのに役立つ。 | ・効果的な段落は主題を示し，支持する。<br>・絵や文は私たちが知らない言葉を理解するのに役立つ。 |
| 態度 | ・音楽は感情を表現するのに役立つ。<br>・私はジャズが好きではない。 | ・数学は難しすぎる。<br>・数学はこの世界のたくさんの事柄を説明するための一つの方法である。 | ・私は印象派よりも写実主義が好きだ。<br>・美術は世界をよりよく見るのに役立つ。 | ・私は読むのが上手だ。<br>・行間を読むのは難しい。 |
| スキル | ・特別な感情を伝える音楽を選ぶ。<br>・自分のオリジナルのジャズを作曲する。 | ・音楽や株式売買で部分と全体の関係を表現する時に分数と小数を使う。<br>・要素の間に存在する関係を示す。 | ・絵に対する感情的な気づきや認知的な気づきを述べる。<br>・対象物についての写実的な見方と印象的な見方を表現する。 | ・ニュースの記事の主題を見つけ，詳細をつかむ。<br>・物語のテーマを解釈する。 |

# 意味のある方法で到達基準を扱うこと

　多くの場合，教師たちは，教育委員会や州，特別なプログラム，あるいは専門家グループが設定した到達基準を生徒たちに確実に達成させなければいけないことに対して，大きなプレッシャーを感じています。到達基準は，生徒がより首尾一貫して，より深く，より幅広く，より粘り強く学ぶことを確かにする

ための手段でなければなりません。けれども残念なことに，教師が到達基準を「カバーする」ために孤立した状態でプレッシャーを感じていたり，到達基準がバラバラで無益なリストとして提示されたりしていたら，しっかりと考えて理解する学習は妨げられ，豊かなものにはなりません。

到達基準のリストには，事実，概念，原理（理解すること），態度，あるいはスキルが示されています。けれど，いくつかの到達基準[注5]は，複数の学習レベルを含んでいる可能性があります。教師や管理職やカリキュラムの専門家にとっては，これらの到達基準を見直して，それぞれの位置に適切な学習レベルを割り当てる（つまり，リストにあげられている到達基準を一度解消して，数多くの可能性のある学習レベルを見きわめながら，つくり直してみる）ということは，とても価値のある知的訓練になります。

いくつかの到達基準は，概念と原理をもとに構成されており，特定の教科のスキルはそれらの概念と原理を実現していく枠組みの中に組み込まれています。このことは，レベルの高い専門家グループによって開発された，多くの到達基準に当てはまります[注6]。しかし，別の例では，到達基準は主に，個別の知識のレベルとともにスキルのレベルの学習を反映したものとなっていて，原理のレベルの学習をほとんど含んでいません。この場合には，学習経験が概念と原理にしっかりと基づくものになっていることを確認するとともに，生徒が有意義な方法でスキルを使い，有意義な概念に到達し，それに基づいて行動することが確実にできるように，欠如している部分を教師が埋める必要があります。

ある教師が，以前に訪問したあるクラスの授業について別の教師に話してい

---

注5：米国には，日本の学習指導要領のように学校の教育課程の基準を国家として規定したものはなく，各州や地域の教育委員会がそれぞれの到達基準（「スタンダート」や「コア・カリキュラム」などの名称があります）を示しています。同じ教科であっても，その到達基準の内容や構成などは州や学区を管轄する教育委員会によって異なります。日本とは対照的に，それだけ教育の分権化を大切にしているということです。ただし，2009 年以降，全米州知事会と州教育長協議会が中心（国家や連邦ではない）となり，全州に共通的なスタンダードを策定する動きが始まってきています。

注6：到達基準の作成では，たとえば理科であれば，学術機関である全米研究評議会が「全米科学教育スタンダード」（1996 年）や「次世代科学スタンダード」（2013 年）を公表しており，それが参考にされます。また，米国数学教師評議会が「原則と学校数学のための基準」（2000 年）を，米国英語教師評議会も「全米英語教育スタンダード」（1996 年）を出しています。さらに，全米州知事会と州教育長協議会は英語と数学について「コモン・コア・ステート・スタンダード」（2010 年）を公表しています。

るのを聞いたのですが，次のような話の内容が私の胸をぐさりと刺しました。「そのクラスの子どもに，この授業は何についてやっているのか，尋ねたんです。」その教師は，続けて次のように話していました。「その子が『みんなはパラグラフ（段落）を書いているのよ』と言ったので，『じゃあ，みんなは何について書いているの？』と尋ねたんです。するとその子は，『みんなはパラグラフを書いているのよ』と答えたんです。私は眉をひそめ『じゃあ，なぜパラグラフを書いているの？　何を伝えようとしているの？』と尋ねました。彼女はいらいらしながら，『ここではそんなことは関係ないのよ。ただパラグラフを書いているだけなんだから』と答えたんです。」

　この教師が「書くこと」に関する到達基準を生徒に「教える」機械的な方法と，到達基準に対して生徒が確実に上達するようにもっと有意義な，別の教師がとった次のようなアプローチ（それは，物語の中でいかに特定の要素が相互に影響を及ぼし合うか（たとえば，話の設定がプロットや登場人物をいかに形づくるか）を理解するアプローチなのですが）を比べてみましょう。

　後者のアプローチをとった教師は，到達基準に述べられていることが中学校の生徒の経験とつながっていないことを理解した上で，まず，生徒に自分たちの生活の中の要素について，そしてこれらの要素が互いにどのように影響しているかを話し合わせました。生徒たちは，いかに音楽が気分に影響を与えているか，友だちにいかに影響されているか，一日の時間帯がいかに活力の程度に影響するかといったことなどについて，話し合いました。その後，教師は，生徒が楽しんで読んだ小説も同じように考えることができるということを，生徒が気づけるように支援していきました。つまり，作家は，登場人物の動機（小説の中で行動を引き起こすために）や，その時の天候（登場人物の気分を読者が理解する助けとなるように）のような要素を使うということ，です。生徒たちは，システムの中にある要素が生活や小説の中でどのように相互に影響を及ぼしているかということについて，いくつかの原則を提案していきました。生徒たちは，自分の好きな歌や，観た映画や美術や写真の中で，要素が相互に影響を及ぼしていることについて，自分たちの考えを試してみました。そしてそれから，作家が時間をかけてつくった作品について話し合いをしながら，その原則を洗練させていきました。生徒たちは，探究することが時間をかけて取

り組むに値するものであるということだけでなく，書くことにとっても大変役立つものであると気づきました。小説の中の要素が相互作用の関係にあること，また科学的なシステムや社会科の授業で学習している政治的なシステムの中の要素が相互作用の関係にあることについてもコメントする生徒が，たくさんいました。

　言い換えると，筋が通っていて豊富な意味をもつ概念と関連づけたり，その概念を扱う時に使ったりすることがないような情報やスキルをただ教えるというだけでは，中身のない空っぽなものだということです。つけ加えて言えば，第3章で議論したように，意味のない教え方のメカニズムは，人間の学び方に反しているのです。

　到達基準はカリキュラムの重要な部分ですが，カリキュラムそのものだと考えるべきではありません。到達基準は，小麦粉，イースト，水，トマトソース，チーズがピザの材料であるのと同じように，カリキュラムの材料です。2カップ分の小麦粉，1カップ分の水，大さじ1杯分のイースト，8オンス1缶分のトマトソース，そして一塊のチーズをそのまま食べるように言われた人が，おいしいピザを食べたのと同じように感じるだろうと思う料理人は，愚かな料理人です。同様に素材さえそろえば，魅力ある健全な学習経験が生まれると考えるのは，愚かな教師です。

## 学習レベルの典型例

　私は，小学3年生の担当の二人の教師がその学年が終わる直前になって，どうやってもう一つ残っている理科のユニットをすませようかと大慌てしている姿を思い出します。二人の教師は私に「授業をゆっくり進めすぎた」と言いました。彼らは，残り2，3日の授業で雲のユニットを「済ませてしまう」ことが必要でした。

　二人の教師は，科学の図書の中から，生徒に読ませようと思う教材を選んで準備しようと頑張っていました。そして，生徒に読んであげる時間があるだろうと期待しながら，雲についての生徒が好みそうな読み物をいくつか見つけました。二人の教師は生徒がやり遂げることができるであろう，雲についてのワ

ークシートを使うことで意見が一致し，生徒が楽しめる美術の活動を選びました。このすべての作業はとても急を要することであり，目的にかなったもののように見えました。しかし，二人の教師が使う教材の順序を決める作業を始めた時，一人の教師がある一種類の雲の名前を忘れてしまったことに気づきました。もう一人の教師は雲の名前を覚えていたのですが，雲の名前と写真とを合わせることができませんでした。二人の教師とも，これまで何回か雲のユニットを「教えた」ことがありました。

　上に示した「ユニット計画」は，とてもありふれた例です。教師たちは，学習プログラムの概要を誠意をもってこなそうとしています。この場合，その概要は，生徒がさまざまな種類の雲を理解し，見分けることです。カリキュラムの指導書には，この雲のユニットが理解とスキルの大きな枠組みにどのように組み込まれているのかが説明されていたのかもしれませんが，この指導書では教師は明確にわかっていませんでした。その結果として，教師はそれを生徒たちに明確に示そうとしませんでした。二人の教師が準備したユニットの授業は，もっぱら事実に基づいたものであり，理解（概念と原理）とスキルが欠けていました。そのため，教師自身が，事実を思い出すのが困難だったというのは驚くことではありません。結果的に，これは生徒に実り豊かで長い期間にわたる成果を提供するものにはなりませんでした。

　それに対して，ある別の教師は，理科の四つの鍵となる概念，つまり変化，パターン，システム，そして相互関係を中心に据えて，一年間の計画を精密に立てました。年間を通して，生徒たちは科学的な現象を調べながら，これらの現象が四つの概念をどのように例証しているかを学習しました。それぞれの探究のはじめに，教師はその学習を通してすべての生徒に獲得してもらいたいと考えている基本的な原理を明確に示しました。いくつかの原理は複数のユニットで繰り返し取り扱われました。たとえば，自然の事物や人間がつくった事物は，時間とともに変化します。あるシステムの中の一つの部分の変化は，そのシステムの他の部分に影響します。私たちは，知的な予測をするためにパターンを使うことができます。一方，理解していることのいくつかは，特定の学習だけに関係するものでした（例：水は絶えず形を変える。しかしその量は変化しない）。教師は，生徒が一年間のコースで習得しなければならないスキルの

リストもつくりました。この教師が教えたクラスの生徒は，気象用の特別な道具を使うことが必要でした。それは，推測するよりもむしろ観察したことに基づいて予測を立てるためであり，また，写真や書かれた説明を用いて正確にコミュニケーションをとるためでした。さまざまなことを学習していく過程の適切な場面で，生徒は鍵となる原理を理解するためにスキルを使いました。科学者がするのと同じように生徒がある特定の事象について話す時，事実は至るところにありました。

　一年間のコースのある場面では，生徒は気象システム（概念）の中のパターンや相互関係を話し合うために，気象用の道具（スキル）を使いました。生徒は，二つの原理を探究しました。それは，①あるシステムの一部分の変化が，そのシステムの他の部分に影響することと，②知的な予測をするためにパターンを使うことができることです。それから，理解したパターンや相互関係の結果としてどの種類の雲（事実）が形成されやすいかを予測（スキル）しました。雲に関係する専門用語を適切に使って予測し，例をあげて説明しました。そして，生じたことを観察し，自分の予測の正確さを評価し，そして手直しした図解と説明をもとに自分たちが観察したことについて話し合いました。

　生徒の学習のためにこうした計画を立てることによって，年間を通して首尾一貫した理解の構造がつくり出されます。繰り返し再発見される鍵となる概念を，事実が例証し，強固にします。スキルには，意味と有用性に根ざした目的があり，そして学習は夢中で取り組むことと理解することの両方を促します。生徒は，世の中がどんな仕組みで動いているのかをますます理解するようになり，学習者として，また若き科学者として，それまで以上に有能であると感じるようになります。生徒は，時が経っても雲の名前や性質を思い出しやすくなります。それは彼らの教師も同じです。

## カリキュラムの要素

　効果的な教え方と学習を確実なものとするために，教師は学習に含まれる三つの鍵となる授業の要素，つまり，内容，方法，成果物をしっかりと結びつけることが大切です（この他の二つの要素は学習環境と感情であり，第4章で紹

介しました。これら二つの要素は教え方について考え，その計画を立て，観察し，評価する時に常に中心に位置づけられていなければなりません）。

　内容とは，その学習（授業，学習経験，ユニット）の結果として，生徒が知るようになるべきこと（事実），理解すべきこと（概念と原理），そして，できるようになるべきこと（スキル）です。さらに，インプットされるもののことです。内容には，生徒が情報を熟知するようになる手段（教科書，補助的な読み物，ウェブからの資料，ビデオ，野外活動，演説，デモンストレーション，講義，コンピューター・プログラミング，その他の多くのリソースを通じての手段）が含まれます。

　方法とは，生徒が内容の意味を理解する機会のことです。もし，私たちが生徒にただ何かを話して，その後で生徒にそのことを反復させるだけでは，生徒がそれを自分の理解の構造の中に取り入れるということはほとんどありません。情報や考え方は他の人（教師，教科書の著者，話し手）のものです。生徒は，考え方を自分自身のものになるように処理しなくてはなりません。教室では，方法は活動として展開されるのが一般的です。活動が次のようであれば効果的でしょう。

- 授業の目的が明確に設定されている。
- 生徒を一つの鍵となる理解にしっかり集中させる。
- 鍵となる考え方に取り組む活動のために，鍵となるスキルを使わせるように導く。
- 生徒が考え方を確実に理解しなければならない（反復するのではない）ようにする。
- 生徒のレディネスのレベルに合っている。
- 新しい理解とスキルを，以前に学習したものと関連づける助けとなる。

　成果物とは，たくさんの学習（一か月に及ぶ神話についての学習，気象システムについてのユニット，かなりの時間をかけた政治についての学習，一学期間のスペイン語会話の学習，一年にわたる生態系についての探究，角度に関する幾何学に焦点を当てた一週間の学習）の結果として，生徒が理解するように

なったことと，できるようになったことを示す手段です。本書で示す事例では，自分の思考を明確にするために一日の学習のたびごとにするものではなく，最終的な成果物，つまり，学習したことの主要な部分を示すためにつくったものを意味するものとして，この成果物という言葉を使います。本書の目的からすると，短い期間でしたり，つくったりするものは単なる活動の具体的な要素であり，目に見える要素です。

　最終的あるいは総括的な成果物は，実演や展示発表の形をとるかもしれません。生徒は複雑な問題の解決をデザインするかもしれないし，大がかりな調査をして報告書を作成することに取り組むかもしれません。最終的な成果物は，テストという形になるかもしれませんが，お話付きの写真エッセイのように視覚に訴える展示物の形になるかもしません。言い換えると，成果物は，ペーパーテストによる評価，パフォーマンス評価，あるいはプロジェクトになるかもしれません。どのタイプであっても，最終的な成果物は，次のようなものです。

- 評価される期間を通して，教師と生徒の両方にとって明確になっている知識，理解，スキルと密接につながっている。
- 知識を反復したりスキルを決まった手順通りに使用したりすることよりも，生徒が理解することを強調している。
- 学習上の多様なニーズ（たとえば，見ること，読むこと，書くこと，注意力，言葉等の問題）のある生徒にとって達成できるものである。

パフォーマンス評価またはプロジェクトの形をとる最終的な成果物は，次のようなものです。

- 学習の結果として生徒が知識を得たこと，理解したこと，できるようになったことを示すために，説明したり転用したり応用したりすべきことを明確に示す。
- 生徒に一つまたは複数の表現方法を提供する。それには，あらかじめ設定されている学習目標さえ押さえられていれば，発表形態を生徒自らが提案することも含まれている。

- 質の高い内容にとって必ず期待されるもの（情報収集，考え，概念，調査のリソース），成果物を完成させるためのステップと行動（計画立案，時間の効率的な使用，目標設定，独創性，洞察力，編集力），そして成果物の性質（サイズ，聞き手，構成，持続性，フォーマット，配信方法，正確さ）を伝えることができる。
- 生徒が質の高い成功を収めるために支援や足場（例：ブレインストーミングの機会，ルーブリック，時間の計画，探究のための材料の使い方に関するクラスでのワークショップ，仲間で検討したり編集したりする機会）を提供する。
- 生徒の多様なレディネス，興味関心，学習履歴に応じる。

## 学習のレベルとカリキュラムとを合わせること

　有能な教師は，生徒とともに探究している学習のユニットや区分が，すべての学習のレベルに応じるものであることを確信しています。有能な教師が活動を組み立てる時には，その教科に魅力を感じ，しっかりと考えて理解することへと生徒を導くような教材や経験を，必ず内容や方法や成果物に組み込むようにしています。このことは，内容や方法や成果物が，鍵となる概念，基本的な原理，関係のある態度やスキル，必要な知識を探究し習得することに，しっかりと焦点を当てたものとなっているということを意味します（次ページの図5.1 を参照）。

　たとえばジョンソン先生と中学校の生徒は，神話の学習に取り組んでいます。この学習で（年間を通して）探究する概念には，英雄，声（主張），文化，アイデンティティーが含まれています。

　彼らが探究していく原理には次のことが含まれています。

- 人々は自分自身や他の人に自分が信じていることを明確にするために物語を話す。
- 私たちの物語は自分たちの文化を反映している。
- 他の人の世界観を理解することは，私たち自身の世界観を明確にするのに

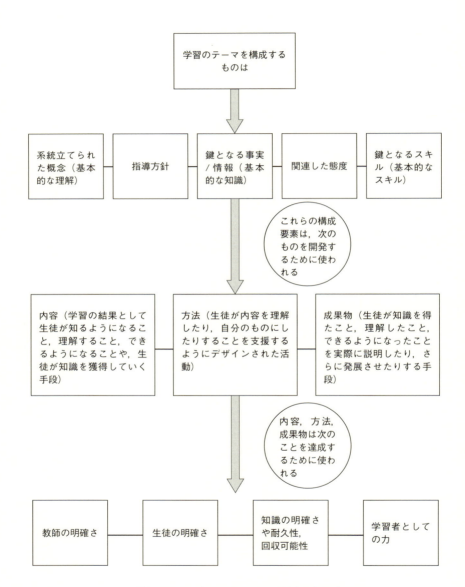

図 5.1　学習のレベルとカリキュラムの要素を組み合わせる

役立つ。

- よく知らないことと知っていることを比較することで，私たちは両方ともよりよく理解するようになる。
- 英雄と呼ばれる人物は，人や文化についてたくさんのことを物語る。
- 神話は，価値観，宗教，家族，コミュニティー，科学，そして論理的な思考力を写し出す鏡である。

　月単位の時間をかけた学習の中で強調されているスキルは，文章としてまとめること，比較することと対照すること，直喩と隠喩を解釈し使用すること，小説のテーマを抽出すること，いろいろな考えを参考文献で裏づけることを含んでいます。一年を通した学習の中でこれはよくあることですが，ジョンソン先生は，生徒が神話について話したり作業をしたりする時には，小説を分析するための用語（プロット，設定，主人公，敵対者，トーン＝文章を貫く語調）を必ず使うようにさせます。生徒がさまざまな文脈の中で鍵となる神話の登場人物や出来事（事実）に出合う場を保証することによって，自分の文化や他の文化の語彙やシンボル，引喩の一助となる大切な名前や出来事に親しむことになるのです。

　ジョンソン先生は，鍵となる事実，概念，原理について知識を与えながら，自分が選んだ神話（内容）を生徒に学ばせようと考えます。たとえば彼女は，いくつかの文化の中から神話を選ばなくてはならないことを知っています。それらの神話は，英雄の典型を含み，宗教，コミュニティー，および科学についての見方・考え方を浮き彫りにし，頻繁に使われる文化的シンボルや引喩に基づく出来事や登場人物を紹介するものです。

　ジョンソン先生は，生徒たちがその神話について読んだり話し合ったりしたことを，自分たちの文化，信念，考え方とリンクさせるように支援する，中心となる活動（方法）を開発します。その活動は，学習でねらっているスキルを生徒が使うことが必要になるもので，ジョンソン先生は必要に応じて，これらのスキルを直接教えるつもりでいます。たとえば，彼女は生徒と一緒にギリシャ，スカンジナビア，アフリカ，イヌイットの神話に現れる「英雄」の概念を探究します。意味づけを促す活動のために，彼女は神話の中の英雄と現代の英

雄が両方の時代と文化に関係のあるテーマについて行う会話を，生徒に書かせることを考えています（たぶん，それは発表することになります）。この活動では，二人の英雄の文化と信念を比較し対照することが必要になります。こうすることで，生徒は大切な登場人物と出来事について知り，英雄の概念を理解し，学習した原理を応用し，文章としてまとめるスキルを使うことになります。生徒たちは神話からの引用を使いながら，会話の創作を進めていくでしょう。

　最終的な成果物のためにジョンソン先生はいくつかの選択肢を提示するつもりですが，それらの選択肢では生徒は次のことが必要になります。

- 英雄と文化の概念を映し出す鏡として神話について理解したことを示すこと。
- 重要な神話の主な登場人物と出来事について核となる知識を使うこと。
- テーマや比喩的な思考や言葉について理解すること，文章としてまとめること，比較することと対照すること，考えを裏づけるために参考文献を使うことといった，学習で目標とされていたスキルを使うこと。

　ユニットの学習の結果として生徒が知識を獲得しなければならないこと，理解しなければならないこと，できるようにならなければならないことについてジョンソン先生が明確にわかっていることによって，生徒の関わりも学習の成果もともに促進されます。生徒は古代の神話を自分自身の生活ととてもよく似ていると捉えます。神話には意味があり，現実のことのように思え，彼らが大切だと感じるものとつながります。神話のユニットは，新たに得た知識を，馴染みのある知識を用いて見いだしたことと結びつけることで，理解を促します。ジョンソン先生と生徒が一緒に神話について探究する時には，彼女は生徒に話し合いをさせたり，作文で適切な言葉とスキルを使わせたりします。そうすることで，生徒は，知識，理解，態度，スキルを，意味の豊かな全体へと関連づけるようなります。

　この種の活動は，生徒が知識，スキル，概念を整理し，それらについて思考し，それらを応用し，転用するための枠組みをつくるのに役立ちます。活動は，カリキュラムのすべての要素を通して，知識，スキル，概念を強化する学習の

機会の結びつきを強めることに貢献します。ジョンソン先生は，さまざまな生徒のレディネスのレベル，興味関心，学習へのアプローチの点で，一人ひとりをいかす教え方についてはまだ考え始めていません。しかし，ジョンソン先生はたくさんの意味ある方法でその教え方を実現する基礎づくりをしています。

# カリキュラム－評価－教え方の関連

　生徒と教科の両方を十分に気にかけ，しっかり時間をつぎ込むのが教師であり，その教師が，決められた時間で重要な学習目標を目指して取り組んでいる生徒が今，どこに位置しているのかを用心深く判断するというのは，まさに常識です。しかし，習慣，欲望，その他の気を散らす事柄がまったく論理的ではない方法で私たちに影響を及ぼすために，常識というものは達成するのが非常に難しい可能性があるということも，言うまでもありません。

　授業の賢明なサイクルでは，まず，学習のユニットについて明確なゴールを設定し，生徒が目標を達成する助けとなる暫定的な計画を作成します。次に，授業を始める前の時点ではその設定した目標に対して生徒がどの位置にいるのかを評価してチェックし，生徒のニーズについてわかったことをもとに暫定的な計画を改良します。そして，目標と生徒のニーズの両方を心に留めながら内容の最初の区分を教え，最初の区分の内容についての生徒の理解度を判断し，生徒の進歩の程度についてわかったことをもとに次の区分の計画を改善します。このサイクルを続けていきます。

　しかし，残念なことに，学校で私たちの多くがとっているパターンは，しばしば次のようなものです。まず，何を教えるかを決めて，それを教えます。次に何を教えるかを決めて，それを教えます。三番目に何を教えるかを決めて，それを教えます。これがずっと続きます。このサイクルの中の一回または複数の「結論」の場面でテストを行って，成績を記録します。そして，また，そのサイクルを繰り返します。このような進め方は広く一般的に行われているのですが，私たちがこの方法で教える時には，効果的な授業の本質を捨ててきているのです。

　一人ひとりをいかす教え方が有効なものになるかどうかは，以下のこと次第

です。

- 学習の各区分を終えた結果として，生徒が知識を獲得すべきこと，理解すべきこと，できるようになるべきことを，教師と生徒がはっきりとわかっていること。
- 決められた時間で学習目標を目指して取り組んでいる時に今どこに位置しているのかを，教師と生徒がはっきりわかっていること。
- 次に続く学習区分において，生徒間のギャップや間違った理解，より高いレベルでの習得に対して，生徒が明確に成長できる可能性の高いやり方で取り組むことを保証する責任を，教師が引き受けていること。

　言い換えると，明確な目標は，診断的評価と形成的評価のデザインのために必要な情報です。次に，これらの評価によって，教師は生徒が学習するポイントを理解するための情報を得ることができ，さらに，授業計画をつくるための情報を得ることができます。形成的評価や診断的評価を行う際には，生徒のレディネス，興味関心，そして学習へのアプローチについてのフォーマルな手段やインフォーマルな手段を組み込むことができます。明確なカリキュラム上の目標，継続的な評価，授業の実践を関連づけていくことは，一人ひとりに対応することにつながっていきます。

* * *

　基本的に一人ひとりをいかすことは，教師が教室でどのように教え，生徒がどのように学ぶのかに焦点を当てた教え方のモデルであり，教師が何を教えるか，生徒が何を学ぶのかに焦点を当てたものではありません。「何を」というのはカリキュラムの問題です。そのため，一人ひとりをいかすことのモデルは，カリキュラムの本質とは関係ないように思われます。けれども，教師はもちろん一人ひとりをいかすために「何か」をしなくてはなりません。そして，その「何か」の質は，一人ひとりをいかすことがもつパワーとその授業で生徒が経験することの質の両方に，間違いなく影響を与えるでしょう。もし，カリキュラムがすべて「反復練習」であるのなら，そのカリキュラム自体を一人ひとりをい

かすものにすることに意味がありそうです。しかし，もし仮に，大人が仕事や副業で現実に遭遇するジレンマや問題に対する解決策を生徒が追求していく中でそれらのスキルを習得したとすれば，そのカリキュラムとそこで行われた授業や学習がどれほど大きな影響力があるものになりうるのかを，考えてみてください。また，もし仮に，教師がうまくいきそうなカリキュラムを一人ひとりをいかすものにしたとしても，基本的な知識，意味，スキルについて明確につかんでいなければ，それは，生徒に対して霧の中にあるたくさんの小道を示すことにしかならないだろうということも，考えてみてください。

　カリキュラムは，教師が「そのまま」教える文書やプログラムだと考えるべきではなく，むしろ生徒が生きているこの世界の意味を理解できるように支援するための出発点だと考えるべきです。教えるための技法の多くは，子どもの想像力をつかんだり，彼らの頭の中に信頼性のある組織化された枠組みをつくったり，さらに，学習している教科の中で何がもっとも大切なのかを深く考えることを保証したりする首尾一貫した学習経験へと，目標に設定された学習内容の成果を統合していく能力の中に存在しているのです。

# 第6章

## 一人ひとりをいかすクラスづくりをする教師たち

　　生徒たちは聞いたことを知識として単純に記憶するのではない。それぞれの生徒は個別のユニークな学び方をする。生徒は自分の理解に独特の形を与え，理解の仕方も異なる……教師はクラスで35人の生徒に対して教えているかもしれないが，重要なのは学ぶということは結局のところ個々人の中で起こっているということを常に覚えておくことだ。

『教育のタクト＜指揮棒＞（未訳）』マックス・ヴァン・マーネン◆100

　　一人ひとりをいかすもっとも刺激的で効果的な授業を行っているクラスの教師たちも，すべての答えをもっているわけではありません。彼らがもっているのは，楽観主義と意志の強さです。彼らは，たとえ昨日素晴らしい授業をしたとしても，今日はさらによい方法で行えるはずだという信念をもって毎日学校に来る粘り強い学習者です。彼らは，積極的に探し求め，自分がしていることの中にあるヒントを分析することによって，よりよい方法は見つけられると信じています。この信念は，日々彼らがすることのすべてを導いています。

　　これらの教師は，指導書や指導案に載っているような教え方は避けます。彼らは他の教師がしていることを盗む場合でも（教師にとっては，時間の短縮になり，かつ正当性のある行為です！），自分の生徒たちのニーズを満たすために，自分たちの学習目標に合わせるために，そして自分の生徒たちが熱心に取り組み，理解を促進する触媒の役割をそれが果たすために，つくり替える必要があ

ることを知っています。ベテラン教師のスーザン・オハニアンはこの点を膨らませて，孔子の『論語』の「述而」を引用しながら，誰かが私たちに理解の「一つの隅」を教えてくれたとしても，自分たちで残りの三つは見つけ出さないといけないと次のように書いています。◆58

　　四つの隅すべてを誰も教えてくれなかったことで，がっかりしたり，腹を立てたり，最終的にはダメになってしまった多くの教師を私は知っています……研究の成果を読んだり，生徒たちと協力して，残りの三つの隅を見つけるのは私たちの責任です。そして教えることは常に新しく再生される営みなので，もし私たちが新しい理解を求め続けなければ，私たちが熟知していると思っていた「隅」も私たちの手の中から消えてなくなってしまいます。教室は絶えずわずかな変化があり続けるところです。部屋の間取りをしっかり把握することは永遠にありません。

　第6～8章では，一人ひとりをいかす基本原則（表6.1を参照）をもとにして一人ひとりをいかすカリキュラムと教え方の例を紹介します。それらがそのまま他の教室で使っていいものではないことに注意してください。あくまでも，一人ひとりをいかすプロセスの「一つの隅」を明らかにしているだけです。こ

**表6.1　一人ひとりをいかす教室の基本原則**

- 生徒を招き入れる学びの環境が，学力向上にはきわめて重要である。
- 質の高いカリキュラム注1 が，効果的に一人ひとりをいかす基礎をなす。
- 形成的評価が，教えることと学ぶことに情報を提供し続ける。
- 指導は，形成的評価の情報や生徒たちのレディネス，興味関心，学習履歴に基づいて行われる。
- 教師のリーダーシップと柔軟なクラス運営が，一人ひとりをいかす環境における生徒の理解，参加，そして学力向上をもたらす。

注1：これは，与えられたカリキュラムではなくて，自分たちがつくり出すカリキュラムを指しています。教室内に存在する能力差に応じるために一人ひとりをいかす教え方を行う努力に限らず，よく教えようとする時，教科書のような与えられたカリキュラムをこなすのではなく，目の前にいる生徒を中心に据えた自分たちでつくり出すカリキュラムが不可欠です。

こに紹介する教師たちの成功は，①生徒たちを一生懸命に学ぶことへといざない，生徒たちの学びの旅の過程をサポートし続ける学習環境をつくり出し，維持していることにあります。その他の成功の鍵には，②生徒が理解することを中心に据えた明快に示された学習目標をベースにした，生徒たちを引きつけるカリキュラム，③明示された学習目標と同調し，かつ目標を超えて生徒たちを成長させるのに役立つ教師の生徒理解を可能にする継続的に行われる評価，④生徒たちのニーズと内容をカバーすることの両方を押さえた指導計画などが含まれています。

　事例はまた，紹介している教師たちの試行錯誤的な思考のプロセスと実際の一人ひとりをいかす授業のアプローチを明らかにしてくれています。それは，あなたが抱える生徒，扱う教科，そしてあなたの個性や教師および人間としてのニーズなどを踏まえながら，「他の三つの隅」を見つけ出す助けとなることを意図しています。

# 一人ひとりの「何を」「どのように」「なぜ」いかすのか

　一人ひとりをいかすカリキュラムと教え方を分析する上で役立つ三つの質問があります。教師は一人ひとりの何をいかしているのか？　教師は一人ひとりをどのようにいかしているのか？　教師は一人ひとりをなぜいかしているのか？

**教師は一人ひとりの何をいかしているのか？（以下「何をいかす」と表記）**

　この質問は，生徒のニーズに応えるために教師が変更したカリキュラムの中身に焦点を当てています。それは，次の一つかそれ以上を含んでいます。

- 内容——生徒が何を学ぶのか，あるいは知識やスキルや概念を理解し，使いこなすために，それらにどのようにアクセスするのか
- 方法——生徒が基本的な知識やスキルを使って概念を理解するためにどのような学習活動をするのか
- 成果物——生徒は学んだ結果自分が知ったこと，理解したこと，できるよ

うになったことをどのように示したり，発展させたりするのか
- 感情／学習環境——学習の雰囲気や期待を決定づける教室のハードとソフトの環境はどのようなものか

**教師は一人ひとりをどのようにいかしているのか？（以下「どういかす」と表記）**

この質問は，一人ひとりをいかす授業が対処する生徒たちの特徴に焦点を当てています。生徒のレディネス，興味関心，学習履歴，あるいはこれら三つのコンビネーションに応える形で一人ひとりをいかしていますか？　いかなる学習体験も，これらの一つ以上に応える形で行われます。

**教師は一人ひとりをなぜいかしているのか？（以下「なぜいかす」と表記）**

これは，学びの体験に変更を加える教師の理由についての質問です。より学びやすくするためですか？　学びの動機づけを拡大するためですか？　学びの効果を上げるためですか？　これらの三つの理由は一人ひとりをいかす教え方をする際の生徒のレディネス，興味関心，学習履歴に関係しています。

生徒は自分が関係を築けないものは，理解することができないので，学ぶことができません。あまりに難しすぎたり，やさしすぎたりする内容はモチベーションが起こらないので，学ぶことができません。私たちは誰も，自分の興味や経験に関連づけられるものは熱心に学べます。また，知識が得られ，スキルの練習ができ，概念が理解でき，そして理解できたものを得意な方法で表現できる時に，より効果的に学びます。

以下で紹介する「一人ひとりをいかす」事例のいくつかは，既存のカリキュラムや指導をベースとしており，わずかな修正しか加えられていません。ただ，事例によっては，より広範な修正が加えられたものもあります。それぞれの事例の後には，教師が生徒の要求に応じるために計画段階で何を考えていたのかの分析がなされています。それらを読み進める前に，授業について自分で分析を試みると効果的です。図6.1には，それをする時に鍵となる質問の項目をまとめました。

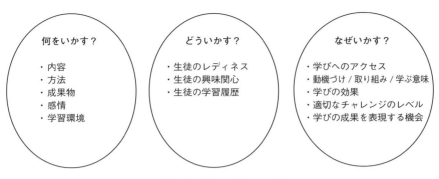

図6.1 何を，どう，なぜ

## 知識ないしスキルに焦点を当てた一人ひとりをいかす教え方

　知識やスキルをバラバラに教え続けていると，学びの関連性や力強さを奪い去ってしまいます。しかしながら時にはどんなクラスでも，生徒が知識や特定のスキルを練習するために，教師は適切にそうすることを選択することもあります。そのような場合，教師は生徒に知識やスキルを使いこなす意味のある課題や複雑な問題解決に取り組ませる必要があります。生徒が反復練習をする目的を理解できるように，練習をする前に，課題や問題を提示するのです。

　どんなクラスにおいても，生徒の特定の知識やスキルへのレディネスは多様なので，生徒がそれらを練習する際には一人ひとりをいかすようにする必要があります。以下に紹介するのは，生徒の異なる出発点を把握し理解した上で，知識とスキルに焦点を当てた課題を教師がどのようにして一人ひとりをいかす教え方にしているのかを示す事例です。

### 小学1年生の理科[注2]・分類

　昨日，レイン先生の小学1年生のクラスは，科学者のように考えることがで

---

注2：現在，日本で小学校の1年生と2年生には理科と社会科はなく，生活科になっています。また，ここで紹介される方法を「なかまをつくる」という名称で，日本の国語の授業で使っている先生もいます。

きる物を収集するために自然観察をしました。今日は，昨日集めた物を小グループに分かれて分類します。

　最初は，生きている物と生きていない物に分けます。その後に，それぞれの分類の中で，（形や大きさや色などの）他の共通点によって分けます。その際，レイン先生は一つの変化をつけました。いくつかのグループは，実際に集めてきた物だけを分類しますが，他のグループはいくつかの物をその名前が書かれたカードと入れ替えました。これは読むことを学び始めた生徒たちにとっては，とてもエキサイティングなことです。カードに書かれた文字を読めるレディネスに応じて，少しのカードしか配られなかったグループとたくさんのカードが配られたグループがありました。

　　**何をいかす？**　──課題は生徒たちに比較・対比することの意味を理解させるものでした。レイン先生は方法（学び方）を違えることで一人ひとりをいかしました。

　　**どのようにいかす？**　──レイン先生は，生徒のレディネスを評価しながら，分類の方法で一人ひとりをいかしました。

　　**なぜいかす？**　──レイン先生は，文字を読み始めた生徒たちに読む練習をする機会をできるだけたくさん提供したかったのです。物をどう分類するかを話し合う際に，読めない生徒は実際の物とカードとの関連に気づくことで（読むことは学ぶ際の基本！），カードがまだ読めない生徒にとっての助けにもなりました。

## 小学4年生の国語・校正

　マック先生の小学4年生の教室には，生徒が句読点やスペルや文法などの間違いを探し，そして校正するスキルを磨くためのコーナーがあります。ここには，マック先生自身が書いた生徒の異なる読みのレベルに対応するいくつもの物語が置かれています。生徒は読んでいる本の中の登場人物や，時事問題に登場する人物や，マック先生自身や，教室の隅々に住んでいて，教室で起こっていることを観察しているとマック先生が断言したノームとトロール[注3]が発す

---

注3：スウェーデン製のアニメーション・ファンタジーの登場人物です。

るメッセージなどを見つけます。もちろん，マック先生はこれらのストーリーをユーモアや，少しばかりの知恵や，多様な種類の間違いを交えながら，そしてどの生徒が校正をするかを念頭に入れながら書きます。文章の複雑さも多様です。

またある時は，生徒が自分の書いた文章を校正コーナーの未処理のファイルの中に残しておきます。そうすることで，クラスメイトが下書きを磨いたり校正したりする[注4]のを助けてくれるからです。マック先生は，文章の書き手のニーズとアドバイスをする人の力量を踏まえながら，適切な反応ができることを知っているので，特定の生徒にある文章の検討をするようにお願いして，これらの文章を振り分けることもあります。

**何をいかす？** ——スキルを練習することが教師の評価の焦点です。マック先生が方法をいかすことで，特定の句読点やスペルや文法のレベルが生徒のニーズにうまくマッチしています。同時に，生徒の読みのレベルを適切なチャレンジのレベルに設定しています。これらの両方を，マック先生は内容をいかすことで達成しています。

**どういかす？** ——マック先生はいかし方を（句読点や語彙や文法の習熟レベルの把握できる）レディネスに応じて行っています。生徒の興味関心を踏まえた上で，本の登場人物，スポーツの有名選手，ノーム（妖精）が登場する間違いだらけの文章をサッと一気に書き上げるのを楽しみにしています。加えて，マック先生は生徒が書いたテーマとアドバイスをする人の関心を合わせるようにもしています。このアプローチは，とても効果的です。生徒はマック先生の授業で校正をするのが楽しみで仕方がありません。

**なぜいかす？** ——マック先生のクラスの生徒は，書くことと校正することに関して異なるニーズをもっています。彼が準備する文章の間違いを多様

---

注4：米国で過去30年以上行われている書くことが好きになり，かつ自立した書き手を育てる指導法に興味のある方は，『ライティング・ワークショップ』と『作家の時間』を参照してください。ここでは，本物の作家や詩人やジャーナリストやノンフィクションライターがしているように，題材選び→下書き→修正（下書きを磨く）→校正→清書→出版のサイクルを，年間を通して回し続けます。これは，今でも日本で行われている，書く題材が教師から提示され，最初から清書の一歩手前の段階の下書きを書くことが求められる作文教育では，書くことが好きにも上手にもならないところから始まった実践です。

にすることで，生徒のスキルを段階的に押し上げるのを効果的に成し遂げています。先生は，同じことを意味なく繰り返し練習したり，生徒のレディネスを越えたスキルに取り組ませることを回避して，生徒が退屈したり混乱したりしないようにもしています。また，教師による生徒の句読点や語彙や文法の習熟レベルの把握が，特定のスキルを習得するために行う直接指導が必要な子たちを集めるのにも役立っています。さらに生徒はマック先生のユーモアや読みのレベルをぴったり合わせてくれることや相互に助け合える機会が提供されることで，とても高い動機づけを得ています。

## 中学2年生の体育・バレーボール

グラント先生は，生徒がチームとして機能することを学べるように，時々クラス全員が参加するバレーボールの試合を体育の授業ですることがあります。また，クラスを半分にし，半分の生徒が体育館の半分を使って試合をすることもあります。グラント先生はいつも違う生徒に審判をさせます。リーダーシップのスキルがあり，バレーボールをよく知っている生徒を選んだ上で，です。残りの半分のスペースに必要なスキルをもっと身につけなければならない生徒を集めて，先生はトスやスパイクの仕方や，恐れずにレシーブする方法などの練習をします。この直接指導に集められる生徒は固定化されておらず多様です。

**何をいかす？** ――グラント先生は必要なスキルをマスターするための機会を多様に設けています。特定のスキル（内容）と小グループの活動（方法）を多様に設定しています。

**どういかす？** ――基本的には，彼は生徒のスキルのレディネスに焦点を当てています。一方で，リーダーシップのスキルを磨くのに審判をやらせたりして，生徒の学習履歴にも注目しています。

**なぜいかす？** ――生徒はそのスポーツで自分のスキルが向上できたら参加するのを楽しめます（動機づけ）。もし個々のニーズが系統的に満たされる状況が授業の中で提供されるとしたら，生徒はその機会をより多く得ることになります。

## 高校の生物・専門用語の習得

　クナード先生の生物のクラスには英語を母語としていない生徒が何人かいます。彼女はしばしば，教科書の章やユニットが始まる前にそれらの生徒に鍵となる用語を「前倒しで」教えます。多くの場合，これには教科書を読む力が弱い生徒，難しい語彙の理解に苦しむ学習障害をもった生徒，そしてその他いろいろな理由で語彙の習得で苦労している生徒も含めています。

　ユニットを始める前に 15 〜 20 分を割いて，クナード先生は難しい語彙を「前倒しで教える」ことで恩恵を受ける生徒を集めます。この時間，他の生徒はユニットに関係する教師が用意した課題を個別に，あるいは小グループで取り組みます。

　彼女は，これから取り組むユニットの理解に必須の六〜八つの基本的な語彙を集めた生徒に提示します。それらの言葉の意味を生徒が理解できるように，質問をしたり，例を示したり，新しい言葉と似たすでに知っている言葉を紹介したり，どんな状況でそれが使われるかを提示したり，あるいはその語源などを教えたりします。この時間の目的は，授業を受けている生徒にとって理解可能な定義をわかりやすく，簡潔な言葉で示すことです。クナード先生は，それらの定義を「キーワード」と書かれた模造紙に書き出して壁に貼り，ユニットを学んでいる期間を通してそれを繰り返し見られるようにするのです。

　**何をいかす？**　——クナード先生は内容と方法の両方をいかしています。内容のいかし方はユニットの題材ではなく，それが紹介されるタイミングで行われており，方法のいかし方はそれが必要とされる生徒たちを対象に足場を提供することで行われています。自力で理解できる生徒には，その機会も確保しています。

　**どういかす？**　——「前倒しで教える」ことは，一般的にはレディネスに応じたいかし方ですが，時には，クナード先生は小グループでの話し合いでよく学べる生徒（その方が集中できるので）や，読むよりも耳からの方がよりよく学べる生徒を対象に含めることもあります。

　**なぜいかす？**　——クナード先生はクラス全員を対象に語彙を「前倒しで教える」ことはしません。生徒の中には，すでにそれらを知っている子もいますし，教科書やクラスでの話し合いの中で学べる子もいるからです（後

者は，彼女がすべての生徒に設定している目標です）。彼女の目標は，す
べての生徒を知識と学び方の両方で前進できるようにすることで，その場
で足踏み状態にしたり後退させたりすることではないからです。鍵となる
語彙を「前倒しで教える」ことは，あくまでもそれが必要な生徒へのサポ
ートを提供することで，そうでない生徒に退屈な時間をつくり出してしま
うことではありません。

## 中学1年生（すべての教科）・知識とスキルの定着を図るための振り返り

ブリッツボール（投げるととんでもない軌道で飛んでいく多角形のプラスチッ
クボールを使ったゲーム）が中学1年生の間では大人気です。それで，この学
年の先生たちはこのゲームを生徒の知識の習得と確認の学習に活用しています。

教師が作成した振り返りのガイドを使って，4人から6人の能力混成グルー
プの生徒は，鍵となる情報の習得と理解を確実なものにします。その後，各チー
ムはブリッツボールをします。教師は，生徒を一人ずつ線が引かれたところ
に呼び，学習したことについて質問をします。生徒が正しく答えられたら，ブ
リッツボールの代わりにテニスボールを投げる権利を獲得します。的はベニヤ
板でできており，四つのコーナーには小さい穴が，中央には大きな穴が開いて
います。的に当たれば1点，大きな穴に入れば3点，そして小さな穴に入れば
5点を，チームは獲得します。

答える人ではないチームのメンバーが声を出してしまうと，5点が引かれま
す。チームのメンバーは，全員が，教師が出す質問にすぐに答えて得点を獲得
できるように注意深くそなえます。教師は，生徒たちみんなが適正にチャレン
ジできると同時に，より公平にチームの点数が稼げるように，生徒の理解とス
キルのレベルに応じて質問を調整します。

**何をいかす？**　——内容でいかします。活動と方法は固定されています。

**どういかす？**　——その時々の内容を考慮しながら，教師は生徒のレディネ
スに応じていかします。

**なぜいかす？**　——生徒はペースの速いゲームに引き込まれます。そして，
誰もがテニスボールを投げるチャンスが得られるのでやる気が増します。
興味深い追加の動機づけの要素として，投げるのがうまい生徒と正しく答

えられる生徒には相関関係がないことがあげられます。最高の得点は，いつも勉強のできる子ではない生徒によってしばしば獲得されます。

## 上記の事例では扱わなかったその他の原則

スキルに焦点を当てた活動は，必ずしも生徒のやる気が高くはありません。しかしながら，多くの教師はユーモアや動きや生徒どうしの協力を取り入れることで活動を効果的にしています。これまで紹介した事例では，特定の対象のために考えられた活動が他の活動と比べて魅力に欠けたり，価値が劣ったりするということはありません。教師が大切だと思ったスキルに生徒全員が焦点を当てており，活動は誰にとっても魅力的なものになっています。

これらの事例は，生徒のニーズに活動をマッチさせるために，教師が生徒のレディネス，興味関心，学習履歴を継続的に評価しているのを示すよい例となっています。それらは，力づくで生徒を活動に合わせるものではありません。レディネスは，特定の能力が特定の時期においてどれだけあるかを示すもので，その生徒が学習者としてどれだけの知的能力をもっているかを示すものではありません。活動は頻繁に変えられ，生徒は「できる子」や「できない子」というグループに分けられることもありませんし，レッテルも貼られません。

文学を読むのが得意なのに，スペリングが弱い生徒はいます。逆に，スペリングは得意なのに，読みの解釈は得意でない生徒もいます。ドイツ語で文章を書くのに時間がかかる生徒が，話すのはうまいというケースもあり得ます。中にはたくさんのことで課題がある生徒がいますが，一方でたくさんのことで進んでいる生徒もいます。でも，多くの生徒は，得意と不得意の両方を抱えています。レディネスは，ある時の特定のスキルに限定して見た方が，一つのスキルを全般的な能力として見るよりもより公平で，より正しい見方になります。

事例で紹介した教師は，学びの階段を工夫してつくり出しています。教師は，同じ校正のスキルがすべての小学4年生に，同じバレーボールのスキルがすべての中学2年生に，同じ文章のリストがドイツ語の授業を受けはじめたすべての生徒に必要とは考えません。教師は，パフォーマンスのレベルでは一段階（あるいは二〜三段階）下の生徒を見つけ出し，ギャップが広がらないように，そしてやる気をなくさないように確実に階段を上れるように，計画的な意図をも

って行われている実践をはっきり示してくれています。それは同じように，パフォーマンスのレベルでは一段階（あるいは二〜三段階）上の生徒を見つけ出し，同じところに止まって足踏みをしなくていいように，そして学ぶことは努力することやチャレンジすることと同義語であることがわかるように確実に階段を上り続けられるよう，計画的な意図をもった実践をしています。

## 概念ないし意味を基本に据えた一人ひとりをいかす教え方

　本章のはじめに紹介した原則や考え方は，次に紹介する一人ひとりをいかす教え方の事例にも当てはまります。しかしながら，ここで紹介する二つの事例はより広範な学びの要素（知識，概念，原理，態度，スキル）を統合しようとする教師の意図を示してくれるものです。ここでの教師は，まさに出発点から一人ひとりをいかすカリキュラムと教え方を実現していて，そこではすべての生徒が学んでいることに意味をつくり出す（あるいは理解する）ことに焦点が当てられています。

### 高校3年生の政治・政府と社会の進化

　3週間かけて，イーン先生の高校3年生の政治のクラスでは，生徒が3〜5人のグループに分かれて調査をしています。生徒の目的は，政府が国民に基本的人権を保障した権利章典が時とともにどのように拡張してきたか，そしてそれは今，社会のさまざまな集団に対してどのように影響しているかを理解することです。「変化」の概念を継続的に探究することで，社会を統治する公文書や公共機関が時代の変化の要求を満たすべく，どのように変わってきたのかという原則を生徒は明らかにすることでしょう。このプロジェクトは調査と説明文を書くスキルを必要としています。

　イーン先生は，読むレベルが似通った生徒を集める形で「調査グループ」をつくりました。ユニットが進む3週間，調査グループは以下のようなことを調べながら断続的に活動します。

- 権利章典の中の特定の修正条項は，長い期間をかけてどのようにしてより

包括的になったのか？

- 権利章典の中の特定の修正条項の再解釈を迫る社会的な出来事
- 特定の修正条項を再定義する判決
- 特定の修正条項の現時点での解釈と応用
- 修正条項に関する未解決の問題

イーン先生の生徒は提出するレポートの構成と内容に関するルーブリックをもっており，生徒はグループの調査活動から学んだことを踏まえて個々のレポートを作成します。数多くの本，インターネットへのアクセス，ビデオやオーディオの資料が用意されています。

以上のような共通の課題を設定しながらも，イーン先生は二つの重要な観点で一人ひとりをいかすようにしました。あるグループは自分たちになじみのある社会的な集団や，より鮮明に定義できる問題や，わかりやすいレベルで情報にアクセスできる分野を調べました。別のグループはなじみの薄い社会的集団や，定義するのがより困難な問題や，情報がより複雑な分野を調べました。

生徒は，自分たちが調べて理解したことを，エッセイ，パロディ，対話のいずれかの形で書いて提出する選択肢が提供されました。生徒自身がそうしたければ，三つ以外の方法も可能でした。イーン先生は，それぞれの書き方のガイドラインとルーブリックも生徒に提示しました。

**何をいかす？**　──生徒に投げかけている課題は同じですが，その課題にどう取り組むかという観点に違いがあります。そうすることで，イーン先生は方法の面で一人ひとりをいかしました。最終的な成果物の表現の仕方も，いくつかの選択肢を提示しています。内容的にも，生徒は読解の複雑さのレベルが異なる多様な資料にアクセスできるようになっていました。

**どういかす？**　──イーン先生は，生徒の読み，書き，抽象的な思考のレベルに応じて学び方をいかしています（生徒が特に興味のある社会的集団を選べるようにすることで，もっている興味関心に応じたいかし方も可能にしていました）。少なくとも三つの選択肢を提供した成果物では，レディネスと学習履歴に対応していました。エッセイは，パロディを選ぶよりははるかに少ない思考と言葉の操作で書き上げられます。生徒の中には，エ

ッセイよりも対話形式に惹かれる者もいるかもしれません。他にも，生徒
にはビデオの作成，インターネットを使ったプレゼンテーション，注釈つ
きの芸術的な表現法などを考え出す選択肢もありますが，内容とスキルに
ついての評価の基準は同じです。

**なぜいかす？**　——イーン先生は，調べる資料へのアクセスがこの課題の大
きな部分を占めていると考えました。それらの複雑さには幅があり，扱う
問題の明瞭さにも差があるからです。生徒を，資料と扱う問題でマッチン
グすることで，彼は生徒が適切なチャレンジのレベルで課題に取り組める
と考えたのです。そうすることで，生徒は重要な概念と原理を理解するこ
とができるでしょう。そして，成果物の表現方法に選択肢を提供すること
と，生徒にも自分でその他の方法を考え出せるようにすることで，イーン
先生は生徒のニーズの診断者としての役割を果たしていると同時に，生徒
に自らの学び方を選べるようにしていました。

## 小学 1 年生（すべての教科）・パターン

モーガン先生と 1 年生たちは，英語，図工，音楽，理科，算数などすべての
教科でパターンを見いだそうとしています。それを通して生徒は，パターンは
反復することと，パターンは予想できるという原則を理解しつつあります。今
日は，モーガン先生と生徒は書く際のパターンについて学習しています。

まずクラス全員で，ドクター・スース[注5]などの作家たちが言葉のパターン
をどう使っているのかを探りました。一緒に手拍子したり，朗読したり，音や
言葉や文章についてパターンを話し合いました。教師が本を読むのを聞いて，
その後に何が続くかを予想することまでしました。

次にモーガン先生は，同じようにパターンで書かれているマーガレット・ワ
イズ・ブラウンの絵本『たいせつなこと』◆15[注6]を読みました。その絵本で使
われているパターンは，「〜は〜。〜は〜。でも〜にとってたいせつなのは〜
ということ。」（たとえば，「くつはあしをつつむもの。あるくときに　はいた
くつは，よるには　ぬいでしまい，ぬいだくつには　ほんのり　ぬくもりが

---

注5：本名シオドー・スース・ガイゼル。1904 年〜 1991 年。米国・マサチューセッツ州生まれ。ニー
　ル・モーガン著『ドクター・スースの素顔—世界で愛されるアメリカの絵本作家』（彩流社 , 2011）

第6章　一人ひとりをいかすクラスづくりをする教師たち　117

のこっている。　でも　くつに　とって　たいせつなのは，あしを　つつん
でくれる　と　いうこと。」)。

　それから，小学1年生はパターンを使いこなすことで，自分たちの「たいせ
つなこと」の本をつくります。モーガン先生は，各ページをそれぞれのグルー
プに割り振りました。パターンの概念と書くことで助けがいる何人かの生徒は，
自分たちが書く大切なものを選んで先生といっしょに書きます。何について書
くのか，それのどんなところが大切なのか，そしてパターンに添うように書く
にはどうしたらいいのか，先生がリードしながら模造紙に書き出していきまし
た。その後で，生徒に順番に（最初は個別に，そしてグループ全員で）読ませ
ました。そして，先生はパターンの反復と予想のつきやすさについて生徒に話
し合わせました。模造紙が完成したところで，モーガン先生は他のグループが
つくっている絵本の大きさの紙に書き写しました。

　他の生徒の中にはペアで，モーガン先生がつくった見える化シートを埋める
形で本のページを完成する生徒がいました。その生徒たちは，空欄を自分たち
の言葉で埋めていくのです。しかしながら，モーガン先生はこれらの生徒には
お手上げ状態の時に使える名詞と形容詞のリストも提供しました。

　クラスにはとても進んだ生徒も数人いました。彼らは，一から自分のページ
を書くのです。もちろん，必要があれば『たいせつなこと』を参考にすること
もできましたが，ほとんどの生徒は覚えていることだけを使って，自分のペー
ジをつくり出すことができました。モーガン先生はこれらの生徒には高い基準
を設定し，下書きを提出させて，他の生徒からフィードバックをもらって，修
正を加えるようにしていました。

　モーガン先生は，次の数日のうちに，すべてのグループと個人に自分たちが
書いたページを全員の前で読ませるつもりです。彼はその時，パターンとは何
で，自分たちの本では実際どのようなパターンが使われているのかを話し合わ
せる予定です。その後で，能力混合の読みのグループになってカバーや各ペー

注6：実際，この絵本を使ってこの後に書かれているような展開で，日本で実践している例もあります。
　　この情報を提供してくれた協力者の教師は，「低学年の子どもたちはパターンを理解することが好き
　　ですし，実際に読んでいる本を見てみるとパターンを巧みに使った作品が多いように思います。子
　　どもたちにとってパターンを見きわめ，予想しながら読むということはなじみやすく，他の文脈で
　　も使いやすい方法なのかもしれません」と書いていました。

ジのイラストを描き，本を綴じ，そして自分たちのクラスの図書コーナーで増えつつある，パターンに関する本の棚に完成品が追加される予定です。

**何をいかす？** ——この事例で扱う内容は同じです。すべての生徒が同じ概念（パターン）と原則を学習し，書くスキルを伸ばします。しかしその方法はさまざまです。本の各ページを書き上げるために，モーガン先生は多様なサポートと指導を提供しています。

**どういかす？** ——生徒の書くスキルとパターンをつくり出せる能力の事前評価に基づいて，モーガン先生はそのレディネスに応じた活動をいかす形で提供しています。

**なぜいかす？** ——多くの小学１年生のクラスでは，生徒の言葉のスキルには大きな幅があります。この事例では，生徒全員がパターンを探し，認識し，そして自分たちでつくり出すだけでなく，書くスキルも磨き，クラスで一冊の本をつくり出すのにも貢献します。しかしながら，言葉の発達の程度が大きく異なる生徒のニーズに対応するために，実際に書く課題は多様な難易度とサポートのレベルで提供されています。

・ ・ ・

以上，この章で紹介したすべての事例では，教師は扱いたい教科の中で何を教えたいのか，その知識，スキル，理解（概念や原理）が明確でした。それぞれの生徒の出発点と成長を把握するために，教師は継続的に情報収集をし，また生徒のレディネスや興味関心や学び方等に適したカリキュラムと教え方を提供すべく努力していました。教師は生徒に一貫性のある学びの機会を，適切なチャレンジのレベルに設定し，夢中で取り組めるように提供したいのです。ここで紹介した教師はみんな，すべての生徒を同じに扱う授業ではきわめて困難であると同時にとても重要な，学習者と学ぶことを最善の形で結びつけるということを追究しています。

# 第7章

# 一人ひとりをいかす多様な教え方

　　多様な教え方を使いこなす教師のみが，すべての生徒の学力を最大限に引き上
　げることができる……教師は生徒の強みをいかし，弱みは和らげる必要がある。
　それを成し遂げられるのは，多様な教え方を通してだけである。
　　　　　　　　　　　『多様な社会における多様な教え方（未訳）』トーマス・ラスリー他[48]


　　教え方そのものには，良い教え方も悪い教え方もありません。教え方は基本
的に，教師が内容や方法や成果物を授業で実践する際に使うことのできる「入
れ物」です。しかしながら，特定の目標を達成するのにその入れ物よりもすぐ
れた他の入れ物はあります。そして，よく練られた，あるいはよく練られてい
ない授業プランや授業の中で入れ物は巧みにも，ぎこちなくも使われます。そ
の上，ほとんどすべての入れ物は，生徒の学び方の違いを無視する形でも，あ
るいはそれに適切に応える形でも使うことができます。ヘイティーが思い出さ
せてくれたように，特定の教え方や授業プランが生徒たちの学びの違いを生み
出すのではなく，学びの過程で生徒の進み具合をできるだけ正確に把握するこ
とと，その情報を一人ひとりの学びにいかすことにかかっています。[40] つまり，
特定の時期の学習者にとって最善の方法を選ぶことが大切なのです。
　　たとえば，小学3年生に分数を教える時，グループ・プロジェクトという教
え方を使うことはあまり効果的ではありません。同様に，高校生たちに遺伝子
組み替え技術の倫理的な問題を論じる際に，概念達成[注1]と呼ばれる教え方を

使うことは効果的ではありません。英語を学び始めたばかりの生徒にとって，人を引きつけるインターネットの英語の動画が効果的だと期待することもできません。協同学習と名づけられる一連の教え方も期待を裏切ることがしばしばあります。それは方法に欠陥があるからではなくて，教師の使い方のまずさにあるのです。

　優れた教師は一般的に，多様な教え方に精通しており，それらを学習者のニーズや学習する目的に応じて巧みに使いこなしています。◆9, 88 正しく使われた時は，それらの方法は生徒の異なるレディネスや興味関心や学習履歴に応える形で教師をサポートします。教え方の中には，実際の授業の中でほんの少しの時間しか使わず，準備もほとんど必要がないものがある一方で，ユニットを通じて使え，しっかりとした準備と授業中の継続的な振り返りが必要なものがあります。学びをつくり出すために生徒を組織したり，構成したりしなければならないものもあれば，教え方のみに焦点を当てたものもあります。

　生徒のニーズに応える教え方を実現する道筋は多様です。本章と第8章の多様な教え方について読む際は，紹介されている事例で教師が，生徒が心地よいペースで学ぶ機会をどのようにつくり出しているか，個々の生徒はチャレンジしがいのあるレベルで取り組んでいるか，学習履歴に合った学び方が提供されているか，個々の生徒の興味をそそる応用的な課題も提供されているか，といったことに注意してください。

　第6章と同様に，まず実践例での教え方を紹介し，その後で教師が何を，どのように，そしてなぜいかしていたのかを分析します。

# コーナー

　コーナーとは，教室の中で生徒が同時にたくさんの異なる活動に取り組む場所のことです。コーナーは，どの学年でも，どの教科でも使うことができます。しかも，頻繁にも使えますし，たまにしか使わなくてもかまいません。あらかじめ計画する形でも，計画せずにその場で臨機応変にも取り組めます。注2 コ

---

注1：概念達成（concept attainment）は，認知心理学の生みの親の一人として有名なジェローム・ブルーナーらによって概念形成はどのように行われるかということに基づいて開発された手法です。

ーナーは生徒が見分けやすいサインやシンボルや色などによって指定できますし、教師が特定の生徒を教室の特定の場所に動くように指示することもできます（第8章で紹介するセンターと似ている点と似ていない点があります。144ページを参照）。

　一人ひとりをいかす教え方の観点から言うと、コーナーをつくることで、一人ひとりの違った課題に生徒がそれぞれに取り組むことができるようになります。すべての生徒が全部のコーナーに行く必要はないので、柔軟なグループ分けも可能にします。また、すべての生徒がそれぞれのコーナーで同じ時間を過ごす必要もありません。さらに、たとえすべての生徒が全部のコーナーを訪ねるとしても、誰がいつそこを訪れるかわかっていれば、取り組む課題を変えることができます。このコーナーという方法は、教師サイドの選択と生徒サイド

マルチ能力の八つのコーナーで学んでいる小学1年生

注2：以下で詳しく紹介してあるのがあらかじめ計画したコーナー（英語名はStation）の活動なので、計画せずにその場で取り組むコーナーのやり方を簡単に紹介します。教師がクラス全員を対象に詩の解釈の授業をしていて、生徒の理解のレベルがさまざまだと感じた時に、このまま進めてはまずいと判断して次のように言います。「詩のタイトルと本文との関係でよくわからない人たちはこのコーナーに来てください。詩が描き出している象徴が何だかわかっていると思っている人たちはあちらのコーナーに行ってください。詩を音読してから何人かで話し合うことによって理解が深まると思う人たちはこちらのコーナーに来てください…」そして、教師はそれぞれのコーナーで手短に指示を確認し、その後は各コーナーを回って生徒の思考を促すとともに疑問や質問に応じます。

の選択のバランスを取るのにもうってつけです。ある日は教師が，誰がどこの
コーナーに行き，何をし，どのような状況で取り組むかを決めることができま
す。別の日は生徒がすべてを決めることもできます。さらに他の日は，教師が
ある要素を義務づけ，他は生徒の選択に委ねることもできます。

## 小学 4 年生の算数

　年度始めの算数の評価によると，マイナー先生のクラスの生徒の整数の計算
の力には大きな開きがあることがわかりました。彼女は，難しさや状況の異な
る多様な計算問題を提供することで，生徒の出発点を把握することができまし
た。結果は，生徒のレディネスに 2 〜 3 年下のレベルから，2 〜 3 年上のレベ
ルまでの幅が見られたのです。

　なかには，足し算，引き算の基本がおぼつかず，掛け算は暗記して言えるも
の以外歯が立たない状況の生徒もいます。一方で，すでに足し算，引き算，掛
け算を十分に理解しており，それらの理解を多様な状況で活用する機会が必要
な生徒もいます。後者の生徒は，割り算の学習の準備もできています。さらに
は，小学 4 年生レベルで提示される足し算，引き算，掛け算はやさしすぎるの
で興味を示さない生徒もいます。この生徒の中には，すでにどこかで教えても
らったか，あるいは自分自身で学んでしまい，割り算を理解できる生徒も含ま
れます。

　マイナー先生の注意を引いたもう一点は，生徒の集中力が持続する時間にも
大きな開きがあることでした。長時間取り組める生徒もいるし，10 分集中す
るのもやっとという生徒もいました。追加で発見したことは，集中力が持続す
る時間の長さは必ずしも算数の出来・不出来とは関係ないことでした。

　年度始めに，マイナー先生は教室内の 5 か所に設定したコーナーの活動を導
入しました。算数の授業の前に，ボードを見て，自分の名前がどのコーナーに
書かれているのかを見つけるところから始まります。

　コーナー 1 は,「教師が教えるコーナー」です。ホワイトボードの前に集まり，
マイナー先生が特定の計算法を教え，サポートします。教えられた後，生徒は
先生が他のコーナーを巡回している間に，ホワイトボードを使うかペアで床に
座って問題を解いたり，練習したりします。ここで学んだ生徒は，自分が何を

第7章　一人ひとりをいかす多様な教え方　123

したのかの記録をコーナーのそばに置かれた用紙に記入するように習慣づけられています。

コーナー2は，「証明コーナー」です。いろいろなものを使ったり，図を描くなどして計算したり，自分の答えを説明したり，正当性を主張したりします。つまり，計算がどのように機能しているのかを理解するのがこのコーナーです。このコーナーには学習パートナーと一緒に割り当てられますが，最初は自分の名前がついたフォルダーに入っている計算問題を一人で解きます。このときタイマーを5分に設定して取り組みます。その後，パートナーと一緒になって，どんな計算をしたのか，どの式などを使うことにしたのか，どうして答えが正しいと思うのかなどを共有し合います。その際，描いたり，表を使ったり，物を使って証明することができます。パートナーは答えを正しく導き出しているかをチェックするために，他の方法で解けないかと尋ねます。そのために使える文章例がこの「証明コーナー」の壁に貼られています。

- 予想をして，あなたの答えがたぶん正しいということを見せて。
- あなたが答えを出した方法を図や表を使って見せて。
- あなたが答えを出した方法を「容器の中の駒」を使って見せて。

最終的には，互いの答えが正しいかどうかは電卓を使って確認することができます。そこまでし終えたら，それぞれが振り返りシートに記入し，計算した記録と一緒に留めます。振り返りシートには以下のようなことが書いてあります。

　今日，[生徒名] は [計算した方法] を使って問題を解きました。そして，[図や物] を使って解き方を証明しました。私のパートナーは [名前] でした。私の解き方を確認するのに使った方法は [概算，実物，図表] でした。電卓でチェックしたら，[答えは正しかったです／もう少し考える必要があることがわかりました]。

振り返りシートには日付を書き，計算した記録と一緒にコーナーに設置された箱の中に入れて終わりです。

コーナー3は，「練習コーナー」です。ここで生徒は，教師がつくった課題や，

コンピューターのプログラムや，ゲーム感覚で算数のスキルを磨けるアプリや，教科書を使ったりして，特定の計算方法に慣れたり，正確にできるようになったり，早くできるようになったりします。必要な時は，答えのシートや電卓やコンピューターで答えをチェックします。最後に，生徒は自分の取り組みに対して自己評価をします。コーナー2と同じように，日付と自分のサインを記入して，コーナーの箱に入れます。コンピューターを使った場合は，自動的に教師にレポートが提供されます。生徒が取り組んだ課題にも日付やサインをしてから提出しますが，それとは別に，そのコーナーには表のようなものが貼られていて，そこに書かれている自分の名前を見つけて，その該当欄にも日付や解いた問題の数などを記入します。

「お店」と名づけられたコーナー4の生徒は，計算を応用することに取り組みます。店の経営者は架空の人物のファドルさんという人で，生徒の助けを常に必要としています。生徒が取り組む課題が変わるのに応じて，店の売り物も変化します。生徒は，店を運営するか買い物をするかのいずれかに常に取り組みます。そして，常に問題を抱えるファドルさんを助ける役割を担います。

「お店」のコーナーでは，生徒はオンラインショップやカタログで購入することもあります。あるいは，店で何を売ったらいいか，予算の中でどのくらい商品を買ったらいいかを判断したりもします。さらには，在庫を数えたり，商品を分類したりして，何を購入するかの判断を変更することもあります。品を変えたり，取り組む内容がさまざまだったり，ファドルさんの存在が，このコーナーに行くのを楽しくさせています。「お店」は，日常生活で算数が役立つことを感じさせてくれます。お店を離れる時に生徒は，どんな問題をファドルさんが抱えているのか，それを解決するために何をしたのか，そしてそのような問題を避けるためにはどうしたらいいのかを提案する形で，彼宛のメモかEメールを書きます。

コーナー5は，「プロジェクト・コーナー」で，ここで生徒は個別に，ペアで，あるいは小グループで，いろいろな算数を使った長期間のプロジェクトに取り組みます。プロジェクトの期間と取り組むテーマはさまざまです。コーナーのデザインや教室の模様替えや生徒を対象にしたアンケートの実施とその結果発表などのプロジェクトもあります。スポーツ，宇宙，あるいは読み・書き

をテーマにすることもあります。教師がプロジェクトのアイディアを考えることもありますが，生徒も考えます。すべてのプロジェクトに共通するのは，算数を使って生徒の興味をそそる世界とのつながりを感じたり，表したりすることです。生徒がこのコーナーにいる時は，少なくとも二つのことを書き込む形でジャーナルをつけ続けます。毎回の授業の最初に，これまでにしてきたことを振り返ってまとめ，その日の目標を設定します。授業の最後には，目標に照らし合わせてしたことを書き，そして次回の計画も書きます。このジャーナルは，コーナーのファイルボックスにしまいます。

　日によって，マイナー先生はクラス全体を対象にした授業をすることもあります。たとえば，振り返りをしたり，算数ゲームをしたり，コンテストをしたりします。そういう日は，生徒をコーナーに振り分けるボードに名前が書かれることはありません。たまには，一つか二つのコーナーが「お休み」になることもあります。でも，ほとんどの日は，生徒は五つのコーナーのうちのいずれかを割り当てられます。1週間から10日の間で，生徒みんながすべてのコーナーに行くようにしています。2週間ぐらいの特定の期間内に，すべての生徒が同じ時間をそれぞれのコーナーで過ごすことも，同じ順番でコーナーを回ることもありません。同じレディネスの生徒と一緒になることもありますし，違うレディネスの生徒と一緒になることもあります。

　マイナー先生は，生徒が残すシートや，取り組んだ学習の成果物や，ジャーナルをもとにした評価を踏まえて，生徒がどのコーナーで取り組むのがいいのか判断しています。たとえばある日，彼女は6人の生徒と「教師が教えるコーナー」で二桁の掛け算の復習をしました。そのうちの2人は次の日も同じコーナーに残り，二桁の掛け算はよくできていましたが，数日風邪で休んでいた2人をこのコーナーに加えました。「教師が教えるコーナー」から移動した4人のうち2人は「証明コーナー」に行きました（そこでは，何組かのペアがいろいろな計算問題に挑戦していました）。残りの2人は，「練習コーナー」に行って，二桁の数字の計算に磨きをかけました。「プロジェクト・コーナー」では，8人の生徒が三つの異なる長期的なプロジェクトに取り組んでいました。でも，三つのグループのうちの何人かはその日は他のコーナーに行っていました。生徒は，メンバーが他のコーナーに行くことを知っています。しかし，各人のジ

ャーナルがグループに協力して取り組むメンバー全員の進み具合を教えてくれます。

マイナー先生は，クラスの生徒が到達しなければならない学習目標をよく知っており，いつもそれを頭の中に置いて計画を立てています。算数の習熟度が落ち始めた生徒に対しては，設定されている知識やスキルや理解を獲得すべく，彼らの壁を取り払い，溝を埋めるべく努力します。その過程で彼女は，学習の次のステップに出てくる内容も扱った課題や宿題や授業での直接指導の内容を計画します。一方で，高い習熟度を示した生徒に対しては，理解を促進したり，チャレンジのレベルを上げたり，学習の次のステップで扱う内容も使って，課題や宿題や直接指導を計画します。

**何をいかす？** ——「教師が教えるコーナー」「証明コーナー」「練習コーナー」「お店コーナー」では，内容も方法もいかしています。すべての生徒が数学的思考，応用，練習に取り組みます。マイナー先生が継続的に実施している生徒の強みや弱みの評価を踏まえて，特定の計算や難しさの度合いなどを調節しています。「プロジェクト・コーナー」では，成果物もいかしています。彼女は継続的に行っている学習者のニーズの評価を踏まえて，取り組む内容の複雑さ，取り組む期間，メンバーの構成，必要なスキルなどを変えています。

**どういかす？** ——マイナー先生は，生徒のレディネスをベースにして最初の四つのコーナーをいかしています。つまり，似たようなレディネスにある生徒は似たような難しさの課題に取り組みます。5番目の「プロジェクト・コーナー」だけは，しばしば異なるレディネスの生徒が同じプロジェクトに取り組むことがあります。4番目の「お店コーナー」は，異なる物や問題に取り組めるようにすることで生徒の興味関心の違いに対応します。5番目のコーナーは，常に生徒の興味関心を優先しています。そこでは，多様な選択肢と多様な成果物の表現の仕方を提示しています。2番目の「証明コーナー」では，さまざまな形で数学的に思考できる方法が異なる学習履歴や異なる理解の仕方などを踏まえる形で提供されています。

**なぜいかす？** ——レディネスに合わせて提示された方が，算数の計算にまつわる基本的な理解やスキルは得られやすくなります。異なる学び方や，

多様な物が使えたり，成果物をつくれたり，多様な生徒と一緒に取り組めることが，生徒のやる気を高めます。一斉授業や，すべての生徒がそれぞれのコーナーの同じ課題を同じ時間をかけてこなしていくよりも，生徒に応じてコーナーの使い方を変えた方が，学び方は（教え方も）より効果的です。

**その他の考慮点**——マイナー先生は，柔軟なグループ分けを際立たせる形でコーナーを使いこなしています。同じ直接指導を受ける「教師が教えるコーナー」でさえ，生徒がそこにいる時間は異なります。2番目から4番目のコーナーでは，たとえ同じコーナーにいても，異なるレディネスの生徒は異なる課題に取り組んでいます。そして，決まった順番でコーナーを回っていくわけではなく，生徒のニーズによってそこにいる時間も異なるので，生徒は「誰もがたくさんの違うことに取り組むのが算数の授業だ」と思っています。彼らには，能力別にグループ分けされているという意識はまったくありません。誰がなぜ，いつ，どこのコーナーで学ぶのかという点に関して，さらなる柔軟な要素として，生徒の興味関心に基づいて「お店コーナー」に振り分けたり（たとえば，スポーツ好きな生徒が，体育で必要な物の在庫を確かめ，必要な物を注文するような課題に取り組むことなど），生徒自身の選択で「プロジェクト・コーナー」で算数の応用プロジェクトに取り組んだりします。

# 課題リスト

課題リスト（Agendas）は，生徒が特定の期間内に仕上げるべき個人的な課題のリストのことです（表7.1を参照）。生徒に課される課題リストには，同じ内容もあれば，生徒によって異なる内容も含まれています。教師はたいてい，少なくとも2～3週間は使える課題リストを考え出しますが，実際の期間はさまざまです。

通常は，どの順番で課題リストの項目をするかは生徒が決めます。一日の特定の時間を「課題リスト・タイム」として確保します。小学校やブロック・スケジュール[注3]を導入している中学や高校では，一日の初めにこれを確保する

**表7.1 個人的な課題リスト**

| 完了した時の教師と生徒のサイン欄 | 課題 | 注意事項 |
|---|---|---|
| | 火山の様子を見ることができるコンピューター・アニメーションをつくりなさい。 | 科学的な正しさを無視しないように。 |
| | 自分で選んだ自伝を読みなさい。 | 読みながらメモを取るように。 |
| | コンピューター・コーナーで，緑の課題[注4] を完成する形で，分数の足し算を練習しなさい。 | お手上げの時は教師かクラスメイトの助けを借りるように。 |
| | 火山がなぜそこにあるのかを明らかにして，科学ニュースに載せなさい。 | 句読点とスペルの書き間違いには要注意。 |
| | 記事を書きなさい。記事を書いた後に，編集者が点検して，必要なところは修正しなさい。 | それらの間違いが，構成のスキルに悪影響を与えないように！ |
| | 言葉の学習を2サイクル回しなさい。[注5] | |

ことが多いです。あるいは，1週間に1回とか，生徒が通常の活動をし終わった時の地固めの活動としても課題リストは使われています。

　生徒が各自の課題リストに取り組んでいる間，教師は自由に歩き回って，各生徒の取り組み状況をチェックしたり，理解や進行を促すためのコーチングを行ったりします。また，この「課題リスト・タイム」の時に，少人数を集めてその生徒たちにとって必要な概念やスキルを直接指導することもできます。さらには，課題リストは教室でも宿題としても利用でき，あるいは全員に割り当てられた課題を完了した生徒の追加活動としても利用できます。

---

注3：通常の2時間分を1時間として教えたり，3時間分を2時間として，授業時間を通常よりも長めに設定したりする時間割のことです。

注4：緑のグループに割り当てられた課題のことです。生徒のグループも，名称も，メンバーの構成も頻繁に変わることが大切です。

注5：新しい単語（スペル）のリストを書き出し，それらを練習し，それらを使った文章を書き，互いに問題を出し合うといった活動を二度繰り返すことです。

## 小学5年生のほとんどの教科

　毎朝教室に入ると生徒は，上着と本をおいて，友だちやクレイター先生に挨拶をしてから各自の課題リスト・フォルダーが入っている箱のところに行きます。朝の連絡事項の後に，生徒はその日に取り組む課題リストの中の項目についての目標も含めて，その日の計画をジャーナルに書き込みます。教師の助けがほしいと思った生徒は，課題リストの箱の上の用紙にカンファランス注6を要望すると書き込みます。そして，生徒は自分の好きな場所に行って自分のやるべきことをはじめます。

　ほとんどの生徒は一人で，読んだり，書いたり，算数をしたり，調べたりします。でも教室の何箇所かでは，2～3人の生徒が固まって協力して課題に取り組む姿も見られます。

　クレイター先生は，全員が課題に集中し，きちんと取り組めているかを確認しながらクラス中を見て回った後に，3人の男の子たちに声をかけて，本棚の脇の床に自分と一緒に座らせました。その後の数分間は，前の日に彼らが完成させた火山のコンピューター・アニメーションについて話し合いました。彼らに，グラフィックがとても素晴らしかったことを伝えました。彼らは，喜びました。それから先生は，課題の目標を振り返るように言いました。その中には，アニメーションを見た人がどうして火山は噴火するのかを理解できるようにするということが含まれていました。この点に関して，生徒はラベルや注釈のつけ方の問題で，目標を達成できていなかったことを認めました。そこで先生は，修正するための計画を立てて，後で見せるように指示しました。

　次にクレイター先生は，2人で詩をつくっている女の子たちのところに移動しました。先生は，この2人が互いに大切なことを教え合えるのではないかと思って，2人での詩づくりを課題リストに含めたのです。ジェナは創造力豊か

---

注6：カンファランスは，作文教育にかかわるライティング・ワークショップ／作家の時間や，読解教育にかかわるリーディング・ワークショップ／読書家の時間の柱になる教え方です。生徒が書いたり読んだりしている最中に教師が子どもたちの相談にのる方法です。生徒が書き終わったり読み終わったりしたあとで，いくら教師が添削等の努力をしたところで，それは無駄な努力だというところから生まれました。カンファランスについてより詳しく知りたい方は，「WW＆RW便り」および「PLC便り」のブログを開いてから，左上の検索欄に「カンファランス」を入力してください。たくさんの情報が得られます。

で，言葉を絵筆のように使って読み手にイメージを描けるようにするのが得意なのですが，さらに練り上げる時に必要な粘り強さが欠落しています。ハンは英語が母語ではなく，小学2年生の時に米国にやってきたこともあって，創造性にはやや欠けます。でも，ハンは詩がとても好きで，熱心に取り組む姿勢は誰にも負けません。この2人なら一緒に楽しんで詩をつくれるし，クレイター先生は2人が互いの書いたものを高め合えると確信していました。先生は，2人に自分たちが書いた最新の作品を音読させ，いいと思ったことを何点か指摘した上で，残りの課題リスト・タイムで取り組める二つの課題を指摘し合うように言い残しました。

　クレイター先生が生徒の課題リストをつくる時は四つの目標があります。それは，①各教科の一つないしそれ以上の学習目標に生徒が取り組めるようにすること，②生徒の強みをいかすこと，③弱みを補強すること，そして④自立を促進すること，です。したがって，個々の生徒の課題リストはこれらの要素に取り組むようになっています。2〜3週間で一つのサイクルを回すことになっていますが，その間生徒は複数の教科に，基本的な知識や理解やスキルを習得するだけでなく，練習したり，応用したり，転移させたりすることも含めて取り組みます。得意なものにも，不得意なものにも取り組みます。全員が，毎日と週毎の目標を設定し，振り返りも行います。みんな，一人かペアで取り組みます。課題リスト・タイムの期間中に，教師と事前に予約を取るか，それともその時々の必要性に応じてカンファランスを行います。それは，教師が求めて行う場合もあれば，生徒が希望して行う場合もあります。

　クレイター先生は，課題リストは生徒の異なるレディネス，興味関心，学習履歴に注意を向けるのにとてもいい方法だと思っています。この時間は，すべての教科で生徒を成長させたり，サポートしたりできるからです。生徒は一日のはじまりを静かにスタートできることと課題リストが提供してくれる自主性がとても気に入っています。

**何をいかす？**　——課題リストを使うことで，クレイター先生は扱う内容，教科，教科の中のテーマ，そして教師のサポートの必要性など，内容に関するあらゆるものをいかすことができます。難しさのレベルや意味をつくり出す方法を多様にすることで，その方法や理解のさせ方もいかせます。

第7章　一人ひとりをいかす多様な教え方　131

　　　さらに，課題リストはペース（進み具合）の違いをいかすことも可能です。
　　生徒は，特定のスキルや概念を理解するのに異なる量の時間を割くことが
　　できるのです。課題リストは，十分な時間を提供し，生徒の計画，探究，
　　考えの質，最終成果物に対して教師が絶えずモニターしたり，コーチング
　　したりすることで，成果物のいかし方も可能にしてくれます。

**どういかす？**　──課題リストは，生徒のレディネス，興味関心，学習履歴
　　に応じて臨機応変に変更できます。クレイター先生は似たようなレディネ
　　スの生徒も，異なるレディネスの生徒も集められます。特定の分野で遅れ
　　ている生徒や，学習目標を達成してしまった生徒を集めることもできます。
　　先生は，チャレンジの程度が適切なレベルの課題に個々の生徒を取り組ま
　　せることもできます。彼女は，学習の条件や学び方を変えることで，生徒
　　の探究の仕方や学んだ成果の発表の仕方を変えることができます。生徒は，
　　一人で，あるいは数人で協力して取り組むことができます。課題リストは，
　　生徒の興味関心もいかせます。課題リスト・タイムでは，一人には音楽を
　　使った分数，別の生徒には野球選手のトレーディング・カード[注7]を使っ
　　た分数，さらに別の生徒には株式レポートを使った分数など，個々に適し
　　た課題に取り組めるチャンスを提供します。

**なぜいかす？**　──クレイター先生は，まだ比較的新米の先生です。そして，
　　生徒は多様な興味関心と，すべての教科で多様なニーズを示しているので，
　　すべての教科でカリキュラム（教える内容）と教え方を一日中修正しなが
　　ら進めることは荷が重すぎます。課題リストを使うことで，クレイター先
　　生は一日の特定の時間のみで一人ひとりをいかすことに焦点を絞ることが
　　でき，多様な生徒のニーズを満たすことができます。彼女は，課題リスト
　　で一人ひとりをいかすことに満足していますし，今の自分のキャリアでは，
　　すべての教科で毎日一人ひとりをいかす授業を行うことよりも，朝一番の

注7：トレーディング・カードは「個々に異なるさまざまな種類の絵柄の交換（トレード）や収集（コ
　　レクション）を意図して，販売・配布されることを前提につくられた鑑賞用・ゲーム用のカード」
　　で日本では「トレカ」と呼ばれるものです。プロ野球チップスに付けられている選手のカードが典
　　型例。ここでは，生徒が興味をもつトレカというモノを使って，割り算や分数の計算をさせる，と
　　いう意味だと思います。あるいは，そのトレカの価値を計算によって考えることなども含まれてい
　　るかもしれません。

課題リスト・タイムのみに集中して計画して取り組んだ方がいいと思っています。

## 複合的プロジェクト

複合的プロジェクト（Complex Instruction）は，特に能力や文化や言語面で不均一なクラスの多様な学業レベルの生徒に対応する方法です。[19, 104] その目標は，知的に取り組みがいのある内容や小グループ指導を使って，すべての生徒に学習機会の公平さを実現することです。他の効果的な教え方と同じように，複合的プロジェクトは複雑で，十分な計画と振り返りが欠かせません。しかしながら，それによる見返りも大きなものがあります。複合的プロジェクトではクラス全員の貢献が尊重され，すべての生徒にとって高いレベルの指導も確保されます。

複合的プロジェクトには次のような特徴があります。

- 生徒は異質な小グループで活動します。
- メンバー全員の知的な強みを引き出すように計画されています。
- オープンエンドです。
- 生徒が興味関心のもてる内容を扱います。
- 多様な解法と，それに至る道筋があります。
- 本当にあるものを扱います。
- （もし多様な言語の必要があれば）指示は多言語で出されます。
- 望ましい目標を達成するために読むことと書くことを統合した形で学びます。
- 世の中で本当に使われている形で多様な能力を引き出し，磨きます。
- マルチメディアを使います。
- いい成果物をつくり上げるには，異なる才能を引き出す必要があります。

効果的な複合的プロジェクトに以下のものは含まれません。

第7章　一人ひとりをいかす多様な教え方　133

- 一つの正解しかない課題。
- グループのメンバーのうち一人か二人だけが効率的にできてしまう課題。
- 低次の思考力[注8]しか使わない課題。
- 暗記しか求められない課題。

　複合的プロジェクトを使う教師は活動に取り組んでいる生徒の間を歩き回り，生徒に質問し，考えていることを問いかけ，そして理解を促進します。時間と共に，学びの権限を徐々に生徒に移行していきます。さらに生徒が権限をうまく使いこなすのに必要なスキルを身につけられるようにサポートします。

　そして，教師にとってとても重要な二つの役割は，生徒の知的な強みを見いだすことと一人ひとりが自分の強みをいかして活躍できるようにすることです。伝統的な協同学習が失敗するのは，生徒は誰がよくできて，誰はできないかをよく知っているからだ，とコーエンは指摘しています。[◆19] できる生徒はグループの課題を完成する責任を与えられたり，責任を引き受けたりします。一方で，できない生徒は課題を完成する責任を手放したり，放棄したりします。これは，学校で提供されている課題の多くが記号化されたものを解読したり，計算したり，暗記したりするというレベルだからだとコーエンは指摘しています。[注9] そのレベルのことが学校での出来・不出来とイコールであると生徒も教師も捉えています。

　複合的プロジェクトは，アイディアをつくり出したり，質問を考えて調査したり，アイディアを抽象化して表現したり，アイディアを解釈したり表現するのにリズムを使ったり，仮説を立てたり，計画を立てたりすることなどを含め

---

注8：1956年にシカゴ大学の教授だったベンジャミン・ブルームが「思考の六段階」を提示しました。一般的に，低次の思考は，暗記する（覚える）と理解するで，高次の思考は，応用する，分析する，統合する，評価するとされています。しかし，「理解する」を吟味するとその広さと深さに驚かされます。興味のある方には，『理解するってどういうこと？』（エリン・キーン著・新曜社）がお勧めです。

注9：この教え方に「複合的な」（ないし「複雑な」）という名称をつけた理由は，ここにあるようです。暗記レベルの単純な課題では，生徒が協力し合う必要性を感じられないからです。能力や文化や言語などの面で多様な生徒が一つのクラスに存在し，そうした生徒を対象に協同的な学習を実現することを目指すのが複合的プロジェクトで，スタンフォード大学のエリザベス・コーエンによって開発された方法です。http://nrich.maths.org/7011 で，複合的プロジェクトの方法と数学への応用の仕方が説明されています。

て，より広範の知的スキルを要求します。教師は生徒一人ひとりの強みを把握するために継続的かつ系統立てて観察し，それをもとに複合的プロジェクトの課題を計画します。

　教師が生徒の強みを見いだし指摘するために，グループ活動をしている間に鍵となる出来事，つまり（特に，できがいいとは思われていない）生徒が価値のある意見や提案を言ったことなどを探します。教師はその生徒が言ったことをグループのメンバーに伝え，なぜそれがグループ全体の取り組みに貢献するのかも説明します。それによって，生徒はお互いを異なる視点で見始め，多様な知的さと強みを踏まえた言葉遣いができるようにもなっていきます。最後に，複合的プロジェクトの課題をクラスに発表する時，それを達成するためにどれだけたくさんの知的な活動が必要かを生徒がリストアップするように教師はサポートします。それによって，誰かが必要なスキルはもっていても，誰もすべてのスキルはもっていないことを生徒は理解します。

## 高校2年生の国語

　マクリアリー先生の高校2年生の国語のクラスで，生徒は作家たちの生活と作品は密接に結びついていることについて学習しています。彼らはいままで詩なども含めて，多様な文学を読んできましたし，作品は「鏡と比喩」であることを学んできました。つまり，作品は大きなテーマの比喩であり，自分自身と取り巻く世界をよりよく理解できるように読み手にとっての鏡を提供する役割を担っていることなどについて学びました。最近，生徒は自分自身にもっとも影響があった人生の中でのハイライトを「飛び石」のような図に書き込み，それをもとに文章を書くという課題に取り組みました。

　今日から，マクリアリー先生の生徒は複合的プロジェクトの課題に取り組み始めます。最初の4〜5時間は，小グループになって課題を完成させ，その後で自分たちが学んだことをクラス全体で共有し合います。この期間の宿題もグループの課題に絞られます。この課題は今学期の主要な評価の一部になります。マクリアリー先生はそれぞれのグループに課題のカードを配りました（図7.1を参照）。

　**何をいかす？**　──マクリアリー先生は，多様な読みのレベルや言語の本や，

第7章　一人ひとりをいかす多様な教え方　135

　私たちは，作家の人生が，書くことも含めて，彼らが行動や業績を通してつくり上げた比喩として捉えることができると学んできました。よい作家は読者の人生や感情を振り返らせることによって，読者に「鏡」を提供するということについても学びました。ロバート・フロストは「The Road Not Taken（歩む者のない道）[注10]」という詩を書いています。あなたたちへの課題は，フロストの人生の比喩として，そして私たちの人生の鏡として，この詩を分析することです。以下の手順で行いなさい。

1. この詩を見つけて，読み，解釈して，その中で何が起きているのか，そして何を意味しているのかの合意をグループで達成しなさい。
2. フロストの一生について調べ，自分の人生について描いたタイムラインと同じようなフロストの人生のハイライトを書き出しなさい。
3. フロストの「木々の中の旅」に沿うサウンドスケープ[注11]をつくり出しなさい。音楽や音や音響効果やパントマイムやからだを使って銅像になったり，ナレーションすることを通して，まっすぐな道や目印となる目標物や決断を下す地点など，聞き手が体験しながら「木々の中の旅」で感じることを理解できるようにすることが目的です。プレゼンテーションの台本をつくるのも忘れないようにしてください。
4. フロストの人生と詩の比喩的な関係を表す言葉やイメージを使いながら，1〜3をまとめる形でプレゼン用のシートをつくりなさい。
5. 詩の中の鍵となるアイディアを，私たちが多少知っていて，もっと詳しく知りたい有名人の人生や経験に当てはめてみなさい。そのように当てはめてみて，その人と詩との関係を明らかにすることで，文学が自分たちのことを理解するのにどれだけ役に立つのかをクラスメイトたちがわかるように発表しなさい。
6. 最終成果物は，自分たちの比喩と鏡に関する理解や，意味を伝えるための多様なアート形式の間にある関係や，あなたが取り組んだ詩人や詩の詳細をしっかりと押さえているようにしなさい。

　いつものように，メンバーに最適な役割を配分するように，グループのまとめ役，材料係，記録係，タイムキーパーを指名しなさい。誰もがグループの目標にしっかり貢献でき，一人がすべてを担えるわけではないことを思い出してください。時間の制限があるので，活動のためのスケジュールやカンファランスのタイミングを含めて，しっかり事前計画を練る必要があります。グループの成果物を評価する基準を共有することもお忘れなく（これは評価の大事な要素であると同時に，自分たちのグループとして質の高いプレゼンテーションとは何かを表すものです）。プレゼンテーションの時間は最長20分で，その後に10分間の質疑応答の時間があります。プレゼンテーションは，二つのグループが相互に発表役と聞き役（＝質問をする役）になる形で行います。

**図7.1　複合的プロジェクトの課題カードのサンプル**

注10：「The Road Not Taken」で検索すると，何人かが訳してくれているのが見られます。「選ばれ
　　　ざる道」ないし「誰も選ばなかった道」などとも訳されています。
注11：直訳すると，「音風景」で，イメージすることを音で表したもののことです。

ビデオや音楽などの資料を提供しながら，内容をいかすために複合的プロジェクトの課題を使っています。彼女は，すべての生徒が同じ基本的な理解を獲得することを押さえながらこのことを達成しています。彼女は，多様な内容や取り組みを含んだ課題を提供することによって，生徒がいろいろな方法でアイディア（概念）の意味を理解できるように，方法をいかしています。ここでは，生徒は大きなプロジェクトの一側面に特化することで，20分間のプレゼンテーション（最終成果物）がいかされています。

**どういかす？**　——マクリアリー先生は複合的プロジェクトを使うことで，多様な材料を通したレディネスをいかしたり，伝記のテーマの選択を通した興味関心をいかしたり，マルチ能力を踏まえた探究や表現の仕方の選択を通した学習履歴をいかしたりしています。

**なぜいかす？**　——この事例は，個人ではなくグループでの取り組みによる学びと表現の選択のいかし方を説明してくれています。マクリアリー先生は，異なるレディネスや興味関心や学習履歴をもった生徒が互いを尊重し合いながら協力して課題に取り組んでほしいと思っています。それが異質なグループを選択した理由で，その状況の中で各人のニーズを押さえ，成功を確保するために努力を惜しみませんでした。

## 周　回

クリス・スティーヴンソンは，周回学習（Orbital Studies，以下「周回」と略す）は平均的な学習者の共通点と相違点を扱うのに最適だと提案しています。◆85, 86 確かに，周回はどのレベルの学習者にも容易に適応可能です。周回は3〜6週間をかけて個別に行う探究学習のことです。生徒がカリキュラムの大切な部分の周りを惑星のように「周回」するイメージです。生徒自身が周回するテーマを決めます。生徒は教師の指導とコーチングを得ながら，テーマとプロセスに関して専門性を高め，自立した探究者となっていきます。教師は，学習目標の重要な知識，理解，スキルが間違いなく周回の最終成果物に統合されるようにルーブリック（評価基準表）を準備します。これによって，生徒は自分の興味あるテーマを扱いながら，教室で学習することが外の世界とつながって

いたり，転移したりするのを体感することができます。

　周回は，すべての生徒が知識とスキルを身につけ，そして共有し合うことで自尊感情を高められるという前提をベースにしています。ボーイ・スカウトの技能章とは違い，周回では生徒が与えられたリストから選ぶのではなくて，自分でカリキュラムとは切り離せないテーマを決めます。スティーヴンソンは，取り組むことのできる最初のリストは，生徒の興味関心を把握するアンケートに親やメンターの提案を加える形でつくれると提案しています。

## 中学 1 年生のあらゆる教科

　周回はおもしろいし，自分たちの自立を助けてくれるので，ハンド中学校の1年生たちは周回で学ぶのを気に入っています。この方法はカリキュラムをうまく統合してくれるし，生徒が自分たちの強みや興味関心のあるところで取り組めるので，教師も周回を好んでいます。

　生徒と保護者に周回とは何か，なぜ重要なのか，どのように機能するのか，周回に関する資料などを提供するために，ハンド中学校の1年生担当の教師は周回に関するウェブサイトを立ち上げました。年度初めに，教師は生徒とこのウェブサイトを見直し，保護者にもリンク情報を送りました。ウェブサイトは周回の一般的な特徴を説明しています。

- 周回は，生徒が興味をもつことができる，カリキュラムに関係するテーマに焦点を当てます。
- 書くことを含めて，大切な学習目標は周回に埋め込まれています。
- 生徒は3～6週間，周回に取り組みます。
- 生徒が考えた探究のための問い，計画，プレゼンテーションの方法，質の高い成果物のための評価基準をつくるのを教師はサポートします。
- 教師は，自分の興味関心とマッチする生徒たちのコンサルタント役になって，探究の間継続してサポートします。
- どれだけの時間を費やしたか，どんな資料を使ったか，探究の過程でどんなアイディア（概念）やスキルを獲得したか，授業で学んだどのアイディアやスキルを周回で活用したかなどをジャーナルに記録することも大切で

す。加えて，生徒は少なくとも5人のクラスメイトを対象にした10〜20分のプレゼンテーションをします。それには，用紙1枚分の資料か視覚化したプレゼンテーションが不可欠です。さらに，クラスメイトからプレゼンテーションの内容と方法へのフィードバックを得る方法をつくり出して，活用していかなくてはなりません。

　年間を通して教師は，個別か小グループの生徒を対象に，テーマの選択とそれに焦点を合わせること，ジャーナルをつけること，資料（紙媒体，ネット，そして人材）を見つけて活用すること，計画して時間をうまく使いこなすこと，達成目標に照らし合わせて進捗状況を確認すること，効果的な口頭でのプレゼンテーションを行うこと，資料や視覚化への鍵となるアイディアを抽出することなどでサポートを提供し続けます。これらは，やるべきことを達成して時間のある小グループを対象にしたミニ・ワークショップの形か，あるいは，クラスメイトと一緒に取り組むことができて，授業以外の時間に教師が確認できるアプリを使いオンラインで計画づくりのセッションをするという形で行われます。

　すべての教師が生徒の計画，探究，時間の管理，プレゼンテーションをサポートする責任を負いますが，教師自身が特に興味をもっていたり，専門性の高い分野の周回のコンサルタント（アドバイザー）の役割も担ったりします。たとえば，数学の教師がサイエンス・フィクションのファンだったり，英語の教師がジャズについてたくさん知っていたりする場合などです。教師も生徒も，教師が自分の専門教科以外の興味やスキルをもっていることをうまくいかしているのです。

　生徒が教師にコンサルタントになってくれるように依頼します。すでにたくさんの個人やグループのコンサルタントになっていない限りは，教師はこの依頼を受け入れます。引き受けられない場合，教師は同僚たちの中から他の先生の可能性を提案します。すべての教師は，周回で学んでいることが生徒の才能や興味とどう結びつけられるのかを見えるように手助けします。教師はまた，周回で学んでいることが他の教科と関連づけられるように生徒をサポートします。生徒は年間に一つの周回を完成しなければなりませんが，複数の周回に取

り組むこともできます。テーマは自分が選ぶのでおもしろいし，教師から得られるサポートも豊富なので，年間を通して周回に取り組み続ける生徒がたくさんいます。

以下に紹介するのが現時点で生徒が取り組んでいる例です。

- タキーシャは，自分の好きな芸術や肖像写真と米国史をうまく結びつける形で，米国の影のヒーローやヒロインたちのデジタル壁画[注12]づくりに取り組んでいます。彼女は，米国をよくしたあまり有名ではないあらゆる人種と年齢の男女のヒーローたちについて調べています。そして壁画は彼女が発見したことを反映します。彼女には劇をつくる才能があったのでシナリオを書いて，自分自身（の声や身振り）を活用してデジタル壁画のサウンドトラックをつくったのです。
- セマジは，自分の理科と数学の両方の知識を伸ばすことになるロケットをつくっています。その過程では，学校でほとんど機会が与えられないたくさんの手を使った作業もできます。
- ジャイクとエリーは，文学の主要な要素を織り交ぜたマンガ本を作成しています。彼らは学校で扱ってほしい文学としてサイエンス・フィクションのあら筋を練っています。
- レクシーは，自分の家の近くの公園でテニスをしています。この体育の授業の延長として位置づけられる周回は，中学3年生のボランティアの協力で実現し，彼女はサーブとストロークを上達すべく練習しています。このレッスンは，彼女の2人のクラスメイトと父親によってビデオ撮影され，この周回の過程を通じて，彼女は（体育の教師によって提供された）プロ選手のビデオと比較する形で見直します。彼女は最終的に，テニスに興味のある生徒と自分が学んだことを共有する計画です。
- サッカーが大好きなデイヴィッドは，地理と文化の学習の延長として，これまでにワールドカップで優勝した国々について調べています。
- ルイスは，同じく地理と文化をつなげるべくエスニック料理について学ん

---

注12：壁に描かれた絵をスマートフォン等のビデオカメラ機能で撮影し，それに音楽や語りなどを重ねたものです。

でいます。もう少し大きくなってアパート暮らしを始めるようになったら，友だちを招いてご馳走したいので，料理ができるようになることは大切だと考えています。それまでは，学んだことを家族や友だち相手に試しています。彼は，デジタルの料理本をつくっています。

　周回の多くは家で行われます。しかしながら，各教科で周回の探究や関連スキルを扱う時間も確保されています。生徒は，授業中にすべきことが終わったら，余った時間は周回に使っていいことを知っています。教師は学校のメディア・スペシャリストと美術教師の協力を得て，家でそうした機材が得られにくい生徒を中心にサポートします。第三金曜日は，終了した周回の発表の日と決まっています。教師が研究会や学会等で自分の参加したいセッションを選ぶのと同じようにして，生徒は自分の興味のあるプレゼンテーションがある時はサインして，参加することができます。参加者全員がプレゼンテーションをした人にフィードバックを提供します。プレゼンテーションに参加しない生徒には，自分の周回に取り組むか，他の授業に追いつく努力をするか，あるいは自分の学習のことで友だちの助けを借りるかの選択肢があります。

　中学1年生の四つのクラスは周回のプレゼンテーション用のエリアを決めています。残りは，個人かペアで静かに作業をするエリアになっています。もし作業するエリアにいる生徒がその時間の計画をもっていない場合は，教師が適切な作業を提供します。もしたくさんの生徒たちがプレゼンテーションの準備をした場合は，二つのクラスはプレゼンテーション用に使い，一つのクラスは個人やペアで静かな作業用に使い，残りの一つのクラスをあらゆる教科を担当する教師のサポートが得られる場所として使います。

　周回のプレゼンテーションに参加した後，教師は同学年の同僚たちと感想を共有します。チームとして，生徒が周回で学んでいることと他の教科で学んでいることのつながりを最大限にすべく努力します。教師がつながりを見過ごした時（あるいは，つかみ損ねた時）は，生徒がたいてい気づいて教えてくれます。周回のプレゼンテーションはビデオに撮られ，次年度以降の生徒がアイディアを探したり，質の高さを確保したりするために利用されます。

　**何をいかす？**　——周回は内容（生徒が自分で探究するテーマを選びます），

方法（生徒が自分で計画を立てます），成果物（生徒が学んだことの表現の仕方もたくさんの選択肢の中から自分で選びます）をいかしています。周回では，教師の選択ではなく，生徒の選択で内容も方法も成果物もいかされるのです。教師は，生徒のプレゼンテーションの準備と成功に向けて，そして周回のプロジェクトに教科の知識を応用できるようにするために，積極的にコーチングをし続けます。

**どういかす？** ——周回は生徒の興味関心（テーマの選択と学んだことの表現の仕方）と学習履歴（自分の取り組む条件と好みのマルチ能力の選択）をいかすことに焦点を当てています。ここでも，教師は生徒の選択と成長をモニターし，質の高い最終成果物をつくるためにコーチングをするという主要な役割を担っています。

**なぜいかす？** ——生徒は，学校ですることや学びのプロセスが自分で決められ，自分が好きなことをして，輝けるのであれば，やる気を出します。周回は生徒に何を学ぶのか，自分が学んだことをどう共有するのかを選択させ，教室で学んだ重要な知識やスキルを他の領域に転移させます。周回は教師にも，生徒がより自立的な学習者になることを系統的に助ける方法を提供しています。

・・・

職人は，プロだろうとアマチュアだろうと，いい仕事をするために適切な道具を選ぶことの大切さを思い出させてくれます。同様に，教室で適切な教え方を選ぶことは，生徒に提供する学習経験の質を左右します。その教え方を，カリキュラムで押さえることと，学習者のニーズにマッチさせることは欠かせません。同時に，内容か，方法か，成果物のいずれをいかすのかという目標をしっかり押さえることも大切です。いつどのように生徒のレディネス，興味関心，学び方に応えたらいいのかを教師が知っていることや，なぜ特定のアプローチが特定の生徒の学びに貢献するのかを把握していることは大きな違いを生みます。

# 第8章

# 一人ひとりをいかすもっと多様な
# 教え方

　　四六時中いろんな何かが起こっているから，この授業は好きです。他の授業で
は毎日ランチで食べるピーナツバターのサンドイッチみたいにおきまりのことが
続くのですが，この授業だけは，先生が料理の仕方をほんとによくわかっています。
品数の豊富なメニューでほんとうにおいしいレストランを切り盛りしているみた
いな感じです。

中学2年生の授業評価コメントより

　すべての学習者が同じレディネス・レベル，興味関心，学習へのアプローチ
をもっているかのように教えるのとは対照的に，小グループや一人ひとりのニー
ズを教師がしっかりと見きわめるようにいざなう多くの教え方があります。
第7章では，一人ひとりをいかすことを促進する方法として，コーナー，課題
リスト，複合的プロジェクト，そして周回を紹介しました。この章で私たちは，
センター，多様な入り口，段階的活動，契約，そして，三つの能力について紹
介します。また，簡潔にはなりますが，グループワーク，選択のための掲示板，
ブッククラブ，ジグソーにも触れます。それらはすべて，クラスの全員で探究
するユニット学習やテーマ学習が進行している中で，一人ひとりのニーズや小
グループのニーズに教師が目を向けようとする場合に役立つ教え方です。

## センター

　教師は，多様な生徒の学習ニーズに柔軟に応じるために，長年「センター」という教え方を使ってきました。センターはいくつかの点で「コーナー」（120〜127 ページ）とは違っています。コーナーは相互に関連し合って機能しますが，センターは違います。たとえば，ある教師が一つの授業の中で，理科センターも，ライティング・センターも，アート・センターも，つくるかもしれません。しかし，あるテーマや一連のスキルをマスターするために，生徒がそのすべてに加わる必要はないのです。第 7 章で紹介した算数の授業でのいくつものコーナーのことを思い浮かべてください。そこでは，多様な算数の概念やスキルをマスターするために，生徒全員が複数のコーナーを順繰りに回っていました。そうしたコーナーは相互につながり合っていましたが，センターは違います。

　教師はいろいろなやり方でセンターを使います。ですから，センターの定義も教師によって違うのです。一人ひとりをいかす指導にとって特に有益な 2 種類のセンターがあります。〈学習センター〉と〈興味関心センター〉です。本章のこの部分では，この 2 種類のセンターをつくるための手引きを考え，提供しますが，読者は自分自身のニーズや生徒のニーズに合うように，そうした提案を自由につくり替えてください。

　私の定義によれば，〈学習センター〉とは，生徒に知識やスキルや理解を教え，使い方を示し，それらを拡張するためにデザインされた，たくさんの活動や教材をそなえた教室内の特定の場所のことです。〈興味関心センター〉とは，生徒おのおのが興味関心をもっていてテーマを探究していくよう動機づけるためにデザインされた教室内の特定の場所のことです。一般的にセンターは次のようなものであるべきです。

- 重要で，はっきりと自覚された学習目標に焦点を当てる。
- そうした目標に向かって一人ひとりの生徒が成長する手助けをするような教材がある。
- 幅広い読みのレベルや学習履歴や興味関心に対応する教材や活動を使う。

第8章　一人ひとりをいかすもっと多様な教え方　145

南北戦争について学習センターで学ぶ小学5年生

- 簡単なものから複雑なものまで，具体的なものから抽象的なものまで，かっちりと仕組まれたものからオープンエンドなものまでの，多彩な活動がある。
- 生徒に明確な指示を出す。
- 支援が必要な場合，その生徒が何をすべきかということについて指導を提供する。
- 主な課題をやり終えてしまった後に，生徒が何をすべきかということについての指示がある。
- 各センターで生徒がしたことや，その質をモニターして把握するために，映像や音声を記録できるシステムを使う。
- センターで生徒が行う課題を改善したり，生徒により適した課題を割り当てたりするために，形成的評価を使う。

生徒がいくつかのセンターで何を学ぶかということや，そのセンターで生徒がどのように学ぶかということを計画する際に，生徒と共有しながらそれを進めることも可能ですが，学習センターの教材と課題は基本的に教師がつくります。そうした教材と課題は，特定の知識や理解やスキルをマスターすることに

も，マスターした知識やスキルを拡張することにも対応できるものとなるでしょう。

## 小学2年生と3年生（多様な教科）：恐竜についての理科学習センター

　フーパー先生は，小学2年生と3年生が混在する多年齢の教室で教えています。この年齢の多くの生徒と同じく，この教室の学習者は恐竜に魅せられています。フーパー先生は生徒の自然な好奇心を引き出したいのですが，パターンや分類や適応や変化といった科学的な概念を理解させるために，この恐竜についての学習を使いたいとも考えています。

　理科での恐竜についての学習では，しばしば，クラス全体で先生のお話を聴いてから，恐竜についてのビデオを見て，恐竜の絵や骨格からわかることを，まるで科学者にでもなったかのように話し合い，自分たちで恐竜を分類してそれを図にまとめます。フーパー先生は，大事な鍵となる理解やスキルを生徒一人ひとりが確実に手に入れられるようにするために，理科学習センターを使います。次の2週間，まるで古生物学者のようにいろいろな恐竜の模型を分析するために，生徒全員が，恐竜についての理科学習センターを訪れることになるでしょう。このセンターでの学習の一部として，生徒は，恐竜がどのように環境に適応したのかということを学習することになるでしょう。しかし，この多年齢クラスでは，生徒の思考と読みのスキルの幅はとても広いのです。いろいろな恐竜についての生徒の既有知識と興味もさまざまです。

　理科学習センターにはプラスティック製のいろいろな恐竜の模型があります。恐竜の絵もありますし，骨や歯や皮膚や足跡の化石もあります。恐竜の骨格模型もありますし，恐竜について書かれた本や，恐竜をかたどった塗り絵本もあります。また，多彩なアート作品や書くための道具もあります。生徒への指示はカードに書かれ，小さなデジタルレコーダーに記録されます。生徒は，「今日の古生物学者たち」と題された模造紙の上に自分の名前を見つけて，センターで何をやるかということを知るのです。

　フーパー先生は，センターの中のカードに書かれたりデジタルで記録された指示によって，生徒の作業を導きます。この作業には，いろいろな模型などを調べたり，それについて観察したりすることが含まれます。理科の学習センタ

ーでは，すべての生徒が，パターンという概念や，分類や予測のスキルや，自然界のパターンを調べることがよい予測をする手助けになるという理解に取り組むことになります。生徒は２週間の間，繰り返し，このセンターで学習することになります。また，彼らは，誰も使っていない時や，生徒の選択時間[注1]に，センターを訪れようとするかもしれません。２週間の初めに，まだ基礎的な課題に取り組んでいる生徒は，自分たちよりも進んだ生徒がすでに終えた課題について少し後になってから取り組むことになるかもしれません。

今回このセンターで学習する古生物学者たちの中には，もうすぐ９歳のジーナと，まだ７歳のジョーダンがいます。二人とも読むことに困難を抱えているので，今の時点では，かなり明確に設定された学習課題を必要としています。彼女らの模型入れの箱には，恐竜の歯の二つの模型と，プラスチック製の恐竜の全体模型が三つ入っています。彼女らに与えられた課題は，その二つの歯からその動物の食べ物を予測して，三つの恐竜の模型の両足と首と両手をよく見てそれらの特徴から何がわかるのかを考えることでした（次ページの図8.1参照）。彼女たちは最終的に，別の恐竜の模型をセンターから選び出して，それらの特徴をよく調べることで予測を立てます。デジタルレコーダーを使えば，読みの手助けをしてくれるでしょう。また，このセンターでの彼女たちの作業を手助けできるように，フーパー先生はジーナとジョーダンが一緒に作業するようにしていました。

別の日，８歳のミーシャとまだ６歳のカーラも似たような課題に取り組んでいました。それは，彼女たちの高い読みと分類のスキルや，恐竜の知識が多いことに応えようとしてフーパー先生が計画したものです。これも，デジタルレコーダーを使って指示が出されていました。彼女たちの模型入れの箱には，骨格と何本かの骨と歯の化石と，それぞれに名前を書いたラベル付きのたくさんの恐竜の絵が入っていました。ミーシャとカーラのような生徒は，こうした模造品を使って，恐竜の環境への適応についての予測をするように求められています。彼女らの課題シート（図8.2参照）は「古生物学者のように考える」ことを求めるもので，彼女たちの課題の複雑性と自由度の高さを反映しています。

___

注1：時間割の中に含まれている各自が好きなことに取り組める時間のことです。

1. 緑の恐竜はヒプシロフォドンです。

それは＿＿＿＿＿＿＿首をしています。
　　　　長い／短い
それには＿＿＿＿＿＿＿＿＿＿＿＿＿＿＿足があります。
　　　　　　長くて細い／短くてずんぐりした
それは＿＿＿＿＿＿＿＿＿＿＿＿＿＿＿＿＿＿＿＿＿＿＿＿のにいいです。
　　　　　高い木の葉を食べる／地面の近くに生えている草を食べる
それらは＿＿＿＿＿＿＿＿＿＿＿＿のに適しています。
　　　　　　ゆっくり歩く／速く走る
自分の身を守るためにこの恐竜は＿＿＿＿＿＿＿＿＿＿＿＿＿を使います。
　　　　　　　　　　　　　爪／角／逃げ足／太いしっぽ
この恐竜は長いしっぽを＿＿＿＿＿＿＿＿＿＿＿＿＿＿＿使います。
　　　　　　　　　　泳ぐために／バランスをとるために

2. 灰色の恐竜はトリケラトプスです。

それは＿＿＿＿＿＿首や先のとがった歯や口先をもっています。
　　　　長い／短い
それらは＿＿＿＿＿＿＿＿＿＿＿＿＿＿＿＿＿＿＿＿＿＿＿＿のにいいです。
　　　　　高い木の柔らかい葉を食べる／地面の近くに生えている太い草を食べる
それは＿＿＿＿＿＿＿＿＿＿脚をもっています。
　　　　短くて太い／長くて細い
それらは＿＿＿＿＿＿＿＿＿のにぴったりです。
　　　　　ゆっくり歩く／走る
自分の身を守るために，この恐竜は＿＿＿＿＿＿＿＿＿＿＿＿を使います。
　　　　　　　　　　逃げ足／爪／角／太いしっぽ

3. 茶色の恐竜はエウオプロケファルスです。

それは＿＿＿＿＿＿＿＿ためのりっぱな脚をもっています。
　　　　速く走る／歩く
それは口先をもっていて，たぶん＿＿＿＿＿＿を食べるためのものです。
　　　　　　　　　　　　　植物／動物
自分の身を守るために，この恐竜は＿＿＿＿＿＿＿＿＿＿＿＿＿を使います。
　　　　　　　　　　逃げ足／太いしっぽ／装甲／骨角

4. 他の恐竜を選んでそれについて説明しなさい。イラストをつけてもかまいません。

**図 8.1　選択肢から選ぶ理科学習センターの課題：恐竜ワークシート**

第8章　一人ひとりをいかすもっと多様な教え方　149

| 恐竜 | 脚 | しっぽ | 歯 | その他の特徴 |
|---|---|---|---|---|
| ヒプシロフォドン<br>  | 状態<br><br>目的 | 状態<br><br>目的 | 状態<br><br>目的 | 状態<br><br>目的 |
| トリケラトプス<br>  | 状態<br><br>目的 | 状態<br><br>目的 | 状態<br><br>目的 | 状態<br><br>目的 |
| エウオプロケファルス<br>  | 状態<br><br>目的 | 状態<br><br>目的 | 状態<br><br>目的 | 状態<br><br>目的 |
| ティラノザウルス<br>  | 状態<br><br>目的 | 状態<br><br>目的 | 状態<br><br>目的 | 状態<br><br>目的 |
| ステゴザウルス<br>  | 状態<br><br>目的 | 状態<br><br>目的 | 状態<br><br>目的 | 状態<br><br>目的 |
| あなたが選んだ恐竜<br>（名前を記入） | 状態<br><br>目的 | 状態<br><br>目的 | 状態<br><br>目的 | 状態<br><br>目的 |

図8.2　調べて書く理科学習センターの課題シート：古生物学者のように考えることができる

フーパー先生の教室には，この理科学習センターだけでなく，スキルに基づいた学習センターが二つ（算数スキル学習センターと国語スキル学習センター）と，興味関心センターが一つあります。算数スキル学習センターでは，生徒たちがコンピューター・プログラムを使って算数スキルに取り組んでいます。そのプログラムは，生徒たちの進み具合をモニターし，必要なら支援し，進んでいるようなら課題をもっと難しくする機能がついています。このプログラムは，算数のいろいろなスキルやこれまでのユニットや何年も学校で取り組んできたことをマスターするために「復習する」必要のある生徒には特に役立ちます。そして，いま学習中の算数スキルについても練習することができます。いま学習中のスキルをマスターしたことを示すにつれて，だんだんと複雑になっていく問題で算数の多様な領域にわたり，すでに学んだことを拡大応用する挑戦ができるようなプログラムに生徒は取り組むのです。

国語スキル学習センターでは，生徒は主要な概念とそれを支える具体的な事柄を見つけるために，見える化シートと説明文を使います。このクラスでは今，生徒が文章の仕組みについての知識を使って，みんなで一緒に夢中になって学んでいるテーマについての知識を広げるために，恐竜を扱った文章を読んでいます。フーパー先生は，生徒の多様な読解レベルに応じるために，複雑さのレベルが異なる出版物やインターネットの文章を用意しています。また，第一言語が英語でない生徒のために，英語以外の言語で書かれた文章も用意しています。

恐竜への興味関心によって，生徒は，自分が取り組んでいる学習に関連するテーマについての理解を豊かにしたり，広げたりすることができるようになります。生徒は自分の選択時間の間に，この恐竜についての興味関心センターに行こうとするかもしれませんが，それは言われてから行くのではありません。一人で行くか友だちと行くのかも，生徒が自分で選ぶことになるでしょう。このセンターには，フーパー先生の提案したいくつかの課題と，それらの課題に答えるために活用できる，幅広いアートや出版物やビデオ教材が揃っています。今週の興味関心センターに掲示された課題は次のようなものでした。[注2]

- イグアナが恐竜と似ているところを見つけて，イグアナと恐竜との違いが

わかるような，解説つきの絵を描きなさい。

- 中国の竜など，恐竜をヒントにして書かれたかもしれない，伝説上の生き物について書かれたものを読みなさい。そして，学んだことを，自分の理科ブログ[注3]でクラスの人たちと共有しなさい。
- 粘土やプラスティックの骨で恐竜の骨格をつくって，その恐竜がどのように環境に適応したのかということを明らかにしなさい。
- 科学者たちが恐竜絶滅の原因と考えていることを三つ見つけなさい。その三つのアイディアについてクラスのみんながわかるように伝えるポスターをつくりなさい。
- 今も生きている爬虫類のうちで，恐竜の親戚にあたるものを見つけなさい。そうした爬虫類を恐竜と比較した絵か模型をつくりなさい。ラベルを使って，似ているところがわかるようにしなさい。
- 古生物学者の仕事内容と，古生物学者になるためにはどういう学習が必要なのかということを説明する文章を書きなさい。

　生徒は「こんなことを知りたい」計画用紙に記入することで，自分の課題を計画して，それを教師に見せて契約を結んでもよいでしょう（次ページの図8.3参照）。

　**何をいかす？**　——算数と国語のスキル学習センターで，フーパー先生は，すべての生徒が大切な概念とスキルに確実に習熟している間，いろいろな教材（内容の一部）を一人ひとりに合わせて選んでいます。また，さまざまなレベルの複雑さをそなえた活動を提供するにつれて，一人ひとりに合わせた方法を選んでいます。恐竜についての興味関心センターで，フーパー先生は，何を学習すべきかということについて生徒に選択させることによって，一人ひとりに合う内容を選んでいます。彼女は生徒の学び方を

---

注2：これらの課題は，上の二つの課題シートとはかなりレベルが違います。図8.1や図8.2に示された理科学習センターの課題はすべての生徒が共通に達成させたいレベルで，この興味関心センターの課題はまさに生徒の興味関心に応じて学習を発展させるためのものということなのでしょう。

注3：授業で公開ないし非公開のブログに，学んでいることを掲載する取り組みは，欧米ではかなり広範に行われています。読者意識をもたせる形で書くことになるし，実際にフィードバックがあるとうれしいものです。

私の質問／テーマは＿＿＿＿＿＿＿＿＿＿＿＿＿＿＿＿＿＿＿＿＿＿＿＿
＿＿＿＿＿＿＿＿＿＿＿＿＿＿＿＿＿＿＿＿＿＿＿＿＿＿＿＿＿＿＿＿＿＿＿
＿＿＿＿＿＿＿＿＿＿＿＿＿＿＿＿＿＿＿＿＿＿＿＿＿＿＿＿＿＿＿＿＿＿＿
＿＿＿＿＿＿＿＿＿＿＿＿＿＿＿＿＿＿＿＿＿＿＿＿＿＿＿です。

それを知るために，私は＿＿＿＿＿＿＿＿＿＿＿＿＿＿＿＿＿＿＿したい。

（例）
・私は＿＿＿＿＿＿＿＿＿＿＿＿＿＿＿＿＿＿＿＿＿＿＿＿を描きたい。

・私は＿＿＿＿＿＿＿＿＿＿＿＿＿＿＿＿＿＿＿＿＿＿＿＿を読みたい。

・私は＿＿＿＿＿＿＿＿＿＿＿＿＿＿＿＿＿＿＿＿＿＿＿＿を書きたい。

・私は＿＿＿＿＿＿＿＿＿＿＿＿＿＿＿＿＿＿＿＿＿＿＿＿が欲しい。

・私は＿＿＿＿＿＿＿＿＿＿＿＿＿＿＿＿をじっくり見たり聞いたりしたい。

私はこんなふうにまとめたい。
＿＿＿＿＿＿＿＿＿＿＿＿＿＿＿＿＿＿＿＿＿＿＿＿＿＿＿＿＿＿＿＿＿＿＿

自分が学んだことを次のようにして共有したい。
＿＿＿＿＿＿＿＿＿＿＿＿＿＿＿＿＿＿＿＿＿＿＿＿＿＿＿＿＿＿＿＿＿＿＿
＿＿＿＿＿＿＿＿＿＿＿＿＿＿＿＿＿＿＿＿＿＿＿＿＿＿＿＿＿＿＿＿＿＿＿
＿＿＿＿＿＿＿＿＿＿＿＿＿＿＿＿＿＿＿＿＿＿＿＿＿＿＿＿＿＿＿＿＿＿＿

**図 8.3 「こんなことを知りたい」計画用紙**[注4]

注4：おのおのが自分の学びのスタイルに合わせて学べるように考えられたシートです。

第8章　一人ひとりをいかすもっと多様な教え方　153

多様なものにすることによって，一人ひとりに合った方法を選んでいます。彼女は，生徒に自分の学習したことを発表するためにいろいろな選択肢を与えることによって，一人ひとりに合った成果物を選んでいます。

**どういかす？**　──算数と国語のスキル学習センターを使うことによって，フーパー先生は，生徒のレディネスのレベルに応じた指導を選んでいます。彼女は教材と課題の複雑さを多様なものにして，生徒の出発点に合致するようにしています。恐竜についての興味関心センターは生徒の興味関心に焦点を当てるもので，生徒自身が学習を提案できるようにさえしています。学習センターでも興味関心センターでも，教師は，生徒を一人で作業させたり，友だちと作業させたりすることによって，指示を視覚的に示したり，聴覚的に示したり，また，身体能力や視覚能力や空間能力や言語能力等の強みをいかせる教材を提供したりすることで，学習履歴の違いに対応することができます。

**なぜいかす？**　──多年齢の小学校の教室では，レディネスや背景知識，興味関心，学習履歴の違いが明らかですし，それは必ずしも年齢や学年によるものではありません。生徒をペアで学習させたり，一人で学習させたり，小グループで学習させたりすることによって，教師は一人ひとりのニーズに応じながら仲間と協力して学習していく経験をつくります。時には，同じ学習センターの課題を違った場所で同時に学習させることで，フーパー先生の計画はより実行しやすくなりました。彼女はまた，生徒の成長を効果的に高めます。さらに，いくつかのセンターを使うことで生徒の選択と教師の選択とのバランスがとれます。教師は複数の学習センターのための鍵となる課題をつくるのですが，生徒は特定のスキル学習センターにもう一度加わることを選ぶかもしれません。生徒は恐竜についての興味関心センターで夢中になって取り組むことから学習を始めるのです。

## 多様な入り口

ハワード・ガードナー◆[36, 37]は，生徒の能力の得意・不得意が多様なものであることを私たちに気づかせてくれるのに多大な貢献をしました。彼は学習に

対するさまざまなアプローチを継続的に調査しましたが，それは，空間認識が優れている生徒は情報の取り入れ方や問題の解決の仕方や学習したことの表現の仕方が，言語能力が優れている生徒とはずいぶん違うという点を，教育者たちが理解する手助けになったのです。ガードナーは，さまざまな能力が相互に関係しており，私たちの全員が毎日の生活の中で，多様な能力を使うものだということを明らかにしましたが，そればかりでなく，さまざまな能力の間には重要な違いがあり，生徒が学習者としてどのように異なるのかを知ることで，学習が促進されるのだと確信しました。教師は，指導を計画したり実行したりするにあたって，そのような違いを考慮に入れるからこそ，学習をサポートすることができるのです。

　ガードナー◆[36, 37]はそのように多様な能力の得意・不得意に取り組むための一つの方法を「入り口（Entry Points）」ないし学びの手段と呼んで説明しています。彼は，与えられたテーマについての生徒の探究が，次のような多様な入り口を通じてなされると提案しました。

- 物語的入り口：問題とされているテーマや概念についての物語で提示する。
- 論理的−数量的な入り口：たくさんのテーマや質問と，それに対する演繹的ないし科学的なアプローチを使う。
- 基本的な入り口：そのテーマや概念を補強する哲学や語彙をくわしく検討する。
- 美的な入り口：そのテーマや概念の感覚的な特徴に焦点を当てる。
- 経験的な入り口：そのテーマや概念を表現する素材を生徒が直接扱う場合に，経験的なアプローチを採用する。そうした素材は生徒の個人的経験ともリンクする。

### 中学2年生の歴史：中世への入り口

　ボウチャード先生と彼女の中学2年生の生徒は，ヨーロッパ中世について探究を始めるところです。彼女は，生徒に大聖堂を調べさせることで，この時代の文化と思想から始めようと決めました。中世の大聖堂はこの時代の多くを代表ないし象徴しています。彼女は，大聖堂を建築するのに使われた技術を理解

することができれば，生徒はこの時代とそこに生きた人々を理解するためのかなり豊かな土台を手に入れることができると考えました。つまり，大聖堂は，その時代の建築物がどのようなものであったか，どのような原料が使われていたのか，この素晴らしい建造物をつくり出し，組み立てる支援をした支配体制，そしてこれらの建造物の重要性を高めた信念体系を示すものなのです。[注5]

　ボウチャード先生のクラスの生徒は，まず，中世に焦点を当てたクラスでの話し合いで，自分たちがこの中世という言葉を聞いた時に何を考えたかについて話し合うことから始めました。この話し合いは，生徒がすでにもっていた理解を，これから始まる学習と関連づける機会をもたらしたのです。教師にとっては，生徒がこの時代についてもっている知識のレベルと深さがどのようなものかを知る機会がもたらされました。

　彼女は，生徒一人ひとりが五つの入り口（次ページの表8.1参照）のどれか一つを選んで「契約する（signing on）」選択肢を与えました。生徒は自分でその一つを選んでもいいし，4人以内のグループで一つ選んでもいいのです。教師は，それぞれの調査のための課題もつくりましたが，そのシートには成功したかどうかを測るための特別な基準も含まれていました。

　これらの調査の入り口が完成すると，ボウチャード先生はそれに続くユニットを，こうした生徒の学習に基づいて進めることになります。

　**何をいかす？**　——ボウチャード先生は，読みの能力のさまざまな生徒を助けるために，それぞれのグループが使う調査資料を幅広く調べて提供することによって，学習内容が一人ひとりに合うようにしています。彼女は，大聖堂について考えるための方法を多様に提供することによって，学習過程が一人ひとりに合うようにしています。生徒がつくり出す成果物は，さまざまな形で彼らが何を学んだのかということを示すことになるでしょう。生徒すべてに共通しているのは，大聖堂とは何か，そしてそれが大聖堂がつくられた時代とそこに生きた人々について何を明らかにしているのか，ということを考えようとする課題です。

---

注5：たとえば，日本の小学校社会科で「一寸法師」で中世を教えるというアイディアを展開した有田和正の授業はこれに通じるものがあるかもしれません。（有田和正『社会科「一寸法師」「台風とさとうきび」―有田和正の授業（写真で授業を読む）』明治図書出版，1987年）

## 表 8.1 調査の入り口一覧

| 入り口 | プロジェクトタイトル | 課題 |
|---|---|---|
| 物語的 | 大聖堂は物語る | 先生が提供した物語を使うか，あら筋の中で大聖堂が重要な特徴になっている（あるいは,登場人物になっている）他の物語を使いなさい。その物語中の情報をもとにして大聖堂についての用語集をつくりなさい（辞書や百科事典ではない）。描画とそれに加えられた説明から，その物語をつくるために筆者（たち）がどのように大聖堂を使ったのかということを明らかにしなさい。自分自身のお話や冒険物語を書くか話すかしなさい。その際に，大聖堂をその物語の中の「中心人物」として位置づけなさい。 |
| 論理的一数量的 | 建造者たちの遺産 | 先生が提案した材料やあなたが見つけた他の材料を使って，大聖堂の特徴や，建造者たちが大聖堂を組み立てる時に使った建築的知識や技能を明らかにしなさい。今日のエンジニアたちが使う知識や技能と中世の建造者たちのそれらとを比べながら考えることが大切です。 |
| 基本的 | すべてに意味がある | 大聖堂は象徴にあふれています。その平面図やアートや装飾その他の要素が，大聖堂を建造して崇拝した中世の人々の信念を理解する手がかりになるはずで，それを明らかにしたり，説明したりする方法を見つけなさい。そのための手がかりとなる資料を，先生が提供していますが，おそらく，他の資料も必要になるでしょう。 |
| 美的 | 美は見る人の目の中にある | 先生が提供した材料やあなたの見つけた他の材料を使って，大聖堂の建築や美術や音楽が，中世の人々は何を美しいと捉え，それはなぜかということを，明らかにしてくれる方法を見つけなさい。中世の人々の美に関する考え方と，私たちの生きる現代のそれとを比較すると考えやすいでしょう。 |
| 経験的 | あなたの「大聖堂」 | 私たちには，休んだり，考えたり，不思議に思ったり，平和に感じたりする「さまざまな場所」があります。そのいくつかは，建築家やエンジニアによってつくられた，崇拝のための場所です。教師によって提供された，大聖堂のさまざまな要素を示したリストや大聖堂についての資料を使って，あなたにとっての「大聖堂」か，あなたの知っている誰かにとっての「大聖堂」を一つ以上選び，それを表現する方法を考えなさい。あなたの選んだ「大聖堂」が重要な点では中世の大聖堂とどのように似ているのかということをクラスのみんながわかるようにしなさい。 |

**どういかす？** ——興味関心と学習履歴が，この一人ひとりをいかす教え方では特に強調されています。生徒は，自分がもっとも好奇心をそそられる調査を選んだり，自分が能力の得意な領域を際立たせたり，学習の条件を選んだり，自分の学習した内容をどのように表現すればよいのかということについて，たくさんの選択をしたりすることができます。教師は，生徒の読みのレベルに合わせて，いろいろな資料を最初に提供することによって，多様なレディネスにも対応しています。

**なぜいかす？** ——多様な能力や興味関心に基づいたレンズを通して，調査のテーマを紹介することで，ボウチャード先生は生徒の強みや先行経験をうまく活用しています。だからこそ，彼女は動機づけと成功を促進し，重要な点では学習履歴も興味関心も異なっている，同じ題材を扱う生徒のことを深く理解していたのです。学習の仕方が違っているにもかかわらず，生徒一人ひとりは，調査活動が終わる時には，中世の人びとやこの時代についてのある程度の共通の理解を獲得します。こうして，生徒は，この後のユニットの展開の中で，さまざまな事実や概念，原理を関連づけたり，理解したりすることができるようになったのです。

## 段階的活動

　段階的活動（Tiered Activities）は，教師が，教室の中に存在するさまざまなレベルの学習能力の生徒に，複数の共通の大切な概念を扱ったり，共通の重要な知識とスキルを使ったりさせたい場合に有効です。言い換えると，段階的活動とは，レディネスに基づいた方法を取ることなのです。たとえば，読むことに困難を抱えている生徒や，抽象的思考をすることがとても苦手な生徒にも，与えられた評論文や物語の中のきわめて主要な概念や原理を理解させる必要があります。同じ題材について，その学年で求められているよりもずいぶん進んでいる生徒なら，その同じ重要な内容を扱う上で，実際にありうる課題を見つけて，それに取り組めるようにする必要があるでしょう。一斉授業的に誰にでも同じ活動をさせたのでは，困難を抱える生徒やその学年レベルの生徒の多くが自分にとって主要な概念を手に入れる手助けにも，その領域についてすでに

十分な知識とスキルをもっている生徒の理解を広げることにもなりません。

　段階的活動を使うことによって，すべての生徒が，大切な知識，理解，スキルに焦点を当てられるようになるのですが，それは，多様なレベルの複雑さ，抽象度，自由度，そして自立性があってのことになります。教師は，活動の焦点は共通にしながらも，難しさの程度に応じて課題にアクセスする複数の方法を提供することで，生徒一人ひとりが重要なスキルと理解を手に入れて，全員が適切にやりがいをもって取り組める可能性を最大限に広げるのです。

　一つの段階的活動を開発するステップは次のようなものです（図8.4も参照）。

1. 生徒全員の活動の焦点となるような知識や理解（概念，一般化）やスキルを選びます。それらの焦点は，生徒が意味の枠組みをつくる手助けをするために必要不可欠であると教師が理解している要素です。

2. 計画しようとしている活動が必要な生徒について考えます。次回の授業と関連する形成的評価（たとえば，授業の終了時に行うアンケート，ジャーナルに記載されている内容，宿題，授業中の活動の観察など）を使えば，そのテーマについての生徒のレディネスを理解する手助けになります。生徒一人ひとりの強みや，学習へのアプローチ，そして興味関心についてのあなたの認識も加えましょう。込み入ったプロセスは必要ありません。継続的な形成的評価と生徒のインフォーマルな学習の副産物と考えましょう。

3. 活動をつくり出します。あるいは，これまでにうまくいった活動を使います。その活動は，おもしろくて，高いレベルの思考が必要なものであり，主要な概念を理解するために重要なスキルを生徒に使わせる契機となるような要素に焦点を絞ったものでなくてはなりません。どのようなことから計画し始めてもよいのですが，高度な課題をいくつかつくり出すことから始めることが賢明です。「豊かな高みを設定して教えることは，より基礎的な課題から始めたり，ある課題について調整したりするよりも，かなり幅広い範囲の生徒にとってよい結果をもたらすことになるのです。まず進んだ生徒のための課題をデザインして，それから他の生徒を支援するためにさまざまなレベルの足場をそなえた，何通りもの課題をつくり出したとすると，それは，すべての生徒に，意味形成や理解に焦点を絞った，豊か

第 8 章 一人ひとりをいかすもっと多様な教え方　159

① 活動を計画するための推進力になるものを選ぶ
・知識
・概念
・スキル
・一般化／理解
　　　　　　　意味の枠組みを
　　　　　　　つくる上で重要

② 生徒について考えるか，または評価を使う
・レディネスの範囲　　　・スキル
・興味関心　　　　　　　・読むこと
・学習履歴　　　　　　　・考えること
・才能　　　　　　　　　・情報
　　　　　　　　　　　　・言語

③ 次のような項目を踏まえて活動をつくり出す
・おもしろい
・高いレベルの思考を使う
・生徒が主要な概念を理解するために
　重要なスキルを使うきっかけとなる
・「豊かな高みを設定して教える」ことを
　可能にする

④ 活動の複雑さの段階を図（梯子）で表す

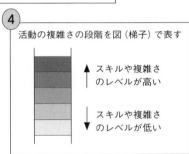

⑤ 生徒の学習意欲を高めて成功に導くために，梯子のレベルに合わせて活動の
複製バージョンをつくる。その際，次のような観点から評価する。
・教材 ─ 基本的なものから応用的なものまで
・表現形式 ─ おなじみのものから新しいものまで
・経験の形態 ─ 個人的なものから一般的なものまで
・イコライザー

⑥ 生徒の学習履歴や課題が求めるものに応じて，複製した課題の異なるバージョンと
生徒をマッチさせる。

**図 8.4　段階的活動を開発する**

で複合的な学習経験を提供することになるでしょう。

4. その活動の複雑さの段階を図に表します。段階を表す梯子について考えたり，実際に描いたりしましょう。梯子の最上段には，その話題の理解について，とても高いスキルと複雑さをそなえた生徒を位置づけます。梯子の最下段には，そのテーマの理解について低いスキルと低い複雑さをそなえた生徒を位置づけるのです。あなたの授業はこの梯子のどこに位置づけられるでしょうか？　言い換えると，あなたのクラスの一番進んだ生徒を伸ばす授業になっているでしょうか？　あなたの授業はその学年で標準的な生徒の学習意欲をかき立てるものになっているでしょうか，それとも，現時点ではスキルと理解の面で基礎的なレベルにとどまっている生徒だけに目を向けたものになっているでしょうか？　このような梯子を視覚化してみれば，自分の授業の別バージョンを必要としているのは誰なのかということを理解できるようになります。繰り返しになりますが，「豊かな高みを設定して教える」ことは段階化のためのもっとも確実なアプローチなのです。

5. この梯子に従って活動を「複製」し，難しさの多様なレベルに応じて，さまざまなバージョンの活動を提供します。どれぐらいのバージョンまでつくればよいのかという基準はありません。二つのバージョンでいい時もあります。幅広い範囲にわたる生徒に対応するためには，三つ，四つ，時には五つのバージョンが必要になることもあるでしょう。形成的評価によって，ある日のある課題に対して適切な段階の数をあなたが決めるのに役立つ，生徒のニーズのパターンが明らかになります。かなり基礎的なものから，一番進んだ生徒にすら難しいものまで生徒が使うことになる素材をあなたがいろいろと準備する時や，かなり慣れたやり方からあまり慣れないやり方までの範囲で生徒に自分の学習を表現させてみる時に，クローニング（複製の作成）をすることになります。生徒の経験に近いものからかなり遠いものまでの幅をもった応用の仕方を開発した時にもクローニングをすることになります（「イコライザー」について書かれた巻末の資料，224～229ページを参照。クローニングの過程について考えるには，それがとても有用なものになるでしょう）。

6. 各自のニーズと課題の難易度に基づいて，一人ひとりの生徒に合ったバージョンの課題を与えましょう。目標は，その課題の難しさの程度やペースが生徒のレディネスに合致するかどうかをしっかりと考えることです。すべての生徒が自分の居心地のよい領域を超えて力を伸ばしたり，新しいチャレンジを成功させるために必要なサポートを提供することに目標を置いたりすべきです。

## 中学 2 年生の理科：オゾン層についての段階的活動

ライトナー先生の中学 2 年生の生徒は，地球の大気のことを学習しています。話し合いをしたり，文章教材を読んだり，ビデオを見たり，クラス全体での活動をしたりしていました。生徒全員が，オゾン層の性質を理解し，オゾン層が大気の中で大切な理由を理解していることは不可欠です。ライトナー先生は，このテーマに関する知識や理解をさらに深めていくための基礎を，生徒一人ひとりがつくり出すように望んでいます。

ライトナー先生は，生徒が本気になって取り組めるような難しい段階的活動を開発するために，生徒の理解についての最新の評価を参考にしたり，生徒の読みのレベルと思考の足跡について自分の知っていることを検討したりしました。彼女は，生徒のニーズについての自分の判断に基づいて，自分がそれまでに使ったことのあるオゾン層についての活動を活用しながら，複製を一つ作成し，それをもとにして（生徒一人ひとりに見合った）いくつかのバージョンも作成しました。この新しい段階的活動の四つのバージョンには，いずれも核となる同じ要素が含まれています。

- すべての生徒が，数個の個人課題と数個のグループ課題を完成することになるでしょう。
- すべての生徒が，オゾン層の性質，機能，重要性について書かれたプリントを受け取ることになるでしょう。ただし，そのプリントは，可読性の一番下のレベルから大学レベルのものまで，多様なものです。
- すべての生徒が，配布されたプリントの中の大切な情報についてメモを取るように要求されることになるでしょう。ライトナー先生は何人かの生徒

にメモを取るための手引きを与えます。他の生徒には，主要な概念のリストを示して，そういう概念について注意しながらメモを取るように言います。彼女は，生徒がみんなしっかりとメモを取っているかどうか見守ります。

- すべての生徒がインターネットを使って，オゾン層の重要性についての自分の理解を広げることになります。ライトナー先生は生徒に，複雑さの程度が異なる多様なウェブサイトがあることを教えます。基本的な情報を提供するウェブサイトもあれば，専門家が使うようなサイトもありますし，その中間のものもあります。図や写真や音声でのナレーションを含んだものもあります。クラスの大半の生徒の第一言語であるスペイン語のサイトもあります。また，その他の役に立つウェブサイトを見つけて，それを自分たちのクラスのウェブサイト上につくった「掲示板」にあげて，友だちと共有するように促します。すべての生徒が自分で見つけた資料を適切に引用して，インターネットから学んだことを自分のメモに付け加えるように要求されています。
- オゾン層の性質や重要性について理解したことを発表するために，生徒一人ひとりが，同じバージョンの活動を完成させた一人か二人の他の友だちと一緒に作業することになるでしょう。インターネットの資料や自分が学んだことについてのメモを使いながら，自分が学んだことをいかすようになるでしょう。
- すべての生徒には，自分の成果を熱心に聞いてくれる相手がいます。

たとえば，ライトナー先生は，このオゾン層という概念について理解がもっとも難しいグループに，オゾン層の破壊がもたらす健康被害についての公共広告を書くように求めました。そのグループは，CMソングやスローガンやアートを使って，オゾン層が問題になるわけや，オゾン層の破壊が自分たちにどんな被害をもたらすのかということや，それを予防するために自分たちは何をすべきなのかということについて，グループのアイディアを伝えようとしたのです。彼らの公共広告は，小学校の生徒を視聴者とした学校放送のビデオニュースで流されることを想定したものでした。

もう少し読みのスキルが高く，こうした科学的な資料を一人で理解できるよ

うな生徒のグループは，オゾン層についての友だちの認識と理解についての調査を実施しています。そのグループは，自分たちの調査を計画から実施，分析，報告するまでのモデルとして，専門家が行った調査を利用します。ライトナー先生は，そのグループが出すことのできそうな質問の数がどれくらいで，彼らが調査することのできる生徒の数がどれくらいかということを教えて，課題を扱いやすくし，必要不可欠な問題に焦点を絞っています。最初のグループ同様，このグループが発見したことも学校放送で使われることになるでしょう。このグループは，自分たちの調査結果を表現するためにどのような絵や絵コンテ，ひとまとまりの図を使うか選ぶことになります。彼らが選んだ形式がどのようなものであっても，それらは彼らの発見したことや推測したことをうまく表すものにならなくてはなりません。

　3番目のグループの生徒は，おおむねこの領域については標準的なレベルの生徒で，これもまた学校放送のために，人間の活動がオゾン層の形成に深刻な影響を及ぼす程度についての政策提言を書くことになります。その提言に書かれるあらゆる観点には，確かな証拠がなくてはなりません。

　4番目のグループは人間が貢献できるようなオゾン層の問題があるのかどうかについてディベートするつもりです。個々の生徒は，特定の環境団体や行政機関について，ある種の信念をもって発表します。生徒全員が，オゾン層についての重要な理解を提案するにしても，他の生徒による反対意見に反応するにしても，自分たちの属する団体や機関の視点を反映させたり，反対意見に対して異議を唱えたり，それらに反応していかなくてはなりません。学校放送で流す前に，彼らはディベートの練習をすることになります。

　**何をいかす？**　——ライトナー先生は，多様な読みのレベルに対応する参考資料を生徒に提示したり，インターネットのさまざまなサイトを提示したりすることで，扱う内容の多様性をいかしています。彼女は，オゾン層の性質や，地上の生き物に対してオゾン層がなぜ大切なのかということについての，必要不可欠な理解については，生徒それぞれの解釈に任せるようなことはしていません。彼女は，メモをとることや，複雑さ，抽象性，そして生徒の示す理解の多面的なレベルについて，自ら提供する支援をさまざまな形で工夫することによって，そのプロセスを多様なものにしていま

した。しかし，すべての生徒がプリントやインターネットの資料を使って，情報を抜き出したり，理解を膨らませたり，応用したり，自分の学んだことを友だちと共有しようとする欲求に関しては，生徒任せにはしませんでした。

**どういかす？**　——段階的活動は，おもにレディネスの多様性に焦点を当てています。しかし，教師は，生徒に自分が学んでいることを表現する別の形を考えるよう促したり，グループのサイズをいろいろなものにしたり，一人で学ぶことを選ばせたり，録音資料を使ったり，課題に取り組むための時間を変えてみたりすることよって，彼らの興味関心や学習履歴の多様性に応じることもできます。

**なぜいかす？**　——ライトナー先生は段階的活動を開発する重要な目標を二つもっています。一つ目の目標は，オゾン層の性質とオゾン層が生徒の生きる世界に与える影響の大きさをしっかりと生徒に理解させることです。二つ目の目標は，生徒を理解に到達させ，それを発表することができるようにするため，彼らの全員に一生懸命学習させたいということです。段階的な活動に注意深く焦点を当てることで，この二つの目標をこのクラスの生徒一人ひとりが実現するチャンスは最大限に広がります。また，段階的活動の副産物として，調査や応用に生徒が忙しく取り組んだぶんだけ，彼らが，読んだり，理解したり，科学的な文章を書いたり，インターネットを使ったり，メモをとったりすることを，彼女は小グループで気軽にやらせることができるようになりました。

# 契　約

　契約（Contracts）とそれに類似した方法を使うアプローチはたくさんありますが，どのアプローチにも，契約の内容に関連する形成的評価の情報を手がかりにして教師がつくった教材に，何らかの形で生徒が独力で取り組む機会が含まれています。基本的に，契約は，教師と生徒がやりとりをしながら学習の合意形成をするもので，教師が重要だと考える知識やスキルや理解を生徒が手に入れる自由を与えるものです。たくさんの契約やそれに似た方法は，何を学ぶべきなのかということや学習の諸条件，あるいは，必要不可欠な内容がどの

ように応用され，表現されているのかということについて，生徒に選択する機会をもたらすものです。契約は，学習契約，三目並べ[注6]，学習チケット，ビンゴ（生徒が，水平方向や垂直方向，斜め方向に，課題を完成させていくもの），学習メニュー，課題リスト（127〜132ページ），その他の形式をとることになるでしょう。

　形式を問わなければ，契約とそれに類似した方法は次のような特徴をもっています。

- 重要な教育内容に関する目標を特定し，その目標の達成を目指して生徒が学習を進めることができるように保証することが教師の責任であると想定している。
- 生徒が自分の学習を進めていく際に，すべてではなくとも，その責任のいくつかを担うことができるという前提に立っている。
- 練習され，習得される必要のある知識やスキルが明確に示されている。
- 生徒がそうしたスキルを実際に役立つ場面で確実に応用したり，使うことになる（言葉を換えると，大切な概念や原理を探究したり，拡張したりするために知識やスキルを使うということである）。
- 契約期間内に生徒が着実に実行しなくてはならない活動条件を特定している（たとえば，さまざまな義務，時間の制約，宿題やクラスでの取り組みなど）。
- 生徒がいろいろな学習条件を着実にこなす場合には肯定的な結果（続けて一人で学習できるような機会）が得られ，もしあまり十分にこなすことができない場合には否定的な結果となる（教師は宿題を出したり，学習の仕方に制限を加えたり，介入せざるを得なくなる）。
- 学習の完成度や質をはかる基準が設定されている。
- 契約の中に，教師と生徒の両者が条件に合意し，書面にサインを取り交わ

---

注6：「三目並べ」とは，九つのマス目の中から各自が三つを選んで取り組む活動です。学習内容についての生徒の理解を広げ，その教科で身につけた知識・技能をしっかりと使わせて，多彩な成果物を生み出すための手段であり，いつものやり方とは違う楽しいやり方でどれだけ生徒が習得しているのかということを評価する手がかりにもなります。

すことも含まれている。

## 小学4年生の国語：詩の研究についての契約

　ハウ先生と彼女の4年生の生徒は詩を学習しています。3週間の国語のユニットの間，生徒は，韻を踏むことや修辞表現（イメージをかき立てる表現）や言葉の選択や，感覚的な描写といったことを学ぼうとしています。次のような重要な原則に従って学習を進めるのです。

- 詩は読み手が自分たちの世界を理解したり味わったりするのを助ける。
- 詩は正確で力強い言葉を使う。
- 詩は読み手が自分の周囲の世界を見たり，それについて考えたりするのを助ける。

　生徒は韻を踏む言葉や，イメージやアイディアをつくり上げたり，比喩を使ったり，句読点を使ったりするためのさまざまなスキルを練習することになるでしょう。

　ハウ先生は，時折，用語（たとえば，隠喩や直喩や押韻）を紹介したり，詩の形式（五行詩，俳句，頭韻詩など）を覚えさせたりする時にはクラス全体で指導をします。詩人のいろいろな作品を探究したり，ユニットで押さえておきたい原則について「テスト」したりする時もそうです。しばしば，教室の中の人や物を描くために直喩を使う練習のような，同じ活動をすべての生徒が一斉にする時もあります。別の時には，ペアになって詩に句読点をつけるという同じ活動を生徒全員がする時もあります。この場合，ハウ先生は詩の難しさに従って，句読点をつける課題の難しさに従って，あるいは，詩を解釈したり区切ったりするための生徒のスキルの違いに応じて，いろいろな詩を選びます。

　この，詩のユニットの大部分は，契約によって進められます。ハウ先生の受け持つ生徒は2種類の契約を使っています（図8.5，図8.6参照）。この図のそれぞれのマス目の見出しはよく似ていますが，すべて同じではありません。しかし，詩のユニットの学習の間に完成させなければならない課題についての簡潔な説明が含まれています。また，どちらも生徒が自分の課題をつくり出して，

第8章　一人ひとりをいかすもっと多様な教え方　167

| 押韻の輪をつくる ◯ | 押韻の輪を使う ◯ | 頭韻詩を書く ◯ |
|---|---|---|
| 開始するための方法として，あなたのスペリング・リストを使いなさい。 | シェル・シルヴァスタインならきっと書くかもしれないような響きをもつ詩を1つ書きなさい。 | 必ず頭韻を含んだ詩にしなさい。 |
| 書く ◯ | コンピューター・アート ◯ | あなたについて書く ◯ |
| 五行詩（確実にパターンを踏襲できるように，他の詩人の五行詩を確かめなさい）。 | クリップアートを使って，クラスのリストにあるたとえや，自分で考え出した直喩や隠喩やたとえの絵を描きなさい。 | あなたについて大事なことをクラスの友だちが理解する手助けになるような詩を，質の良い描写表現を使って書きなさい。 |
| 解釈する ◯ | 有名人を調べる ◯ | 詩を絵にする ◯ |
| 「詩の食べ方」注7 | 伝記の見える化シートを使って，メモをとる。 | これまでに読んだり，自分で読み続けているものの中から，お気に入りの詩を見つけたりする。それを表す絵を描く。どうしてそういう絵を描いたのかその理由を書く。 |
| 生徒の選択 ◯ ＃1 | 生徒の選択 ◯ ＃2 | 生徒の選択 ◯ ＃3 |

**図8.5　詩の契約書（1）**

注7：「詩の食べ方」の原詩は，「How To Eat a Poem by Eve Merriam」で検索すると読むことができます。日本語訳を入手されたい方は，pro.workshop@gmail.com に連絡をください。「言葉のダシのとりかた」など，長田弘『食卓一期一会』（晶文社，1987）に収められている詩も，「詩の食べ方」と同じように使うことができます。

| 押韻の輪をつくる ☐ | 押韻の輪を使う ☐ | アクロスティック詩[注8] を書く ☐ |
|---|---|---|
| 開始するための方法として，あなたのスペリング・リストを使いなさい。 | あなたを大笑いさせたり，ニッコリさせたりするような詩を書きなさい。 | 頭韻やオノマトペを必ず含んだ詩にしなさい。 |
| 書く ☐ | コンピューター・アート ☐ | あなたについて書く ☐ |
| ダイアモンドの形をした詩（ディアマンテ）— 確実にパターンを踏襲できるように，他の詩人のダイアモンドの形をした詩を確かめなさい。 | クリップアートを使って，自分で考え出した直喩や隠喩やたとえの絵を描きなさい。 | あなたについて大事なことをクラスの友だちが理解する手助けになるような詩を，質の良い描写や比喩言語やイメージを使って書きなさい。 |
| 解釈する ☐ 「開いてくる蕾」 | 有名人を調べる ☐ | 詩を絵にする ☐ |
| | 伝記の見える化シートを使って，メモをとる。学んだことを使って生き物の詩を書く。 | これまでにまだクラスで読んでいない詩を見つける。その絵を描く。どうしてそういう絵を描いたのかその理由を書く。 |
| 生徒の選択 ☐ ＃1 | 生徒の選択 ☐ ＃2 | 生徒の選択 ☐ ＃3 |

**図 8.6　詩の契約書（2）**

注8：アクロスティック詩は，各行の最初の字をつなげるとある言葉になるような詩のことです。日本では「折句（おりく）」と呼ばれています。高等学校国語科で学習する『伊勢物語』に，「杜若（カキツバタ）」を折り込んだ「唐衣着つつなれにしつましあればはるばる来ぬる旅をしぞ思ふ」という和歌がありますが，これも「折句」の一つです。生徒たちに向けて「折句」を使った自己紹介をする先生もいるでしょう。

特にお気に入りの課題については繰り返し取り組むよう促すことによって，学習のオーナーシップ（「自分のもの」という意識）をもったり，フィードバックを行ったりすることになります。この契約は生徒が学習成果としてまとめていく，教室でのファイリングシステムと対応しています。

このユニットの間，1週間に3回，生徒は契約の時間を設けて，契約書のマス目に書かれている内容通りに活動します。自分の学習を完成させたら，生徒はこのシートの円ないし四角にチェックを入れます。しかしこうした記号には使い方があるのです。詩を書いたり解釈したりすることに慣れなくて，まだ難しい生徒は，円を描いてある契約書を使います（図8.5）。詩についてもう少し進んだ学習のできる生徒は四角を描いてある契約書を使います（図8.6）。

円や四角のような二つの異なる目印を使うことで，教師にとって，どれが誰の契約書かということを一目で把握することができるようになります。生徒は，いろいろな目印を使ってもそれに関心がないか，気づかないようです。

ハウ先生はこのユニットの契約書の部分について，三つのやり方で生徒の評価をします。第1に，生徒がどれほどうまく活動したかということを評価します（たとえば，目標を達成した，着実に目標に向かって学習した，学習の条件を着実にこなした）。第2に，表の中の一つか二つの課題について生徒が書いた完成度や正確さや質に関する，教師による抜き取り調査です。第3に，詩についてのクラスでの電子ポートフォリオの一部とするために，それぞれの生徒が二つ課題を選びますが，その選んだものは，生徒自身や友だちや教師が，いずれのタイプの詩についてもそのクラスに掲示されていた質についてのチェックリストによって評価するものです。生徒は，ポートフォリオに入れる作品を決める前に，友だちや教師のフィードバックに基づいて自ら修正します。ポートフォリオに入れるものには，その作品についての自分自身の振り返りの文章や，作品に関連する絵や写真なども含まれます。

どちらの種類の契約書も，話し方や一編の詩の解釈を学ぶような，別々のスキルを練習する経験を生徒に与えます。また，そうしたスキルを使って，詩をつくり出す機会ももたらしてくれます。いろいろな種類のマス目がありますが，それらは生徒の多様なレディネスに応じたものになっています。たとえば，「書く／五行詩」というマス目で求められていることは，「書く／ダイアモ

ンドの形をした詩」よりも簡単です。イヴ・メリアム（Eve Merriam）の「詩の食べ方（How to Eat a Poem）」は，郡山直の「開いてくる蕾（Unfolding Bud）」[注9]よりも具体的ですが，たとえそうであっても，どちらのケースでも，生徒は詩とはどういうものかということについて書かれた詩を解釈することになります。

この教師はレディネスの多様性に対して，さまざまな指示をすることで対応しています。たとえば，円が添えられた契約書にある指示では，「詩の食べ方」を読んだ生徒に，この詩に書かれていることを絵に描いたり，何が述べられているか要約したり，その意味することについて書いたり，他の人ならこの詩から何を学ぶことができるのかについて書いたりするように求めています。四角形が添えられている契約書の方では，「開いてくる蕾」を読んで，それを言い換えたり，詩人やその詩人が書いた詩について，読者にわかるように説明したりするように求めています。さらに生徒は，これと同じように，これらの詩で使われているたとえを使いながら詩を書いたり，他の題材について書いたりするように求められています。

ハウ先生の教える生徒は，自分の作品をつくるための計画の中で，どの日に何をやるべきかについて選択したり，空白のマス目で何をやるのかということを決めたりすることについて責任をもたされていたので，学習に熱中します。ハウ先生も，契約の時間をいかし，詩について，あるいは，彼女が注意を向ける必要が出てくる学習の他のいろいろな面について，生徒との個別のカンファランスを楽しんでいます。

**何をいかす？** ——契約はこの教師が内容（教材としての，書かれたり解釈されたりするさまざまな詩）や過程（さまざまな指示）を多様にできるようにしています。さらに，すべての生徒が同じ大切な概念やスキルに取り組んでいます。

**どういかす？** ——ハウ先生が契約を使うにつれて，レディネス（さまざまな詩，指示，資料）や，興味関心（生徒による契約書にあるマス目の選択），学習履歴（いつ，どのように課題に取り組むのかということについて，生

---

注9：「開いてくる蕾」は，郡山直『詩集 詩人の引力』（コールサック社，2010）に収録されています。「開いてくる蕾，郡山直」で検索すると，14行の詩が読めます。

徒が意思決定する）について一人ひとりをいかす可能性が生み出されます。

**なぜいかす？** ——契約によって，生徒がやりがいと達成感を感じられるような，洗練された詩に取り組めるようになります。また，クラス全体での指導と契約による学習とのバランスがとられているために，教師の指示と学習者中心の学習とがほどよく混ぜ合わされています。

# 三つの能力

三つの能力（Tri-mind）は，ロバート・スタンバーグの研究◆39, 81, 82, 83, 84 に基づいています。スタンバーグは三つの「能力」あるいは情報処理の様式を提案しています。これは，あらゆる人間に備わっていて，日常で使うものですが，三つのすべてを使うというよりも，一つか二つをその人の好みや強みによって使うことになるものです。ここで言う三つの能力とは，分析力（学校で学ぶ知識であり，部分と全体の関係を考えた学び方や，一対一の関係や連鎖的な関係を考えた学び方によって特徴づけられる力），実践力（現実世界に応用するための力であり，実際に存在する場面で知識を使う力），そして創造力（創意に富んだ問題解決，新しい考えや工夫であり，有効な方法を使って独創的に考える力）です。好みの領域で学んだり，学習したことを表現したりすることで達成度が高まるということです。

三つの能力を教室で使う場合，まず，その活動が生徒の習得を手助けすべきだという学習のさまざまな目標をくわしく説明することから始めます。教師は分析的な課題や実践的な課題や創造的な課題（あるいはそれぞれのカテゴリーでのさまざまなオプション）を開発しますが，それらは，生徒がどの課題を選択したとしても目標を達成することになります。重要な学習においては常に，生徒が，課題や，課題を学習する条件や，目指される学習目標や，うまくいったかどうかの評価基準を理解していなければなりません。三つの能力は，生徒の学習履歴に対する反応の多様性にとりわけうまく応じるものですが，三つの能力をいかす活動は生徒のレディネスや興味関心に基づいたニーズに見合うように調整することもできるのです。

## 高校 2 年生の生物：人間の細胞の学習に関する三つの能力

　アルヴェロ先生と彼の生物の授業を受けている生徒は，約 1 週間，人間の細胞の構造と機能について学習してきました。すでに生徒はこのテーマについての予備知識をもっているので，アルヴェロ先生は，彼らが細胞の相互依存的な性質を振り返る手助けとなるような，三つの能力の課題を開発しました。この課題の目標として，彼は生徒が細胞の各部の名前と機能を理解することを望んでいます。つまり，細胞が相互に関連し合う部分をもったシステムであると理解したり，細胞の各部分と機能の相互関係を分析することができるようになったり，また，生徒が理解したことを明瞭で，役に立ち，おもしろく，目が覚めるようなやり方で発表することを望んでいるのです。

　彼は，人は自分にとってもっとも自然で有益だと思われるやり方でもっともよく学べるということを強調しながらながら，これらの課題を生徒に示します。どの学習へのアプローチが自分にとってもっとも効果的なのかということについて最善の判断をすることができるのは生徒自身なので，クラスで主要な概念を探究するためのいくつかの選択肢の中から君たちは自分で選ぶことができると，説明します。アルヴェロ先生は学習目標というものがそれぞれの課題と切り離せないものであることも指摘します。

　アルヴェロ先生の課題リスト（表 8.2 参照）には，分析的課題が一つ，実践的課題が一つ，そして創造的課題が二つ（一つは視覚的創造性か触覚的創造性を強調したもの，もう一つは言語的な創造性を強調したもの）が含まれています。彼は，自分のクラスに，創造的な課題のどれか一つに強く引きつけられる生徒がいると考えています。

　アルヴェロ先生は生徒の学習を観察して，驚いています。なぜなら，生徒は夢中になり，彼らの豊かなアイディアは課題の重要な部分を明確に，しかも多様なかたちで捉えているからです。彼は，触覚的創造性に関する課題を選んだ生徒が行った学習のいくつかに，特に関心をもちました。細胞について述べるために小さなものを使う生徒がいる一方で，家具のような大きなものを使う生徒もいます。また，細胞のモデルをつくるために複数の友だちを使う課題を選んで，その友だちの一人ひとりがクラスや学校で細胞の部分や役割のようなものを演じる存在とみなして，説明する生徒もいました。

第 8 章　一人ひとりをいかすもっと多様な教え方　173

　生徒がそれぞれの学習を完成させた時，アルヴェロ先生は二つの小グループ
で共有させました。一つは同じ課題に取り組んだ二人の生徒のグループで，も
う一つは違う課題に取り組んだ別の二人の生徒のグループです。彼は，最初の
グループで共有した時に生徒がより深い理解に達し，二つ目のグループではよ
り広い理解に達することを発見しました。その年の後半，アルヴェロ先生は，
生徒が細胞の構造と機能をしっかり理解して，長く保持したり，後の授業で扱
った他のシステムについての考察に転移させたりすることが，こんなにできた
ことは，これまでに一度もなかったと気づいたのです。

表 8.2　三つの能力を使った生物の課題

| 氏名 |  |
| --- | --- |
| 私たちはヒトの細胞の構造と機能を学習しています。細胞の各部分の相互依存的な性質を明らかにするために，下の選択肢のうちの一つを選び，取り組みなさい。 |  |
| 選択肢 1<br>（分析力を使う） | 細胞のそれぞれの部分が他の部分や細胞全体にどのような影響を及ぼすのかということを明らかにするために，因果関係かその他の図式を使いなさい。細胞がどのように働くのかということについてまったく手がかりをもたなかった人でも，あなたの学習の成果物を使って勉強したらよく学べるように，ラベルをつけたり，矢印などの記号や印をつけたりしなさい。 |
| 選択肢 2<br>（実践力を使う） | あなたの身の周りやより広い世界を見渡して，細胞と似たようなシステムを見つけなさい。自分の考える一番よいたとえを選びなさい（「一番よい」の意味は，一番明確に合致する，とか，一番説明できるとか，一番ためになる，ということです）。そのたとえをはっきりとさせて，友だちにもわかりやすくするための方法を工夫しなさい。あなたの学習したことを共有することで，細胞がどのように機能するのかということについてさらに明確で，豊かな発見を友だちが生み出せるようにしましょう。その際，細胞の各部分それぞれの働きも，それらの部分の間の関係も，しっかりと強調しなさい。 |
| 選択肢 3<br>（創造力を使う─視覚的創造力や触覚的創造力を使う） | 細胞の構造と機能を，そのそれぞれの部分の相互関係を強調しながら描くために，自分たちの教室の中で見つけた「モノ」を選んで，使いなさい。細胞や，その各部分や，部分と部分の相互関係について何が大切かということを明らかにできるよう，よく考えて素材を選ぶべきです。「おっ！」と思えるモノこそ，私たちを引きつけます。 |
| 選択肢 4<br>（創造力を使う─言語的創造力を使う） | 相互に依存し合う，役者や登場人物，あら筋，舞台設定，起こりうる葛藤によって，私たちがシステムとしての細胞を理解する手助けになるような物語をつくりなさい。この注目に値する細胞というシステムの各部分の相互依存性をしっかりと探究して発見する手助けとするために，あなたの想像力と物語嗜好を使いましょう。 |

**何をいかす？** ──この授業で，アルヴェロ先生は教える方法，つまり，生徒が細胞の各部分や細胞システムの中での細胞同士の相互関係を理解する機会を多様なものにしています。

**どういかす？** ──三つの能力を使うことによって，生徒は多様な方法で学習にアプローチすることができています。というのも，それが，生徒の学習履歴の特徴に見合った方法として計画されたものだからです。

**なぜいかす？** ──アルヴェロ先生は生徒に，彼らが一つのシステムとしての細胞についてどのように理解し，概念を共有するのかということについて，選択肢を提供しようとしました。三つの能力を使うアプローチは，その一つのアプローチのいずれかを生徒に使わせるというよりも，そのすべてが同じ学習成果を導くものでしたから，彼は生徒に一番興味をそそられるアプローチを選ぶように求めました。生徒は一番おもしろそうで，興味を喚起されるやり方で学習を進めていけると感じていて，各自の経験を同じアプローチを選んだ友だちとばかりでなく，別の二つのアプローチを選んで学習していた友だちとも共有することから成果を得ていました。

## 一人ひとりをいかす学びを可能にする他の方法

　教師がクラスをより小さな学習単位に分割できるようにするための指導とクラス運営の方法は数多くあります。どの単位もクラス全体の学習と結びついていますが，生徒のレディネスや興味関心や学習履歴に基づいてクラスを小さな単位に分けることで，教師は生徒のニーズの多様性を考慮に入れることができるようになるのです。こうしたグループ分けによって，すべての生徒が夢中になって，重要な内容にしっかりと焦点を当て，レベルの高い学習に取り組むことが確かなものになるべきですし，常に幅広いクラスメイトたちと学習に取り組むことができるようになるべきです。

　以下では，一人ひとりをいかすことを可能にする多くの方法の中から五つを取り上げました。さらにあなた自身のお気に入りの指導法をリストに加えてください。このリストには際限がありません。[注10] 私たちが，一人ひとりを知的にいかす教室をつくり出しながら，専門家としての腕を磨くにつれて，このリ

ストはどんどん膨らんでいくはずです。実際，他の誰かから借りた方法よりも，教師自身が自分の受け持つ生徒に合わせてつくり出した方法の方がほんものなのです。

## グループワーク

　生徒の多様な学習ニーズに応える有力な方法の一つが，教えたり，練習したり，話し合ったりする場合に小グループを使うことです。教師の授業観察と形成的評価によって，重要な内容についての学力が足りないとか，内容についての基礎的知識が足りないとか，その内容の学習法について誤解しているとか，大切な内容に関して特に進んでいるということが明らかになった場合に，小グループを対象にした指導が，教え直したり，見直したり，焦点化されコントロールされた練習を提供したり，誤解されている点を明確にしたり，生徒の学力を拡張したりするためのシンプルでわかりやすい方法を提供します。また，小グループは重要な知識や理解やスキルと生徒の興味関心とを結びつける上でも有効です。

　クラス全体で学習するよりも，小さな教師主導のグループでの方が，よく学べて，能動的に参加する生徒もいます。小グループを使うことは，教師にとっても，形成的な評価をするのに役立ちます。小グループの時間をあまり長くとる必要はありませんが，特定の生徒のために学習の次のステップに焦点化したものにしていく必要があります。そうすれば，その生徒にしてみると，小グループに参加した結果として，知識や理解やスキルをより効果的に高めることができるようになるでしょう。また，与えられた時間に小グループに参加していない生徒も，教師がいる間にどのようにして意味のある活動を進めたか，教師がいなくなってからどのようにして助けを得たらよいのか，クラス全体の学習に移る前に学習を完成させなければならないとすればどうすればよいのか，ということを知っておかなくてはなりません。[注11]

---

注10：223ページの表2を参照してください。他にも興味のある方は，「Differentiated Instruction Strategies」で検索すると，たくさんの情報が得られます。動画さえ見られます！

注11：この具体的な事例としては，『読書家の時間』（プロジェクト・ワークショップ編著）の第6章「ガイド読み」特にp.121〜128が参考になります。

## 選択のための掲示板

　選択のための掲示板（Choice Boards）は，生徒の多様なレディネスや興味関心を扱うのに役立ちます。教師は，選択のための掲示板にずっと掛けてある入れ物に，いつも違った課題を入れておきます。教師は生徒に掲示板から一つの列を示し，その中にある課題を一つ選ぶように指示します。そうすることで，その生徒にとって学ぶ必要のあることに生徒を取り組ませると同時に，生徒に選択のチャンスを与えるようにします。幼くてまだ読めない読者であれば，図像や色でわかるようにしたカードを使ってもよいでしょう。年長の生徒なら，その部屋での課題や領域を説明する言葉をカードで使っているかもしれません。いずれの場合であっても，課題についての十分な指導は生徒が学習に取り組んでいる場所で行われるのであって，その掲示板のところではありません。別の言い方をすれば，選択のための掲示板は教師が「交通整理」をすることができるようにしてくれるものなのです。

## ブッククラブ

　ブッククラブは，全世界の大人たちが趣味でしていることを，教育現場に活用しようという生徒中心のアプローチです。そこでは，教師の介入は最低限で，生徒はそのとき読んでいることについて小グループで語り合うために集まります。この方法は，主として文学作品についての生徒の理解を促進し，理解や作品分析や，口頭表現といった領域のスキルを高め，有意義な話し合いの主導権を教師から生徒へと移していくために考案されたものです。読んで話し合う本は生徒が選ぶので，本と話し合いはグループによって違ってきます。生徒は，場の雰囲気のつくり方，（常に話したがる人や，逆にあまり発言しない人への対処の仕方等を含めて）対話の進め方，どういうテーマ設定や話の仕方をすることが充実した話し合いを可能にするのか，といったことを学んでいきます。ブッククラブの方法は，他の教科にも，文学以外のテキストにも容易にいかすことができます。もちろん，やり方は柔軟に変えてよいものです。教師が作品を選んでも，生徒が作品を選んでもよいでしょう。しかし，ブッククラブのもともとの考え方では参加者による本の選択こそが重要な要素です。[注12]

## ジグソー

ジグソーは三つの段階で協働する方法です（www.jigsaw.org）。

1. 教師が生徒にジグソー・グループで探究するテーマや概念を示して，グループでの学習の方向や条件を設定します。生徒はジグソーを成功させるためにどういうことをしなければならないかということを理解します。

2. 生徒は「ホームベース」グループでまず集まります。このグループでは取り組む課題についての方向性や資料をくわしく検討します。自分たちに課せられたテーマのいろいろな側面について学ぶためにチームで一緒に学習するのです。それぞれのグループはだいたい同じ人数で，課題がそのグループにいる人数分に分かれるようにします（もし，メンバーの人数が多いグループがあるようなら，同じテーマを二人に取り組ませてもいいでしょう）。ホームベース・グループの生徒の作業が終わったら，このグループを解体し，メンバーが総入れ替えする形で「エキスパート」グループ（「研究」グループと呼んでもいいでしょう）に分かれることになります。エキスパート・グループで，生徒はプリントやビデオや電子媒体の資料を使って，自分たちのテーマや質問について調べます。最終的に，エキスパート・グループのメンバーは，自分たちの学習したことを話し合い，情報と発見したことを共有するので，自分の学習だけでなく，他のメンバーの学習からもよい成果を得られるようになります（なお，ホームベースもエキスパートも個々のメンバー数は4～5人が理想です）。

3. エキスパート・グループの生徒は再び自分のホームベース・グループに戻って，そのテーマの別の側面について学んできた他のメンバーと一緒に，学習したことを共有します。生徒にとって有益なのは，自分の学習や友だちの学習から学んだことを記録したり，まとめたり，振り返ったりする方法がこの共有よって手に入るということです。教師にとって有益なの

---

注12：教師がクラス全員のために選んだ一冊の本（良書）をグループごとに読ませるブッククラブと，複数の選択肢の中から生徒に本を選ばせる形で構成したグループで行うブッククラブを試してみてください。後者は，自分たちが選択しているので生徒のノリはまったく違います。それこそが，教科書教材を扱う授業が盛り上がらない＝学びの質が停滞する最大の理由ではないかと思うぐらいです。

は，重要な情報や概念を定式化したり，堅固なものにしたりするクラスでの話し合いを継続できることです。

　ジグソーは，生徒の言葉のレベルや読みのレベルに見合った多彩な資料を用意したり，さまざまな複雑さのテーマを割り当てたりすることによって，一人ひとりのレディネスに柔軟に対応することができるものです。生徒がもっとも意味と魅力を感じるテーマを扱うエキスパート・グループで学習することができるようにすれば，多様な興味関心に対応することもできます。ジグソーは個人的な学習も協働での学習も可能にするものです。

・　・　・

　きわめて柔軟な指導方法もありますし，多様な内容と生徒のニーズに働きかける指導方法もあります。たとえば，契約は，教師が生徒のレディネスや興味関心や学習履歴に配慮する手助けになりますし，教える内容と教える方法と学んだ成果物を多様なものにする上で有益なものとなります。もう少し特別な働きをもつ方法もあります。たとえば，グループワークやミニ・ワークショップのような指導方法は，教師の準備時間を最小限にして，学習効果を生み出すために使われる取り組みです。また，たとえば周回や自由研究や多様な入り口のように，たまに使う時には適していますが，教師側の準備が長時間かかるものもあります。教師は常に学習サイクルのどの地点でも，教えることの手助けをしてくれて，学習を促進してくれる，いろいろな方法の幅広いツールキットを持ち駒としながら，それらを継続的に開発し続けることを目指さなければなりません。

# 第9章

# 一人ひとりをいかす授業を可能に
# するクラスづくり

　学習している生徒はいろいろな音を出します。彼らは話し，評価し，解き，そして副校長がひどく嫌っている雑音も出します。生徒が何かをするとき，なかには他の生徒よりも早くできてしまうという教師にとって不都合な現実もさらけ出してくれます。教師が決めたペースで扱うべき内容を整然とこなしていくことは，もはや不可能なのです。

『ホラス先生の学校（未訳）』セオドア・サイザー[75]

　「どのようにして一人ひとりをいかす授業をすべてうまく機能させるのですか？」という質問に対して，これまでカリキュラムと教え方の二点と，評価と環境がそれら二つをどうサポートするかということに焦点を当てて紹介してきました。クラスづくりの構成要素である雰囲気や物事の進め方や処理の仕方などは，他の要素が効果的かつ効率的になることも，逆に足かせになったり，可能性を摘んでしまったりする結果も生み出します。もしカリキュラムと教え方が有効な授業の心臓と手足だとするなら，クラスづくりは中枢神経系と言えます。心臓なしに動物は考えられませんが，中枢神経系のない身体も機能しません。この章は，一人ひとりをいかす教え方をサポートするクラスづくりに焦点を当てます。それは，一人ひとりをいかす教え方の原則の副産物と言えます。

## 学校のイメージ

　私たちはみんな学校がどうあるべきかというイメージをもっています。保護者は，自分が13年間か，それ以上学校で過ごした経験をもとにそのイメージをつくります。しかしながら，私たち教師は，自分たちの学校時代の経験に加えて，大学の教員養成課程での経験や実際に教室で教えた経験も踏まえて，そういうものとは異なる学校のイメージをつくり出しています。生徒も教養のある人になるための長い旅の中で日々，自分たちの学校のイメージをつくり出しています。

　マンガや映画やテレビやインターネットや本なども，学校のイメージづくりに貢献しています。それらに描かれているイメージは，たいてい整然と並んだ机と，教壇に立って教える教師に代表されます。生徒は（机に伏せっていたり，貧乏揺すりなどをして落ち着かないかもしれませんが），教師がその日に予定していることをし始めるのをおとなしく待っています。これらのイメージは，私たちに生徒の多様な学習のニーズに応える教え方で成り立つ教室を想像させたり，つくり出させたりするための役にはまったく立ちません。

　悲しいかな，常識（ないしたくさんの研究書）が明らかにしてくれているように，生徒を対象にした効果的な教え方や学び方を教師が身につけるための必ず成功する方法は今は存在しません。この章がすべての答えを提供することはできませんが，一人ひとりをいかす教え方について考え，計画し，そして実践する教師に役立つ指針は提供します。

## まずは始めてみよう

　もし，一人ひとりをいかす教え方が耳慣れないものであるようなら，以下にその方向で考え，計画することを助けるためのいくつかの提案をします。それらのほとんどは実践的で，具体的です。新しいことを始めようとする時は，それが必要だからです。しかし，より長期的で，熟考を求める提案もいくつか含まれています。

## 一人ひとりのニーズについてのあなたの価値観を明らかにする

　一人ひとりをいかす教え方に取り組み始めた若い教師が次のように振り返りました。「一人ひとりをいかす教え方は方法ではありません。それは，教える時に自分がすることすべてと生徒が学ぶ時にすることすべてについての考え方です。」彼女は正しいだけでなく，重要なアドバイスも私たちに提供してくれています。生徒を「管理」するためのクラスで，まず何をしたらいいのかに焦点を当てる代わりに，効果的な教え方・学び方について考えるにはどうしたらいいのかに焦点を当てるのです。その後で，誰にとっても機能するクラスづくりを目指して，生徒を「導く」（「管理」ではありません！）方法について考えるのです。◆97 次に紹介する質問は，その方法を考えるためのものです。

- 教師ががんばって教えているか，それとも，生徒こそががんばって学んでおり，考えてもいる，のどちらの方がより納得がいきますか？　なぜそのように考えますか？

- 生徒は全員常に同じ本，ウェブサイト，計算問題，図工・美術の課題，宿題をすることが有益であると思いますか？　それとも，国語や算数・数学や図工・美術やその他すべて学校で教えることに関して，生徒は異なるレディネスで学校に来ていると思いますか？　なぜそのように思いますか？

- 生徒は同じように，しかも同じスピードで学びますか？　それとも，中には異なる形で情報を解釈したり，異なるスピードで学んだりする生徒もいると思いますか？　どうしてそう思いますか？

- あなたは生徒に話しかけることでより生徒のことを知りますか？　それとも，生徒と一緒に話すことで，ですか？　なぜそのように考えますか？

- 生徒は，教室でいつも何をするのか言われ続けることで，自立した学び手になりますか？　それとも，生徒がより多くの学びの責任をもてるようにし，主体性を賢明に使いこなせるように教師が系統立てて教えることで，自立した学び手になりますか？　なぜそのように考えますか？

- 何をどのように学ぶかについて選択する機会があるかどうかを生徒はとても大切だと思っていますか？　それとも，気にしていないでしょうか？　なぜそのように思いますか？

- 自分が設定した上限に届こうと努力した時に私たちの動機づけは高いでしょうか？　それとも，他の誰かが設定した上限の時の方が動機づけは高いでしょうか？　なぜそのように思いますか？
- 一般的にあなたは個人や小グループの生徒を教えた時の方がより効果的かつ効率的ですか？　それとも，クラス全体の方がより効果的ですか？　なぜそう思いますか？
- 学習したことは，暗記する時の方がより豊かに身につきますか？　それとも，自分で意味をつくり出した時の方がより豊かに身につきますか？　なぜそう思いますか？
- 生徒は自分たちでルーチンや進め方を決めた時の方がより主体的に学びますか？　それとも，ボードゲームの駒のように誰かに操られた時の方がより主体的に学びますか？　あなたの答えの根拠は何ですか？

　あなた自身の教えることにまつわる質問を，上のリストに加えてください。質問は無限にあると思います。結果的には，教え方を計画したり，振り返ったりを繰り返す中で，あなたの進化し続けるクラスづくりに対する考え方があなたの選択を決定づけます。自分が信じていることは何なのかを知ることは，生徒や同僚や管理職や保護者からの，あなたはなぜそのように教えるのかという質問に答える際の自信と安心感を提供してくれることでしょう。

## 小さく始める
　生徒と同じように，教師はみな，異なるレベルのチャレンジしか受け入れられません。多くの教師は，小さく，しかもよく練った上で一人ひとりをいかす教え方をスタートさせます。
　一人ひとりをいかす取り組みは，意味のあることを各自が静かに行う「地固めの活動」を生徒全員にやらせることから始めるのがいいでしょう。それには，ジャーナルに記入する，好きな本を読む，外国語の文型練習をする，算数・数学の練習問題をする，図工や美術でスケッチブックに描くことなどが含まれます。年間を通してほとんどの時期に継続的に行っても，生徒がその重要性と意味を感じられる活動です。一人ひとりをいかすことを，いかさないことから始

めるというのは矛盾しているかもしれません。しかしながら，生徒全員が完全に静かに一つ（あるいは複数）の地固めの活動に取り組めるようにすることは，個人や小グループの生徒を教師が選んで教えられるようにするための地固めになるのです。

　また最初のうちは，一部の生徒には地固めの活動に取り組んで，他の生徒には話し合いや協力する必要のない異なる課題に取り組ませるといいでしょう。これによって，生徒に自分たちのクラスでは常に同じ課題に取り組むのではないという考えを導入することができます。そして，個人に焦点を当てる環境をつくり出すこともできます。さらに，他の人がしていることではなくて，自分の取り組んでいることの大切さも強調できます。

　次に，短時間だけ一人ひとりをいかす課題に取り組むのがいいでしょう。たとえば，小学校なら，国語の時間に生徒全員が同じ本箱から選んだ本をペアで読んでいる状態をつくります。読みのレディネスによって分けられたペアの読書を 10 分間した後に，生徒全員を一か所に集めて一つの話をみんなで聞き，クラス全員でそれについて話し合います。中学校の歴史のクラスでは，クラス全体の話し合いと見える化シートを使って二つの時代の比較をするところから始めます。そして最後の 10 分間，二つの選択肢の中から一つを選んでノートかジャーナルに書かせるのです。その選択肢は，複雑さの度合いで分けるか，あるいは興味をもった時代で分けることが考えられます。

　このように小さく始めるのは，「常に振り返り，次のステップをどうしたらいいかを考え，確実に一歩一歩前進する」アプローチが大切だと思うからです。つまり，しっかり考えて確実に成功し，たくさんの変化の中で沈んでしまわないことを選択するのです。またそうすることで，あなたは生徒に段階的に自立する学習者中心のクラスでの学び方も教えています。生徒がまだ準備ができていないのに，あまりにたくさんのルーチンや進め方をやれるようにしてしまうというのは虫がよすぎる話です。

## ゆっくり確実に成長する

　少しのことを，確実にうまくやれた方がよいのです。自分の目標を設定して，それにこだわります。でも妥当な目標であることを確認してください。生徒と

同じように，教師も適度にチャレンジした時にこそ一番成長します。条件が揃うまで待ったり，自分の準備ができるまで待ったりすることは，成長ではなく，無気力を生み出すだけです。一方で，よく考える前にたくさんのことに手を出してしまうことは，失敗や挫折をもたらすだけです。小さくても確実に始めることが成功をもたらします。次に示したことの一つか二つを年間の目標に設定してください。

- 毎日生徒についてのメモをパソコンかノートに記録する。何が機能していて，何が機能していないのか，そして誰にとってそうなのか，ということに注意しながら。
- スキルやテーマを教え始める前に診断的評価を行う。その結果を分析して，生徒と教師である自分にとってどういう意味があるのかを考える。
- 生徒がするすべてのこと（話し合い，ジャーナルへの記入，センターでの活動，成果物，テスト，グループ活動，宿題等）を，成績をつけるためではなく，生徒のニーズを把握するための指標と考える。
- ユニットの中で一人ひとりをいかす授業を一つだけ考えてみる。
- 一学期に一人ひとりをいかした成果物を一つだけ生徒につくらせてみる。
- カリキュラムの中で主要な部分に多様な資料を用意してみる。たとえば，複数のメイン・テキスト，生徒が読めるレベルの補助資料やウェブサイト（それも基本的なレベルからもっとも高いレベルのものまで），ビデオ，（あなたかボランティアが教科書等を補完するためにつくった）録音テープなど。
- 課題や成果物について，クラスの到達目標を明らかにする。その後で各生徒が個別に自分なりの目標を加える。教師も，生徒の強みやニーズを踏まえながら一つか二つずつ目標を加えるといい。
- どのように取り組むか，学んだことをどのように表現するか，どの宿題をするかなどの選択肢を生徒に提供する（一般的に，最初のうちは教師が提供する枠の中での選択が望ましい）。
- 1学期には2日間の「契約」(164〜170ページを参照)，2学期は4日間の「契約」，3学期は1週間の「契約」を実践してみる。

第9章　一人ひとりをいかす授業を可能にするクラスづくり　185

　以上は可能性のほんの一部です。大切なことは成長し続けることのできる目
標にすることです。新しい何かを試し，その経験から学んだことは何かを振り
返り，それから得たものを次のステップに活用し続けることです。

## 活動がどう展開するかを想像する

　オリンピックに出るレベルの選手たちは，競技の前にしばし沈黙し，目を閉
じて，自分がベストの状態で競技をしているところをイメージします。棒高跳
びのバーをクリアしたところ，スキーでジャンプを成功させたところ，水泳の
飛込みで完璧な着水をしたところをイメージします。同じことは，一人ひとり
をいかすクラスづくりをする教師にとっても大切です。

　一日が始まる前に時間を確保して，どのように一人ひとりをいかす活動を始
めたいのか，それをどう展開させたいのか，そしてどう終わりたいのかをイメ
ージするのです。その過程でおかしなことにはならないか，そうならないため
にできることは何かも考えておくといいでしょう。大まかな進め方と生徒に出
す指示は書き出しておくようにしましょう。もちろん，すべての障害を予測す
ることは不可能ですが，徐々にそれもうまくできるようになり，それを踏まえ
た計画や指示もできるようになります。特に最初の段階では，即興で（その場
の思いつきで）行う一人ひとりをいかす授業よりも，よく計画した一人ひとり
をいかす授業の方がはるかに成功率は高いです。

## 後戻りして，振り返る

　一人ひとりをいかすクラスづくりに取り組む際は，よく考えながら進めるこ
とが大切です。新しいことを試したら，次の段階に行く前に必ず振り返ってく
ださい。次のような質問によって振り返るといいでしょう。

- どの生徒は夢中で取り組めているか？　取り組めていない生徒は？　なぜ
そうなのか？
- 授業からあなたが得られると思ったことを生徒が理解していたり，自分の
ものと思えていたりすることの証拠は何か？　この質問に答えるためにも
っと証拠を集める必要はあるか？

- 授業や活動への導入の出来はどうだったか？
- 授業や活動は期待通りに始まったか？　違う方向に流れてしまったか？　どうしてか？　生徒が取り組み始める中で，何はうまくいっていたか？　何はうまくいっていなかったか？　あなたの指示は明快だったか？　必要な材料は得やすかったか？　（コーナーやセンターや小グループに）移動する時間を明確に示したか？　静かにするまでの時間を示し，再度確認したか？
- 授業や活動が進む中で，生徒は集中を保てていたか？　もし，集中が途切れた時があったなら，それはなぜか？　もし，全員が集中を維持できていたなら，なぜうまくいったのか？　グループの人数はどうだったか？　違う場所に座らなければいけなかった生徒はいたか？　ペアや小グループであまり機能していなかったところはあるか？　グループや一人でうまく取り組めなかった生徒はいたか？　生徒は自分の取り組みをモニターする仕方を知っていたか？　生徒は助けの求め方を知っていたか？
- 授業や活動の終わりの部分はどうだったか？　生徒に作業を終えるように十分な注意を段階的に出すことができたか？　生徒は，どこに教材などをしまったらいいのか知っていたか？　教材をしまったり，机や椅子や備品を動かしたり，後片付けをしたりする役割を何人かの生徒に割り振っていたか？　次の授業や次の日に使いやすいような形で終われたか？　生徒は次の授業や活動に自主的に移れたか？
- 授業が進む中で，誰がしっかり学べていたのかを把握できたか？　取り組んでいる一人ひとりの生徒やグループとどのように接することができたか？　生徒の様子を見ながら，どんな役立つ情報を収集することができたか？　どんな効果的なコーチングをすることができたか？　情報収集とコーチングを改善する方法は考えられるか？

　記憶に残しておきたいことをメモしておくことで，次に一人ひとりをいかす別の活動を試みる時の改善にいかせることでしょう。振り返りをすることで学んだことを使って具体的な計画を立ててみましょう。

第9章　一人ひとりをいかす授業を可能にするクラスづくり　187

# 長いつき合いを覚悟する

　もしあなたの教育観が一人ひとりの生徒に焦点を当てるものなら，そしてもし一人ひとりをいかすクラスを実現するためのルーチンや進め方を系統的かつ振り返りを大切にしながら築き上げているなら，一人ひとりをいかすことは徐々にあなたの生き方そのものになっていきます。それは，たまにすることでは決してありません。この時点では，少なくとも三つのことをルーチンにしなければなりません。

## 生徒と最初に，そして頻繁に話をする

　一人ひとりをいかす教え方とはどういうことかをはっきりと理解し，自分のものにできたなら，あなたが考えていることを生徒と共有し始めます。メタ認知的な教師になってください。生徒との話し合いを通してあなたの考えを説明してください。多くの生徒が学校に対してもっているイメージと比較すると，あなたのやり方は根底からルールを変えるようにとられるかもしれません。あなたがなぜ，そしてどのようにしたいのかを生徒に理解させてください。生徒のニーズに応えるクラスづくりに生徒を巻き込むアイディアを以下で紹介していきます。

● **どう学ぶのか，何について学びたいのかは互いに違うという事実を，生徒が考えられる活動をしてみる。**

　（ちなみに，生徒はこの事実をすでにかなりはっきりと認識しています！）対象となる生徒の年齢によって，活動は異なります。授業と関係するスキルや関係しないスキルをリストアップして，その中で強みと弱みを図や表に描かせる活動を生徒にさせる教師がいます。学習者としての自分に絞った自伝を書かせる教師もいます。さらには，自分の学校での体験を表す（写真などの）イメージをインターネットで探して，なぜそれを選んだのかを説明させる教師もいます。

　たとえば，ある低学年の教師は，座ったり，歩いたり，走ったり，話せたり，最初の歯が生えたり抜けたり，自転車に乗れたりした時の年齢を明らかにする

アンケートを保護者に依頼しました。彼女はその結果を使って，クラスの生徒が違った時にいろいろなことができるようになったことを表す棒グラフをつくらせたのです。そして生徒は，いつ話せるようになったのかは，自分たちが話せるようになったという事実ほどには重要ではないと結論づけました。年間を通して，誰かがあるスキルを他の生徒よりも早く学ぼうが，あるいは遅く学ぼうが問題ないことを思い出させるのにこの棒グラフを彼女は繰り返し使いました。最終的に大切なのは，スキルを学んで，うまく活用できることです。

どういう方法を使おうとも，学校でのプラスの体験やマイナスの体験，好きな教科や嫌いな教科，効果的な学び方やそうではない学び方に関する生徒の質問や意見をしっかり受け止めて考えることが大切です。

● **生徒の異なる強み，ニーズ，学習へのアプローチ等が，教師であるあなたに価値あるチャレンジを提供することを生徒に知らせる。**

個々の強みを育てることや，弱い部分を乗り越えることに，最善の方法を使って取り組むことに教師は注意を払うのがいいのか，それとも無視してもいいのかを尋ねてみるのです。生徒は，教師はそういったことは無視して，いつも誰に対しても同じことをし続けた方がいいと考えているでしょうか？　たぶん，彼らは「自分たちを無視する」アプローチは選ばないでしょう。

● **一人ひとりをいかすクラスがどのようなものかの話し合いを継続して行う。**

あなたの役割がこれまでとは異なることを話す必要があります。たとえば，クラス全体に対して教えるよりも，小グループや個人を対象に教えることが断然増えます。生徒の役割も変わります。多様な形で相互に助け合いながら学ぶようになります。それによって，あなたが個人や小グループをサポートすることを可能にします。誰もがよりよく学べるように時間も有効に使いながら，生徒はクラス運営にもより多くの責任をもちます。彼らが取り組む課題も異なります。授業や宿題でする課題は常に誰もが同じものではなくなります。授業風景も変わります。小グループや個別に座っている生徒が異なる課題に取り組んでいるからです。生徒は，教室の中で必要に応じて動き，そしてよりたくさんの教材や教具を使います。

第9章　一人ひとりをいかす授業を可能にするクラスづくり　189

● **クラスが機能するための指針と進め方を決める際に生徒の助けを得る。**

　どのように始めるのがいいのか，たくさんのことが同時に始まろうとしている時にどのように指示を出したらいいのか，あなたが忙しい時に生徒はどのように助けを求めたらいいのか，課題をし終わった時は何をしたらいいのか，活動が展開する中で集中を切らさないためにはどうしたらいいのか，そしてどのように活動を終わらせるのがいいのか等について一緒に考えてもらうのです。これらについては，それぞれのニーズが明らかになった時に話し合えばいいのですが，いずれもいい学びの環境を維持するにはとても大切なことです。

## 生徒を力づけ続ける

　教師しか担えない教室内の役割は常にあり続けます。しかしながら，多くの教師が，自分でしてしまった方が，生徒にそれらをできるように教えるよりも，より簡単だと思っていることも事実です。教師が自分でしなくてもいいことを探してください。そして，それらを生徒が効果的にできるように徐々に準備してください。たとえば，机や椅子を移動しなければならない時，それらを効率的にしかも静かに移動させられますか？　フォルダーや資料を配布したり，回収したりできますか？　学習サイクルの中で互いの取り組みをチェックし合うことを，責任をもって，しかも役立つ形でできますか？　生徒は後片づけがちゃんとできますか？　教師のところに持ってくるのではなくて，指定されたところに自分のファイルをちゃんと置けますか？　何をいつ終了させたのか等の，正確な記録が残せますか？　自分のパフォーマンスがどのように向上しているのかを測るために，自分の成績を記録することができますか？　自分の学習目標を設定できますか？　そしてそれに基づいて自らの成長を評価できますか？　これらの質問とこの他にも考えられるたくさんの質問への答えは，すべて「イエス」です。あなたがしっかりと教えたなら！　これらのことを生徒自身ができるようにすることは，生徒をより自立的で，より思慮深い学習者に育てることを意味するだけでなく，教室をそれまでよりずっと生徒のものにします。

## 分析的であり続ける

　教室は忙しいところです。教師はしばしばすることの忙しさに流されて，考

える時間を確保することすらできません。一人ひとりをいかすクラスを運営することを学ぶのは，大きなオーケストラを指揮するのを学ぶのと似ています。オーケストラは，たくさんの演奏家，楽器，楽器のパート，そしてスキルを必要とします。熟練の指揮者はたくさんのことを一度に聞いたり，見たりします。でも一方で，指揮台から離れて，作曲家の意図や各部門のバランスなどを考える時間も取ります。リハーサルで取った録音を聞きながら，設定した目標と比較します。特定の節に追加の注意が必要か，特定のセクションのリハーサルをもう一度した方がいいか等を判断します。

　あなたの一人ひとりをいかすクラスが進化する中で，分析的スキルをぜひ磨いてください。時には，生徒がどのようにグループになったり，グループを離れたり，あるいはその教科で特に進んでいる生徒を観察してみてください。誰が視覚的な教材で学ぶのが好きか，動き回るのが好きか，選択が提供された時に状況が設定されたアイディアを使うのが好きかなどの記録を取ってください。たまにはクラスの状況を録画するのもいいでしょう。[注1] あるいは，同僚に教室に入ってもらい，観察して率直に感想を述べてもらうのです。いずれにしても，あなたは自分では気づかなかったよい点と改善を要する点の両方を見いだせることでしょう。

　生徒に対しても分析的に接してください。グループで効果的に取り組むために一緒につくった指針を思い出すように言います。そして，機能している点とあまり機能しているとは言えない点を出してもらうのです。協力して取り組む（あるいは，授業を始めたり，教室の中で動いたりする）ために，どうしたらいいかを提案してもらいます。生徒がその責任感と自立性を見せてくれている時は，あなたの満足を表明してください。生徒が誇りに思った時も，あなたに知らせるように言ってください。不一致がある時は，それを避けるのではなくて，全員で協力して解決するか，「特定のセクションのリハーサル」をして解決します。

---

注1：「再生が簡単であることや，イメージを膨らませられることから，会話録音も効果的だと思います。私は時々これで大きな反省と発見をします」という反応を粗訳原稿を読んでくれた協力者の一人からもらいました。

第9章　一人ひとりをいかす授業を可能にするクラスづくり　191

# 具体的な注意点

　もうずいぶん前のことですが，「教えることで成功を収める鍵は，鉛筆をどこに置くか注2で決まる」と，ある教授が私に言っていました。その時点で私はまだ新米の教師だったので，彼が何を言わんとしているのか理解できませんでしたし，それが浅い考えではないかとも思ってしまいました。しかしながら40年という時と数千人の生徒に触れることで，いまなら理解できます。以下に紹介するのはありふれたことかもしれませんが，全体では一人ひとりをいかすクラスづくりを志向する際のとても重要なヒントです。リストは網羅的ではありませんし，いくつかはあなたのクラスには当てはまらないかもしれません。しかし，以下のような見解に触れることが，あなたのプロとしての教師生活において「鉛筆をどこに置くか」というとても大切なことを考えるきっかけになることでしょう。

## 熟考した指示を与える

　複数の課題を同時に提示する時の指示は，間違っても同時に出さないでください。時間のむだですし，混乱させるだけです。誰に対する何の指示なのかさっぱりわからなくなってしまいます。コツは，クラス全体に指示を出すことなく，誰もが何をしたらいいのかをわかることです。以下のことを試してみてください。

- 生徒が慣れている活動で授業を始めます。生徒が落ち着いたら，各グループを順番に訪ねて，一人ひとりをいかす課題の指示を出していきます。
- 明日取り組むことの指示を今日出します。つまり，今日，各グループの中の注意深い聞き手に指示を出します。明日の活動が始まる時に，彼らが残りのメンバーに指示を伝えるのです。
- 用紙（模造紙）か，ホワイトボードか，パワーポイントに指示を書きます。生徒は指定された（あるいは，選択した）ところに行って，指示の書かれ

---

注2：これは，学校に持ってくるのを忘れた生徒たちのために鉛筆や他に必要な物をどこに置いておくのが，教師を煩わせることなく，子どもたちの自立を助ける学級運営システムか，という意味です。

た用紙を注意深く読むか，教師によるパワーポイントのプレゼンテーションを聞くことで，何をすべきか知ることができます。低学年では，よく読める子とそうでない子を同じグループにするように注意したり，コンピューターに精通した子たちにはあえてホワイトボードを使ったりといった工夫も大切です。

- 録音した指示を使います。読むのが得意でなかったり，言語的な問題を抱えている生徒にとって，あるいは，用紙に指示を書き出す時間がなかったり，指示が複雑なので異なるいくつかの方法で提示したいと思った時などは，録音された指示はとても効果的です。

- 小グループの課題をまったく新しい方法で紹介しようとする際などは，よく考えなければなりません。たとえば，クラス全体に対して見える化シートを何度か使った方が，最初からいくつかの小グループだけに使うようにするよりも効果的です。クラス全員が同じセンターでそこでの作業を理解できるまで，そのセンターでの一人ひとりをいかす活動はしないことです。

- 「教師に話しかけ禁止」のルールをつくります。つまり，活動を開始した最初の5分間は，誰も教師に質問したり，話しかけたりしないというような決まりにするのです。そうすることで，あなたは邪魔されることなく教室の中を歩き回って，みんなが落ち着いて取り組み始め，必要な教材なども確保されているか確認できます。一人の生徒につかまってしまうと，それが次々と避けたい仕事の連鎖を生み出してしまう可能性があります。また，あなたが誰にも邪魔されずに小グループか一人の生徒と話し合う必要もあります。小学校高学年以上には，その時間を公表するだけで十分でしょう。でも低学年の生徒には，「話しかけ禁止」を知らせるために，首の周りにリボンを巻くか，野球帽をかぶるなどの選択肢があります。いずれの場合でも，なぜ教師にアプローチすることができないのかを生徒が理解できるようにすることは大切です。

## サポートを得る時の方法を決める

いろいろな理由で，同時並行して異なる活動が展開するクラスの生徒は，教師以外の誰かから助けを得る方法を学ぶ必要があります。それを教えなければ

なりませんし，他に助けが得られるリソースを用意しなければなりません。その際の指針は次の通りです。

- 生徒がよい聞き手になれるように教えます。聞き逃したことを誰かが繰り返し言ってくれることを知っているので，生徒は多くの場合いいかげんに聞く習慣を身につけてしまいます。あなたが話す時はあなたに集中するように教えます。そして，あなたが言ったことを頭の中で再生してみるように言います。さらには，誰かに指示の大切な部分をまとめてもらいます。最初から教師の言うことを注意して聞くようになれば，助けも少なくてすむようになります。そのためには時間と忍耐が必要です。

- 何をしていいのかわからなくて困った時にできる方法を生徒に教えます。RICE の頭文字で表される方法は，生徒の自立性を高めるための効果的な方法です。最初は，何を言われたのかを一生懸命に思い出す（Recall）ことです。それが機能しない時は，目をつぶって，教師が話しているのをイメージしながら，課題をするためにどんな指示が出されたかを論理的に想像して（Imagine）みます。それも助けにならない時は，同じグループのメンバーか同じ課題に取り組んでいるクラスメイトに確認する（Check）ことができます。これは，ささやき声で行います。これでも指示がわからない時は，指示を伝えることができる自立性とスキルをもっている「その日の専門家（Expert）」に指名された人に聞くことができます。専門家は，本当に困っているクラスメイトだけを助けるために自分のしていることを最小限止めてサポートする役割を担います（徐々に，クラスのほぼ全員が一つかそれ以上の課題で「その日の専門家」になれるようにします）。

- 次に何をしたらいいのか生徒が確実にわかっているようにします。上の方法を全部試してもわからないという稀なケースの時に，生徒は教師があらかじめ用意した地固めの活動に取り組みます。生徒には，全部を試したにもかかわらず問題解決には至らなかったことを教師に伝えてもいいと認識しておいてもらいます。そして，教師の助けが直接得られるまで地固めの活動に取り組みます。しかし，黙って何もせずに待っているのも，他の生徒の邪魔をするのも許されません。

あなたがどれだけ時間を大切にしているか常に生徒に知らせてください。たくさんの重要なことを成し遂げねばならず，そのための時間は限られていることを生徒が理解できるようにしてください。時間を賢く使うことは，クラスの大切な倫理です。

## 常に意識し，秩序を保つ

一人ひとりをいかすクラスでさまざまな課題に取り組んでいる生徒がいると何が起こっているのかわからなくなってしまう，と多くの教師は不安がります。いい教師は蚊帳の外に置かれるのを嫌がります。一人ひとりをいかしているクラスでは，生徒が何をどのようにしているのかということについて，教師はより高い意識をもっています。通常と形は違いますが，教師は生徒の成長を完全に把握しています。以下に紹介することは，生徒をいかし，彼ら自身の自立的な取り組みを促進するためにあなた自身が計画を立てて行動するための指針です。

- 生徒一人ひとりがもっているフォルダーを有効に活用します。これは，常に教室の中に置かれていて，まだ作業中のもの，個人的なプロジェクト，地固めの活動など，生徒が取り組んでいるすべてが入っています。フォルダーには，記録シートも含まれています。完成した作品とその日付，達成した目標，目標や成長について教師と行った個別カンファランスの記録も入っています。小学校高学年以上の生徒は，成績を表紙の裏につけてもよいかもしれません。このようなフォルダーは，生徒の成長を振り返るまたとない材料なので担任の教師にも，（保護者面談や生徒を中心にした三者面談の場では）保護者にも提供します。
- すべての教科領域で生徒に身につけてほしいスキルや能力をリストアップします。それをもとに上下二つのレベルを加えます。これを用紙かパソコンでチェックリストにし，個々の生徒の能力とスキルに日付やコメントを書けるようにします。一人ひとりの生徒用のチェックリストをつくってアルファベット順にノートか，コンピューターのフォルダーに保存します。定期的に，このチェックリストを使って生徒の取り組みをチェックしたり，

公式な文書ないし口頭での評価を提供したりします。継続的に記録を取り続けることで，個々人の成長のパターンをはっきり読みとることができます。これは単に生徒をモニターするために使えるだけでなく，生徒のニーズに合わせていかす課題を考えるのにも使えます。この記録は，教師と生徒の間で行う今後の学習計画のためのカンファランスでも使えます。

- 生徒が完成した課題を収納しておくことができる注意深く整理されたスペース（トレイ，箱，フォルダーあるいは電子ファイルなど）を設置します。この方が，生徒が次々と完成品を教師に持ってくるよりも効果的ですし，生徒に自分で管理させることも可能となります。

- 教室の中ではクリップボードかタブレットを持ち歩きます。生徒が素晴らしいことをした時，何かに気づいた時，混乱した点，改善の余地がある条件等に気づいた時などにメモがすぐに取れるように，です。取ったメモは振り返り，学習計画や，個別ないしクラス全体での話し合いに活用します。

すべてに成績をつけないといけないとは思わないでください。（ピアノの生徒のすべての練習に成績をつけようなどと思う指導者はどこにもいません！）生徒には考える時も，どのようにできたかを判断する時も，評価と成績の両方が必要ですが，それらが常に一緒の必要はありません。生徒が徐々にスキルと本質を見抜く力を伸ばすことができるようになるために，活動をしっかり完成させることがいかに大切かを理解できるようにしてあげたいものです。生徒相互でチェックし合ったり，「その日の専門家」を使ったりして，自分たちでも評価ができるようにしていきます。焦点を絞ったフィードバックを頻繁に提供することで，生徒も互いに同じことがし合えるようにしていきます。正式な評価の時は，常日頃行っているよい取り組みと成績がつながっていることを見せてあげます。

生徒が意味をつくり出す活動をしている時は，生徒は課題に集中していたか，一生懸命取り組んだか，適切に助けが借りられたか，質を改善するために修正することができたか，課題を完了させた時は地固めの活動に移行できたかなどに焦点を当てて，教師は成績をつけたがるものです。クリップボードかタブレットには，これらのことについて記入するスペースを生徒ごとに設けておいて

もよいかもしれません。もしある生徒が飛躍的な進歩を遂げた時は，大きな＋サインをその日のスペースに書き込みます。もし別の生徒が何度も注意したにもかかわらず，課題に集中できなかった時は，－のサインを書き込みます。後で，○のサインが別のスペースに書き込まれたら，その生徒は適切に取り組み始めたことを意味します。時間をかけてパターンを見いだしてください。そして，それが明らかにしてくれることを活用してください。もちろん，もし必要があればパターンを成績（平素点）に転換することはできますが，公式の成績をつける機会は他にたくさんあることを忘れないでください。見つけ出したパターンは，生徒が自分の考える癖や取り組み方を振り返るために活用してください。継続的に成績をつけ続けることは，生徒が間違いをしたり，間違いから学んだりすることを放棄させてしまい，教師に依存した生徒をつくり出し，そして学習そのものの価値のためではなく，成績のために学ぶことを教えてしまうことを覚えておいてください。◆26, 57, 99 これらすべての成績にまつわることはあなたを混乱させるだけでなく，考えたり，授業を計画したりする大切な時間も奪い取ります。

## 始まりと終わりの進め方を決める

　生徒が教室のいろいろな場所に移動する前に，新しい場所に移動して，作業に取り組み始めるまでどのくらいすばやく移動しなければいけないのかを知っているようにしましょう。もちろん，現実的でなければなりませんが，常に時間を節約モードにして努力すべきです。生徒が実際に移動した後で，彼らの出来を知らせてあげましょう。フィードバックすることで，より効率的に落ち着いて移動ができるようになります。

　活動中は，時計から目を離さないようにします。取り組んでいることがそろそろ終わりであることを2分前には知らせます（照明を消したり点けたりするか，各テーブルを回って告げます）。さらにしばらくしてから，別の合図で「本拠地」の座席に戻るようにします。少なくとも30秒以内に整然としかも静かに自分の座席に戻ることが教師から求められていることを，生徒は理解しているようにしましょう。

## 取り組みの質を大切にすることを教える

　生徒の中には，よく考えて取り組むことよりもどれだけ早くやれるかを大事にしている生徒がいます。早さよりも熟練の技や誇りの方が大切であることを，あなたの生徒にははっきり言ってあげてください。あわてて終わらせたものと，こだわりや修正や創造力を伴ったものとの違いを分析させることで，それを理解させてあげてください。

　時には，生徒は課題が簡単すぎたり，指示がはっきりと高い基準を示せていなかったりしたために，早く終わってしまうこともあります。そのような問題がない時は，質の高い取り組みしか受け入れられないことを根気よく求めます。ある教師は，よくするためにやれることはすべてやったと納得がいくまで提出しないように生徒に教えています。そこまでしたら，生徒は「これで終わり，これが自分のできるベストだから」と言えます。

## 先手を打って問題行動を回避する

　教師に問題を投げかけ，自らの学業での成功をそぐ生徒の行為は，生徒がよく考え，自分自身にも他者にも敬意を表して行動するクラスのルーチンを教師がつくり出す妨げになります。生徒が決まりを破ったり，問題行動を起こしたりする理由はいろいろあります。そして，そうした問題行動を未然に防ぎ，自分の学びの責任を徐々に生徒に取ってもらうための唯一の方法はありません。いろいろな意味で，そうした生徒は，より集中して取り組めるクラスメイトたち以上に，一人ひとりをいかすクラスが提供するものを必要としています。それには，自分の能力を信じて取り組むこと，そのために欠かせないサポート，出発点から順を追って目標を達成するための計画とその把握，意味のあるカリキュラム，学び方と学んだことの表現の仕方の多様さ，決まった枠組みと柔軟さを適度に調和させたクラスのルーチンなどが含まれます。

　そうした生徒はしばしば「厳しく，しかも温かく要求する教師」に応えます。◆13 そのような教師は，生徒に対して強い信頼と受容を表すと同時に，生徒からのベストしか受け入れないことも明確にします。「厳しく，しかも温かく要求する教師」は，生徒がベストを発揮するための助けとなる，一貫した枠組み，説明，足場を提供します。そしてそれらは，気遣いをベースに行われます。

そのような教師は生徒のことを見放すことはありません。期待値を下げることもありません。あるいは，問題行動を前にしてレベルを下げた指示を出すこともありません。そうではなくて，そのような教師は生徒がしっかりよりよく振る舞えるようにコーチングをすることで，すべての生徒が自立した学び手になれるようにします。それはその事実を大切にするクラス環境の中でこそ，より達成可能になるのです。

## サポート体制を構築する

あなたが一人ひとりをいかすクラスづくりに挑戦する際，少なくとも四つのグループがあなたの助けとなります。[注3] 同僚，管理職，保護者，そして地域の住民たちが，あなたとあなたの生徒の協力者です。しかしながら，すべての対象からサポートを得るには，あなたの方から先にアプローチする必要があるでしょう。

### 同僚に呼びかける

多くの学校で悲しい現実は，あなたが何か新しいことをしたり，通常よりも熱を入れて取り組もうとしたりすると，ひどく嫌がる同僚が何人かはいるということです。一方でうれしい現実は，同じ状況でも必ず少数ではあっても，元気に仕事をしていたり，誰かのアイディアをいかそうとしたり，成長するためにリスクを負うことを躊躇しない気の合う同僚もいるということです。一人か二人を後者から探し出して，一緒に取り組んでください。

ほとんどの学校で，図工・美術の教師や特別支援の教師はすでに生徒の多様性に応じた教え方を実践しています。それらの教師は自分がその専門家とは思っていませんが，あなたも同じなのです。彼（女）らはたくさんのアイディアやルーチンをすでに実施しています。あなたのアイディアと質問が彼らの仕事をより豊かにすることでしょう。少なくとも，彼らから学び，一緒に取り組みたいというあなたからの歩み寄りが，彼らへの賛辞だと受け取ってもらえるで

---

注3：同時に，障害にもなりうるので，接し方はきわめて大事です。

第9章　一人ひとりをいかす授業を可能にするクラスづくり　199

しょう。彼らと定期的に会って，双方のクラスを参観し，一緒に計画し，チームで問題を解決し，レッスンや教材を共有し合い，そして相互にコーチングができればいいでしょう。ともすれば孤立化してしまう教師という仕事で，そのようなパートナーシップを築いて相乗効果を生み出すことができれば，それはもっともうれしいことの一つになります。

## 校長をパートナーにする

　校長たちの中には，教室の中で生徒が動いたり，話し合ったりすることを毛嫌いする人もいます。そのような校長の考えを，私がティーム・ティーチングしていた同僚の一人が変えてしまったのを見たことがあります。彼女は私たちが一人ひとりをいかすクラスづくりをしていることと，それがなぜ大切なのかを自分ではっきり認識していました。彼女はしばしば校長室に寄って「学校巡回をする時に，私のクラスに寄ってくださったら，生徒がグループで学習しているのを見られますよ」と言いました。なぜそうしているのか説明した後に，「ぜひ教室に入って見ていってください」とつけ加えました。最初のうち校長はまさにそのとおりのことしかしませんでした。ドアのところでちょっと止まって中を見るだけだったのです。彼女は「どうぞ中に入って，見ていってください」と言って招き入れ，生徒が何をしているのかをわかっているということを理解してもらうために，校長に生徒と話してみるよう促しました。私たちは生徒を能力があり自立した学習者になるように教えていたのですが，その一方で，彼女はそのようなクラスのあり方を理解してもらえるように校長に対しても教えていたのです。その後校長は，私たちの最大の擁護者になってくれました。もし，あなたの校長が一人ひとりをいかす教え方に疑念をもっているようなら，あるいはサポートを提供しようとしないなら，ぜひ校長にとっての先生になって，教えてあげてください！[注4]

　もし，あなたの校長がすでに生徒中心の教え方・学び方に関心をもっている人なら，あなたの今年（あるいは今月）の目標を共有してみてください。そして授業でそれらを達成するためにどうしたらいいかアドバイスをくれるように

---

注4：この発想は，教師にとってだけでなく，同僚や保護者に対しても，地域の人たちにすら大切なことだと思います。教育の世界に上下の関係などありませんから。

頼むのです。そうすることで，校長はより焦点を絞って授業観察をすることができ，その結果，教室で展開している多くのことの中からベテランの教師としての本質的なアドバイスをしてくれることでしょう。

## 保護者には一緒に歩んでもらう

　親たちが学校での自分の子どもたちにベストのことを願っているのは明らかです。子どもたちが成長し，強みを最大限いかし，弱みは最低限に抑え，授業はおもしろいし，次の朝も学校に行くのが待ちきれないといったことを親たちはみんな望んでいます。一人ひとりをいかすクラスは，生徒がもっていた学校とはどういうところかというイメージに直面した時と同様，親たちが学校に対してもっているステレオタイプのイメージにも対処しなければなりません。

　まず年度初めに，これから一年間学校でどんなことを期待するかを親に尋ねるといいでしょう。まずは尋ねて，学ぶのです。その後，一人ひとりをいかすクラスは，生徒の強みを受け入れ，さらに強化し，弱みを支援するチャンスを提供し，個々の成長の記録をつけ，熱中しておもしろく取り組めることを推進するところだということを体系的に伝えていきます。定期的な連絡，クラスのウェブサイト，生徒の取り組みに焦点を当てた保護者面談，生徒自身の自己評価などを使って，カリキュラムと教え方は親が子どもたちに設定している目標といかに同じであるかを親に理解してもらうのです。

　教室で積極的な役割を果たしてもらえるように親たちに依頼してもいいでしょう。ボランティアとして，悪戦苦闘している生徒に算数の概念を復習するのを助けたり，読んだことについて話し合うという大きなメリットを提供するために進んだ読み手と一緒に読んであげたり，さらには生徒と一緒にプロジェクトに取り組んだりできます（大人にとっても時間を割く価値があるという大切なメッセージが発信できます）。親たちは，小説，コンピューターの知識，地図，体験型の学習教材など，彼ら自身と子どもたちの学びを広げる宝の山でもあります。

　家庭と学校のパートナーシップは一人ひとりをいかすクラスには重要です。教師がいかにがんばろうと，親は常に自分の子どもたちのことをより深く知っています。したがって，教師はその知識の深さから学ぶべきです。それに対して，

教師は子どもの別の面を知っており，親はその知識の広さから学べます。子どもをこの両方の視点から見ることは，子どもの潜在力を開花させるのに貢献します。賢い教師は子どもたちと一緒に親も教育しますし，親からも学べるチャンスを模索し続けます。

## 地域コミュニティーを巻き込む

　教室の外の世界は魅力的で，教室よりも多くの可能性を提供してくれます。一人ひとりをいかすクラスが，その広い世界に開かれているのは道理にかなっています。フレデリックは実際にあるものの模型をつくる時に一番よく学べます。ファーンは英語で書く前に自分の母語でアイディアを口に出して言ってみる必要があります。サレインは学校の中にいるどの大人よりも，コンピューターについて詳しく知っています。小学4年生のチャーリーはすでに6年生の算数をすべて解き終えています。フランシーは是が非でもダンスを習いたいと思っています。フィリップは考古学が学びたくてうずうずしています。ジェニスはデジタル・カメラとビデオ・アニメーションを使って歴史のプロジェクトをやろうと思っています。これらのことをすべてこなせる教師はめったにいません。

　しかし，地域のボランティア団体は読むのが苦手な生徒や学習障害を抱えた生徒のために本を録音することができます（多くの教科書会社はオーディオ版やデジタル版も出しています）。地域に住んでいるその道に精通した先輩であるメンターたちは，写真，野球の統計，コンピューター・アニメーション，ジャズなどで，よりワクワクする可能性を生徒に提供することができます。教会は，2か国語を話せるようになりたい生徒にボランティアを提供することができます。企業は，教室の図書コーナーに敷く古い絨毯を提供することができます。博物館や美術館は，アイディアや資料や個別プロジェクトへのアドバイスや施設内でのバーチャル社会見学やオンライン・コレクションへのアクセスなどを提供できます。高齢者施設は周回（第7章を参照）用のテーマのアドバイスや資料が提供できます。学校の外の世界は，豊富な資源と人材のある教室です。度量の広い教師は，生徒をそれらの多様な選択肢と結びつけることができるのです。

・・・

　繰り返しますが，すべてを一度にしようとする必要はありません。毎年，同僚とつながる新しい方法を考え，管理職から本質を見抜いたアドバイスやサポートを得て，親たちから学び，そして教え，世界のほんの一部をあなたの教室に招き入れればいいのです。一人ひとりをいかす教え方の専門家になるというのはキャリアを通した目標であることを忘れないでください。一歩ずつ，あなたは着実に前進します。

第 **10** 章

# 一人ひとりをいかす教室づくりの促進者としてのリーダーたち

　物事を変えるプロセスがさほど複雑なことではないと見なすのは，とても簡単です。しかし，何かを変えるということは，実際には難しいことです。なぜなら，それは，ジレンマ（板挟み）や複雑な価値観，矛盾がつきまとい，不可解なものとなっているからです。何かを変えるということは，明確な展望をもつことと広い心をもって対応すること，主導権を取ることと他者に権限を与えること，サポートすることとプレッシャーをかけること，小さいことから始めることと大きく考えること，成果を期待することと忍耐強く続けること，計画を立てることと柔軟性をもつこと，トップダウンで進めることとボトムアップで進めること，不安を経験することと満足を経験することといった，一見すると互いに両立しないように思えることを結びつけることだからです。

　　　　　　　　　　『教育改革の新しい意味（未訳）』マイケル・フラン他◆33

　一人ひとりの生徒をいかすということは，単に一つの指導法を指すのではなく，たくさんの指導法のことであり，一つの教え方のモデルを意味します。それは，生徒は変化するものだということを無視したままあらかじめ決められた活動計画に沿うよりも，むしろ，一人ひとりのその時の実態から始めることが大切だと主張する，教えることと学ぶことについての考え方です。教育に携わる者が，評価，教えること，学ぶこと，クラスの役割，時間の使い方，そしてカリキュラムについて抱いている一般的な考えに挑戦する考え方です。加えて

言えば，人の学び方についての私たちの深い理解に基づく考え方でもあります。

　この挑戦に取り組むことが必要だと感じる教師は，本書のようなものを読み，その挑戦を支える哲学を自分の授業実践に取り込み，そして自分の授業をつくり替えます。しかしながら，一人ひとりの成長を目指すリーダーたちは，しばしば，もっと大きなスケールでの変革が必要だと考えています。

　この章は，学年や教科主任を含めた各校務分掌のリーダーたち，校長，教育委員会の指導主事など，一人ひとりをいかす教室をつくり出すための触媒となりたいと思っている人たちに向けて書いています。学校を変革することは簡単ではありません。しかし，手の届かないものではありません。変革のプロセスに関する最新の知識をしっかり把握していれば，学校の変革は可能です。このことを理解しておくことはきわめて重要です。なぜなら，一人ひとりをいかす教室づくりを始めるということは，学校が重大な変革の道を歩み始めることになるからです。

## 学校変革にまつわるこれまでの経験と研究成果

　私たちは教育における変革のプロセスについて，つまり，何が変革を支援し，何が障害となるのか，変革が進む段階，そして多様な人々の役割と対応について，たくさんのことを知っています。この章で取り上げることは，マイケル・フラン[30, 31, 32]，セイモア・サラソン[68, 69]，ロバート・エバンス[28]，トーマス・セルジョヴァーニ[72,73]といった研究者[注1]が，先の見えないプロセスに光を当てて見いだした研究成果を集約しただけでは，十分ではありません。確かに，彼らの研究成果に基づく大切な結論は，学校における変革を導くための必須の原則について述べた本章の提案を支持してくれています。しかし，ここで提供するのは，変革に直線的に進んで行くような提案ではありません。なぜなら，変革は複雑であり，混沌としていて，予想できるものではないからです。

---

注1：学校の変革をテーマにした研究および実践は，ここで紹介されている研究者たちを含めて，英語圏ではかなりの量になっていますが，訳されているのは1〜2冊です。出版社に提案しても売れる本とは思ってくれません。訳者の一人がリーダー向けに書いた『校長先生という仕事』（吉田新一郎著，平凡社新書，2005年）は，これらの研究者や実践者たちの本も参考にして書いた本でした。

変革に取りかかる時には，私たちは何度もスタートを切り直し，そしていくつかの段階を飛ばしてしまうことさえあります。しかし，学校や教育委員会のリーダーが，一人ひとりをいかす教室へと至る変革を指導していく時には，以下で述べる提案の一つひとつが，振り返りのために繰り返し重要となるでしょう。

## 信念と目標を吟味せよ

一人ひとりをいかす教室の考え方が，なぜ道理にかなったことであり，あなたにとって重要であるかについて，考える時間をつくってください。学校や社会の未来のためには異なる能力をもった生徒の学習コミュニティーが重要だと深く信じているからですか？　標準化された授業に幻滅している多くの生徒を見てきているからですか？　認知心理学や脳の働きに関する知識からですか？経費を節約したいからですか？　すべての動機が同じというわけではありません。

一人ひとりをいかす授業づくりのために払う労力にはそれだけで価値がある理由を，あなたは理解していなければなりません。あなたが指導している人たちに，一人ひとりをいかす教室についてのあなたの考え方を，明確に，そして，信念をもって説明できなければなりません。もしあなたが一人ひとりをいかす教室は価値あるものであることについて説得力のある考えをもっていなければ，あなたが中心となって取り組んでいる一人ひとりをいかす教室づくりから手を引くのが賢明でしょう。

## ビジョンを確立し共有せよ

リーダーシップは，一人ひとりをいかす教室の実現を目指した取り組みに他の人を引き込むためのビジョンを創造し，他の人を鼓舞することに，大いに関係します。もし変革が起これば，あなたの学校や教育委員会が管轄している学校の教室はどのようになるでしょうか？　なぜそれは望ましいことなのですか？　誰にとって望ましいことなのですか？

不明確なことだらけの仕事を，教師に求めてはいけません。あなたは，一人ひとりをいかすということの定義や目標を明確にもっていなければなりません。定義や目標を他者に説明して，それを検討したり，あなたと話し合ったりする

ことができるようにしてください。その後，一方では自分のビジョンを抱きつつ，他方では他のリーダー，教師，親たちに手を差し伸べ，そのビジョンをよりよいものにし，拡張していくといった，困難を伴うことへといざなうようにしましょう。リーダーは，自分自身の考えに信念をもたねばなりませんが，しかし同時に，変革を実現するためには建設的な方法でその考え自体を必然的につくり替えることを迫る現実に対して寛容でなければなりません。それが変革というものがもつパラドックスです。

目標は明確です。つまり，多様な生徒の多様な学習上のニーズに対応した，すばらしい授業が展開される教室をつくりたいということです。本書はこの目標の達成について考えるための一つの方法を示しています。このことについて考えるためには，他の方法もあります。それは，すべての考え方に対して寛容さをもち，他の関係者を招き入れてもっと幅広く考えることです。変革は，方向感覚を共有することから始まります。しかし，価値のある旅というものは，一直線に進んでいくようなことがほとんどない，と理解しておかなければなりません。

## 過重な負担を避けよ

教師は，相互に関連のない数多くのことについて一度に学び，すべて同時にそれらに取り組むように求められていると感じることがよくあります。もしそれらの要求が，一人ひとりをいかす教室が自分に求められていることと矛盾すると感じたならば，教師は当然がっかりしたり，怒ったりするでしょう。だから，教師が過重な負担に感じるのを避けるのは大切なことなのです。

効果的な変革をおこす種をまくために，リーダーは，まず，すべての生徒に対応する授業をつくるといったような，一つの重要な目標に焦点を当てる必要があります。目標を教師一人ひとりの考えの中心にしっかりと置くことです。目標に焦点を当てる妨げになることはできる限り先に延ばし，目標の達成に役立つことから始めるのです。たとえば，「ブッククラブ<sup>注2</sup> についてみんなでいま学習しているのは，それが生徒のレディネスや興味関心の多様性に対応する

---

注2：ブッククラブについては，15ページおよび176ページを参照してください。

のに役立つからですよ」と，教師たちに話すのです。あるいは，文化やジェンダーのパターンを学習することは「生徒たちのニーズに対応する豊かな授業をつくるという私たちの目標を達成するために役立つからですよ」と説明するのです。あるいは「これらのアプリをこのような方法で使えば，多くの生徒の学習ニーズにもっと効果的に対応することができると思いますよ」というようなことを，実例をあげながら示すのです。言い換えれば，「今，私たちがしていることは，多様な生徒の学びを最大化するために，生徒が私たちに求めていることなのですよ。今，私たちが話し合っていることは，この目標を達成するのに役立つことなのですよ」というメッセージを伝えることが重要なのです。

## 長い道のりにそなえよ

　実のある変革のプロセスは，その始まりも，実行も，制度化もゆっくりと進んでいくものです。変革がしっかりと「根づく」ためには，どうしても5年から10年は必要です。もしあなたが本気で一人ひとりをいかす教室をつくろうとするのであれば，この期間の行程表を立ててください。変革に取り組む仲間が長期的な展望をもてるように，必要な事項に関する行程表を公表しておくことで，その考えがここに根づいていると知らせてください。もちろん，その計画は何度もつくり直され，行程表も修正されることになるでしょう。しかし，変革が目に見えるようになるには時間が必要であっても，揺るぎない確信をもっていることを明確に示す必要があります。

　教育界には，一時の流行で大騒ぎをして，その後，止めてしまうという悪い習慣があります。たいていの教師は，しばらくの間静かにしていれば，避けたい面倒なことは消えてしまうとわかっています。一人ひとりをいかす教室を実現するための手っ取り早い方法はありません。一年で達成するという目標を立てた場合，それは失敗する運命にあり，あなたの仲間の教師から，教室の変革のためには何が必要なのかを実際に学ぶ機会を奪うことになります。

## 上手にスタートせよ

　上手にスタートするためには，まず小さなことから始めてください。学校全体や教育委員会全体ではなく，2，3人の先導役となる教師や教室で試してく

ださい。スタートしたら，変革のプロセスの早い段階で，目に見える変化が授業実践で確実に起こるように十分なサポートをすることです。変革のためのスキルと変革を志す意志のある教師から，まず始めてください。そのような教師とは，すでに自分の実践を振り返ることができ，生徒に対する感受性があり，教え方のパターンが柔軟で，学ぶ準備ができている教師です。そうすれば，成功を早めることができたり，不可避の問題に取り組むための方策や，このプロセスを拡張していく際に人材を開拓するための中核となる教師が生み出されたりするでしょう。その後，一緒に活動できる教師でチームをつくり，考えや教材を共有し，お互いに問題を解決し合い，共に授業を行い，お互いに観察し合ってフィードバックをするのです。孤立ではなく同僚性こそが，新しい考えをより豊かなものにする土壌となります。

　ひとたび，この中核となるグループができあがれば，信念に向かって突き進んでください。変革を進める時には，信念について考えることは教師にとって非常に重要です。たとえば，算数を教える新しいアプローチを実行する時に，それが学びの全体像の中でどのように位置するのかという考えがなければ，間違ったやり方になってしまいやすいのです。その一方で，教えることは，教師を現実主義者にします。教師には教室で実際に授業がうまくいったという理由で，信念を変えてしまう傾向が大いにあります。つまり，信念を変えたからという理由で新たなアプローチを試してみようとは必ずしも思わないのです。だからこそ，そのアクションがなぜ大切なのか，そのアクションが生徒の成長を支援するのにどう役に立っているかについて対話を続けることを通して，教師が教室で実際にしようとしていることが何を意味することなのかを教師自身がはっきりわかるように支援してください。

## 一人ひとりをいかす方法のモデルをつくれ

　一人ひとりをいかす教室では，教師は生徒に次のようなことを話します。

　　これから先生が話すことを，みんなで目指していきましょう。その過程で，もちろん，みんなは学び，成長し，一生懸命に努力します。では，どのようにして目標を達成するのでしょうか？　ある人は他の人より速く行動するかもしれませ

ん。ある人は他の人より先に始めます。ある人にはＡプランの方がうまくいくかもしれませんが，別の人はＢプランの方がうまくいくかもしれません。時には，私が先生としてどうするかを決め，時には生徒のあなたたちが決めることになります。けれど，みんなで一緒に決めていくことが多いと思います。私たちみんなが最大限の成長を達成するという目標に到達できるように，私たちみんなでどうするかを決めるようにしていきます。

　リーダーがイニシアティブをとって一人ひとりをいかす教え方を始める時，そのリーダーは教師としての役割を担うことになります。学校と教師は同じものではありません。しかし，学校も教師も，一人ひとりをいかす教室を目指して前進していくという点では，同じです。では，いかにしてその目標に到達するのでしょうか？　学校が違えば，また教師が違えば，それぞれの学校や教師のレディネスのレベル，興味関心，学習履歴もさまざまです。学校も教師も，さまざまなルートをたどって，さまざまな形の援助を受けながら，さまざまな計画に基づき，一人ひとりをいかすための方法をつくり出していくことが必要です。時には，リーダーが大事なことを決定することがあるでしょうし，また時には，教師が決定しなければならないこともあります。けれど，リーダーと教師が一緒に決定に関わることが多いでしょう。そして，一人ひとりをいかす教室を目指し，最大限の進歩を遂げることができるよう，いつも目を配ります。一人ひとりをいかす教室のモデルとなるリーダーは，生徒たちのニーズに対応する教室で必要とされる，互いを尊重し合う環境とはどのようなものなのかについて，事例を示します。リーダーがモデルとなることによって，一人ひとりをいかすということがどのようなものなのかを仲間と語り合う機会が自然に生じるようになるのです。

## 方針と手順を検討せよ

　リーダーは，たとえ国や州，教育委員会の方針と手順が目標の達成を困難にしているとしても，その目標を達成するよう教師に求めることがよくあります。時には，リーダーは，生徒の多様なニーズに応じる方法を見いだすために，矛盾する要求やプロセスをうまく調整できるよう，同僚たちと一緒に努力するこ

とが必要です。ここで考えておくべき問いは次の通りです。

- あなたは，学校の時間割を調整して，授業に集中できる，まとまった長さの時間帯をつくることができますか？　40分という時間では，一人ひとりをいかす理科の授業を準備し実践するのは困難です。
- あなたが所属する教育委員会では，一つの教科や一つの学年に対して1冊の教科書だけしか認めないというよりも，むしろ複数の教科書を認めるべきだと考えられていますか？　たとえばすべての小学3年生が同じ教科書を使用すべきだとしている教育委員会では，一人ひとりをいかすことはそんなに重要ではないというメッセージを送っていることになります。
- あなたが所属する教育委員会では，学業成績だけに焦点を当てるのではなく，生徒の思考の習慣，活動内容，生徒自身の成長に関するデータを含んだ成績表に変えることができますか？
- あなたの所属する学校では，生徒の多様性の幅を狭くするクラスを作ることを考えていますか？　「ノアの方舟」方式とは，能力が似通った生徒を二人一組にして教える方法ですが，これはすべての教師にとって，生徒の課題に応じるための最も推奨できる，効果的な近道とはならないかもしれません。能力が似通った生徒でグループを作るのは，公平な学習コミュニティーを確立する点でよい解決策ではありません。しかし，一人ひとりをいかしていく初期の段階では，一つのクラスであらゆる学習ニーズに応じるのは，教師によっては荷が重すぎるかもしれません。注3
- 一人ひとりをいかす教え方を強力に進めようとしている教師のために，(少なくとも教師の学びの初期の段階では) 1クラス当たりの人数を減らしたり，サポーターを増やしたり，教室の広さや計画立案のための時間を増やしたりするためには，どんな方法があるか，考えられますか？
- 一人ひとりをいかすことについて保護者と話し合う場合，学校のレベルか

注3：著者は，一人ひとりをいかす教室づくりをしていく方法として，同質的な生徒でグループをつくって指導する「ノアの方舟」方式を積極的に奨励しているわけではありません。しかし，一人ひとりを生かす教室づくりに取り組み始めた初期の段階では，いきなり能力差の混在した生徒たちに対して一人ひとりを生かす授業を進めていくのは難しいかもしれないので，初期の段階では「ノアの方舟」方式を部分的に採用するのもやむをえないという意味なのだと思われます。

第10章　一人ひとりをいかす教室づくりの促進者としてのリーダーたち　211

ら始める必要があると考えていますか？　それとも教育委員会のレベルか
らですか？　一人ひとりをいかすアプローチや生徒にとってのその潜在的
な利点，そのアプローチに参加する機会について，保護者から理解を得る
ことを，教師だけの力で行うつもりでいますか？


　時に，リーダーでは事態を変えることができない場合があります。その場合，
リーダーにできることは，教師が方針と手順を考え直すことができるよう支援
することだけです。たとえば，標準化されたテストが重視されているのを教師
は目の当たりにしますが，これは一人ひとりをいかすことと矛盾しています。
実際，同じ教材を使って，教師中心のやり方で，すべての生徒を教え続けても，
理想とする成績をあげることは決してできません。それは，学習が進んでいる
生徒にとっても，どうしようもないくらい遅れていると感じている生徒にとっ
ても，たとえほとんどの生徒にはあり得ないくらい速いスピードで，またある
者には遅すぎるスピードで取り組んだとしても，誰にとってもいい結果をもた
らすことはできません。
　そのような教え方では，生徒を動機づけたり，活気づけたりすることにはな
りません。しかし，一人ひとりの生徒をいかす教え方を効果的に行えば，より
多くの生徒が標準化されたテストで良い成績を収めることができます。リーダ
ーは，一人ひとりをいかす教え方と主にテストの点数で判断される学力向上の
間には矛盾がないことを教師にしっかり説明し，そして支援し続けるのです。
　文部科学省（日本の場合）から降ろされてくる到達基準や教科書についてい
る指導書が，実践されるべきカリキュラムに「そのままなる」はずがありませ
ん。しかし，これらを生徒が参加する授業の計画に組み入れることはできます。
教師がこの違いがわかるように支援し，もっと関与できるアプローチの仕方を
採用する自由を教師に与えることは，一人ひとりをいかす教室を実現するため
に不可欠なことです。教師が成功しているかどうかやその教師に価値があるか
どうかは，年に一度，特定の日に実施されるテストで生徒全員に「平均点以上」
を取らせる能力があるかどうかで判断できる，そのようなメッセージを言葉や
行動で示してしまうような教育委員会レベルのリーダーや学校の管理職は，一
人ひとりをいかす教室について権限をもつべきではありません。

## 変革の複雑さに対応するための教員研修を計画せよ

　変革の初期段階では，一人ひとりをいかすとはどういうことなのかを定義づけたり，議論したり，実例を示したりするような，教員研修機会をもつことが有効です。もし，その研修が，学校や教育委員会で設定されている定義や原則，目標に合致しているのなら（そしてその定義や原則や目標が説得力をもって提示されるのなら），その研修は一つの考えへと効果的に方向づける一助となります。しかし，「演壇から」の一方的なプレゼンテーションをし続けると，研修によってアクションを引き起こす効果は急速に奪われます。

　テーマに関する新しい情報，つまり，そのテーマの概念，原理，スキルに関する情報を，教師が必要とする時があります。これらの情報は，教員研修のプレゼンテーション，読書，ビデオ視聴，あるいは個人や小グループでの質疑を通して手に入れることができるかもしれません。それから，教師には，新しい考えを理解するための時間と機会が必要です。したがって，リーダーは，その考えについて教師の振り返りを促すための時間と仕組みをつくらなければなりません。教師には，その考えを授業の活動として具体化していくための，長期的，短期的な自分の目標を設定する能力と，実行するための計画を立案する能力が必要です。この過程で教師を支援するために，まずはペアで計画を立てるよう促します。それから，複数の教師が一緒に行う授業，同僚による授業観察，そして同僚同士での報告会などができるようにします。

　その時点で，その具体化の試みから学んだこと（自分自身での振り返り，同僚からの助言，生徒からのフィードバックを含む）をもとにして，教師は，有効な助言を取り入れながら，さらなる情報を得たり，実践で試みたスキルをさらに磨くための支援を受け入れたり，別のやり方を試みたりすることができるようになるでしょう。

　教員研修のサイクルは，教室での優れた授業のそれとよく似ています。教員研修を担う人は，次のようにあるべきです。

- 重要な事実，概念，原理，スキルが，期待される結果に到達するために必要であるということをわかっている。
- 重要な事実，概念，原理，スキルを学習者としての教師に提示したり，学

習者としての教師がそれらと出合うようにしたりするための指導の流れを
開発する。
- 重要な事実，概念，原理，スキルを修得するための，学習者としての教師
のレディネスを評価する。
- 学習者としての教師が新しい考えが意味することを理解し，それを試して
みる機会を提供する。
- 学習者としての教師が新しい考えを活用することに焦点化して，フィード
バックを提供する。
- 学習者としての教師の現在のニーズに応じて，次の学習機会を用意する。

　学習者としての教師の多様性にはいろいろな状態があることを，心にとめて
おいてください。ある教師は一人ひとりをいかすためのしっかりとした教え方
を考えるスキルをもってはいるものの，それを実行する意志が欠けているかも
しれません。ある教師は，意志はあるものの，新しい方法でカリキュラムにつ
いて考えるスキルが欠けているかもしれません。ある教師は，カリキュラムに
対して新しいアプローチを扱うことができるけれども，生徒中心の授業を準備
する時になってつまずくことがあるかもしれません。すでに生徒中心の授業が
できているけれども，理解することや意味づけることに基礎をおいたアプロー
チで授業するのが難しいと感じる教師がいるかもしれません。新しい信念体系
を築いていくためのガイダンスが必要な教師も，全員ではないけれど何人かは
いると思います。一つの方法で誰もが成長するような教員研修では，一人ひと
りをいかす教室を実現していくことはできません。教員研修は，あなたが信じ
ていることをモデルとして示すための，もう一つの重要な機会です。

## 継続的に支援せよ

　長期間にわたる変革のサイクルを通して，教師は持続的なサポートを必要と
するでしょう。教師にとって必要なリーダーからの支援は次のようなものです。

- 教師が成長するための目的を明確にする。
- 一人ひとりをいかす授業を計画する時間を確保する。

- 指導書が改訂された時[注4]に，一人ひとりをいかすカリキュラムをつくる。
- 一人ひとりをいかしている教室を観察する機会を用意する。
- 学習者に焦点を当てたいろいろなテクノロジーと教材を利用できるようにする。
- しばらくの間，やかましいとかゴミが出るとか指摘されることを心配せずに，安心して授業で新しいアプローチを試すことができるようにする。
- 一人ひとりをいかす授業について，有意義で的を絞ったフィードバックを提供する。
- 早い段階からこの取り組みに参画した教師が，変革に反対している同僚に「不当に扱われて」も孤立感を感じないようにするために，相互に支援し激励し合うネットワークをつくる。
- 教師がよい成果をあげた時や，成功とまではいかなくてもリスクを負って頑張った時には，そのことをはっきりと評価する。

　有能なリーダーは，教師の努力を支え，持続させる方法を探し続けます。未知の領域に教師をひとりぼっちで送り込むことはしません。

## プレッシャーを与えながらサポートを提供せよ

　よくあることですが，教えることは慣れを招きます。たくさんの生徒には，たくさんのニーズがあるので，たくさんの教師の働きかけが日々必要となります。学校や授業に関わるたいていのことは変革を拒みやすく，一人ひとりをいかす授業を試してみるための「もっとよい」日がやってくる・いつか・をいつまでも待つということになりやすいのです。

　私はかつて，教師というものは，光を見るか，あるいは熱を感じるかのいずれかの理由で変わるのだと，ある人が話すのを聞いたことがあります。両方とも動機づけとなるものを意味しています。つまり，有能な教育行政の担当者や学校の管理職は，前進していくことを教師に求めるとともに，新しい取り組みの利点を教師が理解していくことを支援する，光と熱の両方の発信源とならな

---

注4：日本の場合は，「教科書が改訂された時」に置き換えられるでしょう。

ければなりません。教科領域のコーディネーター，学年主任，特別支援教育の教師といった教師のリーダーは，光の発信源としては優れていますが，一般的に見れば，彼らには熱を供給する力はありません。だからといって，自分たちが無力だと感じる必要はありません。それよりも，教師のリーダーは，自分たちが光の発信源になれるように，熱を供給する力がある立場の人たちから支えられるべき存在なのです。

## 一人ひとりをいかすことを専門職としての責任にリンクさせよ

　一人ひとりをいかす教え方という言葉は比較的新しいものかもしれませんが，顧客のニーズに応じてサービスを提供するという考えは新しいものではありません。顧客が 20 〜 30 人と一度にやってくる教育という場においてであっても，教師は，生徒一人ひとりが異なっており，型通りのやり方で提示されるものを「身につける」ことはないと早い段階で理解します。継続的な評価に基づき，生徒のニーズに焦点を当てて事前に計画された，一人ひとりを積極的にいかす授業をしてはいなくても，たいていの教師は生徒一人ひとりが成功するように支援することが自分の役割であると強く信じています。

　すべての生徒が有意義で力強い学習に取り組むことができるようにすることは，専門職としての教師の責任です。そして，その責任を教師が理解していくことができるように支援することは，一人ひとりをいかす教室へと前進するための核となります。シャーロット・ダニエルソン[22] が提示している鍵となる4領域（計画と準備，教室環境，授業，専門職としての責任）における教師の力量形成に関する枠組みでは，彼女が言うところの「不十分」「基礎的」「熟練」「卓越」の四つの段階的なレベルが提案されています。

　ダニエルソンの豊富で広範囲にわたる枠組みによれば，「卓越」というレベルは，生徒の多様なニーズに応えることとなっています。この枠組みは，一人ひとりをいかす教え方を補うことを意図して開発されたものではありませんが，優れた教師ほど，生徒を総体としてではなく個人として評価し，一人ひとりのために尽くす能力をもつという現実を示しているのです。

　ダニエルソンが提案しているような枠組みを使えば，教師が振り返りを続け，さらに努力に磨きをかけることを促すことにより，生徒一人ひとりのニーズに

応じる能力や自信を向上させる支援が可能となります。教師が一人ひとりのニーズに応じる授業を実現するための個人的な目標を設定し，その目標の達成を目指してアクションを起こし，成長を効果的にサポートするリーダーからの的を射たフィードバックを受け取り，質の高い専門的力量の獲得に向けて絶えず成長していくといったプロセスを評価する際に，そのようなベンチマーク（基準点）はとりわけ有効です。こうしたアプローチは，実行していることとそれについての説明責任を明確にするという点で，光と熱の発信源となるに違いありません。

ダニエルソンの枠組みと一人ひとりをいかす教え方の関係についての詳細な説明（一人ひとりをいかすことがどのように専門職としての責任だと考えることができるのかに焦点を当てたもの）は，ASCD のウェブサイト（www.ascd.org/ASCD/pdf/books/TDC14.pdf）で入手可能です。

## 初任教師についての一言

明日の教育の質の高さは，まさに次世代の教師を私たちがいかに育てていくかにかかっています。先行研究によれば，学力面で多様な生徒たちに直面するにもかかわらず，そのような生徒たちに授業をするための教育が，養成段階の教師志望学生に対する教師教育のプログラムでは十分になされていないことがよくあると示唆されています。◆[67, 96] たとえば，養成段階の教師志望学生については，次のように指摘されています。

- 一人ひとりをいかす教え方を教員養成プログラムで経験することがほとんどない。
- 学力面で多様な生徒たちのニーズの理解に役立つコースは，特別な支援を要する生徒に関する概説の講義が一つあるだけで，このコースの授業はもっぱら学習者の特性を扱うもの，ほとんど例外なく「何をすべきなのか」についての指導はない。
- 大学教授や熟練教師から，一人ひとりをいかす教え方を勧められることはめったにない。

- とりわけ熟練教師から「みんなをずっと一緒に教えなさい」と奨励される機会が多いため，一人ひとりをいかす教え方を諦めることがよくある。
- 無理なく実践できると感じている教え方をほとんどもっておらず，多様なニーズに対応するための選択肢も薄っぺらなものしかもっていない。
- 初めての授業で実践できる複数の課題や活動を同時並行で展開する授業のイメージは，たとえあったとしても，ごくわずかである。

　以前は，教えるという営みが複雑であることと「その学校でのやり方」に従いなさいという同僚からの圧力という両方の理由から，初任教師に対して「学力が中位にある生徒を対象に教える」ことを求める傾向が強くありました。一人ひとりをいかすことを強力かつ首尾一貫して強調した教師教育プログラムを受けるとともに，一人ひとりをいかす教え方を実践している熟練教師から指導を受けている初任教師は，学習者の多様なニーズに応じる授業の試みを教職の早い段階から行う傾向があります。

　教職の早い段階は，教職についての「総合的な運動のスキル[注5]」を開発する時期です。一人ひとりをしっかりいかすことは，授業についての「細かな運動のスキル[注6]」です。したがって，初任教師が，一人ひとりをいかす教室づくりを計画し，それを円滑に進めていくことについて熟達した状態にあるということはほとんどないでしょうし，それを期待すべきでもありません。しかし，もし初任教師が一人ひとりをいかすことについて教員養成の段階で質の高い教育を受けたなら，一人ひとりをいかす授業の基礎となる総合的な運動のスキルと，いくつかの細かな運動のスキルの両方を身につけて，教師としての旅を始めることができるのです。教師教育のプログラムと学校は，初任期の教師が学力差のある生徒に対する授業をうまくやっていくためのスキルと意志を精力的かつ継続的に向上させていくことができるよう，力を注ぐことが必要です。

　教師教育のプログラムと初任教師を採用する教育委員会は，次のことをしな

---

注5・注6：ここでは教職の基礎となるスキルと一人ひとりをいかす授業に必要な教師のスキルを，運動のスキルにたとえて説明されています。「総合的な運動のスキル」は，歩く，這う，立つ，走るといった運動のように，足や腕などの体の大きな筋肉を使う運動に関係するスキルのことです。それに対して「細かな運動のスキル」は，指で物をつかむ，文字を書くといった運動のように，手や手首，手足の指といった小さな筋肉を使う動きに関係するスキルのことです。

ければなりません。

- 生徒中心で，一人ひとりをいかす教え方に関して期待することを，初任教師に対して明確に設定する。
- 一人ひとりをいかすカリキュラムと教え方についての明確なモデルを提供する。
- 生徒のニーズとそれに対する適切な対応について教師が振り返りを行うことを支援するためにメンタリングを行う。
- 一人ひとりをいかすことへと教師をいざない，その運営を可能にする教え方をさらに拡大して実践していくことに，教師が安心して取り組めるようにする。
- 一人ひとりをいかす教え方を実践している教師とのパートナーシップを早期につくる。
- 教師が生徒のニーズについて振り返りを行い，計画を立てるために必要な時間と仕組みを提供する。
- 一人ひとりをいかす教え方を目指した教師の成長の様子を適切に評価する。

• • •

　学校がますます多様化していくのに伴い，すべての生徒に対応した有意義で力強い教育を学校が提供できるかどうかは，学力が中位にある生徒を対象とした授業への呪縛から教師たちが解き放たれていくために必要な時間やリソース，ガイダンスを費やすことに対して，私たちがどれだけ意欲を注ぐのかに深く関係します。私たちは，生徒一人ひとりのレディネス，興味関心，学習履歴に応じた授業が実現できるように，すべての教育者を支援しなければなりません。

# あとがき

　導くということは，まず私自身が先を進むことである。そうすることで，人は私を信頼することができる。なぜなら，池に張った氷が割れないことを，私自身が確かめているからだ。そして，自分がいまこうして生きていることを証明しているからだ。大人へと成長し，自分の世界をつくっていくことによって，報いを得ることもあれば，罠にかけられることもあるということを，私は今なら知っている。教育という世界では（リスクや危険がつきものだから）先に進んで行ったとしても成功するという保証は何もないけれど，それよりももっと確かに約束できる大事なことがある。それは，何と言っても，私がここにいるということだ。だから，私をあてにしてくれていいのだ。

　　　　　　　　　『教育のタクト（未訳）』マックス・ヴァン・マーネン[100]

　たいていの教師にとって，教室という場所は教師としてのすべてのキャリアを過ごす場所です。25年から30年の間，たくさんの生徒がいる一方で，教師としては孤独でもある教室という場所で，来る日も来る日も授業を繰り返し，教師という仕事について学び，その仕事を実践し続けるのです。教室は生涯の大半を過ごす場所であり，そこで私たちは生徒たちに影響を及ぼそうと努力するのです。

　実際には二日と同じ日はないにもかかわらず，もし注意深さをもたなければ，どの日もやる気をそぐような単調な日々となりうるというのが，授業の皮肉なところです。私たちには，教師になった初任の頃とほとんど同じままで留まってしまう可能性もあれば，自分自身と自分の授業実践を変容させる機会もあるのだということを，よく覚えておくことが賢明です。

　本書で提案している考えは野心的なものです。しかし，その考えは，私たちがすべての生徒に求めるべきこと，つまり，リスクを覚悟し，手足を伸ばし，ぬるま湯に漬かったような状態から少しだけ前進することを日々追求している

教師にとっては，手に届く範囲にあるものです。

ルイス・トマスは，人類として私たちは，人生の複雑な問題に対する答えをたくさんもっているふりをするよりも，私たちの無知を褒め称えるべきであると主張しています。「ここまで進歩できたということにも一応の満足感はあるが，しかし，さらに同じだけ進歩できるということがわかれば，もっと深い喜び，歓喜さえわき起こるというものである」◆90 と，彼は言います。

それは，教えるということについても言えることであり，それが本書の精神です。つまり，まだしていないことがあると嘆いたりするのでも，成功に安住したりするのでもなく，むしろ，明日もまた，一人ひとりの生徒とともに本当に大切なことを学ぶ用意をして，教室のドアの前に立ち現れなければならないあらゆる理由をしっかりと考えるのです。

私たちのところにやってくる生徒は傷つきやすいものです。彼らは初々しい夢をもってやってきます。学ぶことへの情熱を心に呼び起こし，学び手としての可能性を高めていくための機会と努力と成功へと生徒を導くことができるかどうかは，私たち次第です。こうした現実を知りながらもあたかも生徒がその場に存在していないかのように授業を進めるのか，それとも，発達し続ける生命をもった生徒とともに授業の共同創造者となるための，恐ろしさや人間味のある機会をどのようにいかしていくのかを，私たち教師は日々選択することになります。

優れた教え方というものは，多分に，若者たちに対するリーダーシップを発揮するものだということを，正しく理解しましょう。私が信じているのは，私たちが人間として（そしてまた教師として）もっとも恐れをもつべきことは，私たちがそのリーダーとしての役割に不向きであるということではなく，計り知れないほど力をもっているのだという主張◆106 です。

私にとって一人ひとりをいかすということは，私たちがもっているその力を受け入れ，一人ひとりの生徒が日々教室にもってくる多様なニーズを見過ごさないようにすると宣言することです。たどたどしく，そして不十分にしかできないことが時にはあっても，そうしたニーズを見逃さずに応じるというのが，私が確信をもって大切にしていることです。生徒たちにはいつでも次のように言うつもりでいます。「あなたたちのことを見ていますよ。気にかけていますよ。あなたたちのために私はここにいますよ。あてにしてくれていいのですよ」と。

# 資　料

## 一人ひとりをいかす授業の計画づくりをする際のツール

### ツール１　一人ひとりをいかす効果的な授業のための要素，特徴，教え方

　このツールは，多様な教室で一人ひとりをいかす授業を行う方法について考えていくための一般的なモデルを提供します。最初に，学習者すべてが経験すべき内容，方法（あるいは，意味をつくり出すための活動），成果物（総括的な課題やその他の本当の意味での評価）といったものの特徴をまとめて示しています。この表にあげた必要条件は，内容の提示，方法の開発，課題づくりについて，クラス全体のレベルで考えているか，それとも一人ひとりのレディネスのレベル，興味関心，学習履歴に応じて考えているかにかかわらず，すべての教師が計画を考える際の中心とすべきものです。

　表１には，内容，方法，成果物の必要条件を，そして表２には，生徒のレディネスや興味関心や学習履歴に応じて，一人ひとりをいかすために教師が利用可能な教え方のサンプルを示しています。後者はあらゆる教え方を一つ残さず網羅したものではありませんが，効果的な教育方法について現段階でわかっているものをあげています。すべての教え方が，教える内容に関する必要条件と生徒のニーズの両方を満たした適切なものでなければならないということに留意しておきましょう。

## 表1　一人ひとりをいかす授業の必要条件

| 内容の必要条件 | 方法の必要条件 | 成果物の必要条件 |
|---|---|---|
| ・ 知識，理解，スキルについての明確な目標があること<br>・ 概念と理解に基づくものであること<br>・ 十分な関連性があること<br>・ 夢中に取り組めること<br>・ 一貫性があること<br>・ 転移が可能なこと<br>・ 効力があること注1<br>・ 学問的な本物らしさがあること<br>・ 教え方と生徒が「自分のものとして吸収する」仕方が多様であること | ・ 知識，理解，スキルについての明確な目標があること，内容の知識，理解，スキルとしっかり結びついていること<br>・ 概念と理解に基づくものであること<br>・ 焦点が明確になっていること<br>・ レベルが高いこと<br>・ 目的に沿ったものであること<br>・ 転移されることを目標としていること<br>・ クリティカルな思考注2と創造的な思考のバランスがとれていること<br>・ メタ認知を促進すること<br>・ 表現の仕方が多様であること | ・ 知識，理解，スキルについての明確な目標があること，内容の知識，理解，スキルとしっかり結びついていること<br>・ 概念と理解に基づくものであること<br>・ 計画づくりのスキルが教えられ，そのスキルを使うことが要求されていること<br>・ 成果物を仕上げるスキルが教えられ，それらのスキルを使うことが要求されていること<br>・ すべての重要な内容（知識，理解，スキル）を統合したり転移したりすることが要求されていること<br>・ 本物の問題や成果発表の聞き手が意識されていること<br>・ 表現の仕方が多様であること |

注1：思考する力，理解する力，探究していることを授業で学習したこと以外の場面で用いる力，知識をただ消費するのではなくつくり出す立場になることを可能にする力といったものを，生徒に養うことができるという意味です。

注2：英語の critical には「批判的」という意味以外に「重要な」とか「大切な」という意味があります。ここでは，いろいろな情報や方法の中からどれがもっとも重要かを見きわめる思考のことを意味している（逆に言えば，大切でないものや偽物は排除できる思考）と考えています。これについてはダン・ロススタイン他著（吉田新一郎訳）『たった一つを変えるだけ』（新評論，2015 年）の p.121 を参照してください。

資　料　一人ひとりをいかす授業の計画づくりをする際のツール　223

**表2　一人ひとりをいかすための教え方のサンプル**

| 内容をいかすための教え方 | 方法をいかすための教え方 | 成果物をいかすための教え方 |
| --- | --- | --- |
| ・複数の教科書と補助プリント<br>・インターネット上の多様な資料<br>・多様な視聴覚資料<br>・読みを支援する多様なしくみ[注3]<br>・モデルの提示や演示<br>・多様な時間配分<br>・興味関心に基づく教材<br>・グループワーク<br>・ミニ・ワークショップ<br>・多様な教え方[注4]<br>　　　　　　　　　　　　　など | ・段階的な課題[注5]<br>・学習センター<br>・興味関心センター<br>・見える化シート<br>・三つの能力のオプション<br>・複雑さの程度が異なる学習のモデル<br>・探究や表現の多様な様式<br>・学習活動のための多様な準備や整備<br>・契約<br>・シミュレーション<br>・複合的プロジェクトのための課題<br>・ブッククラブ[注6]や話し合いのサークル<br>・RAFT課題[注7]<br>・ウェブでの調査や探究<br>　　　　　　　　　　　　　など | ・複合的プロジェクトの成果物<br>・三つの能力のオプション<br>・学習活動のための多様な準備や整備<br>・多様な資料<br>・地域を巻き込んだ成果物の作成<br>・メンターの活用<br>・個人での学習<br>・周回<br>・段階的な評価基準<br>・表現の仕方の多様性<br>・多様なメディアの使用<br>・段階的な課題の成果物<br>・多様な足場かけ<br>・インターネットでの調査や探究<br>　　　　　　　　　　　　　など |

注3：録音されたものを聞くこと，二人でペアになって読むこと，下線を付すなどして強調されたテキストを読むこと，見える化シートを活用すること，声に出して考えること，考えを付箋紙にメモをしながら読むこと，あらすじを書いたものを利用することなどがあります（著者からの私信より）。

注4：言葉で話す，視覚的なイメージを用いる，演示する，モデルを示す，音楽や劇を用いる，ロールプレイを行う，小グループでの話し合いを取り入れるなどの，いろいろな教え方のことです（著者からの私信より）。

注5：その課題の内容として，生徒のニーズ等を踏まえた多様な複雑性のレベルのものが用意されていることを意味しています。しかし，どんな課題であっても，知識，理解，スキルについての学習目標は同じです。詳しくは157〜164ページの項を参照してください。

注6：「ブッククラブ」については，15ページと176ページの注を参照してください。

注7：RAFT は，Role of the Writer（誰が書くのか＝書き手の立場），Audience（書いたものは誰が読むのか＝読み手），Format（どの形式で書くのか＝手紙，新聞，日記など），Topic（何について書くのか＝テーマ）の四つの観点の理解を促すための指導方法で，それぞれの頭文字をとってRAFT と呼ばれています。この方法を用いることで，生徒が創造的に書いたり，異なる観点からテーマについて考えたり，異なる読み手を意識して書いたりするように支援することができます。

## ツール2　イコライザー

　このツールは，オーディオ機器で聞き手が音色や音量，バランスなどを調節するために，左右に移動させる調節つまみ（コントローラー）に似せてデザインしたものです。これは，レディネスの違いを考えたり，それを踏まえた計画を立てたりする際のモデルとして利用できます。イコライザーが連続的にレベルを調整できるようになっていることで暗示しているのは，教師が一人ひとりにとって最適なチャレンジのレベルを見いだす努力をすることで調整できる「設定条件」が存在するということです。

　個別の課題に関する生徒のレディネスのレベルの違いに応じて一人ひとりをいかしていくためには，教師は，しっかりとした，焦点が明確で有意義なカリキュラムと授業（ツール1に示した必要条件に合致する内容，方法，成果物）を保証するという目標をもつことから始めるべきです。これが確立されたら，次に教師は，生徒のスタート地点として適切な最初の課題を調整するために，イコライザーの一つないしは二つ以上の調節つまみを，左側（基礎的）か右側（発展的）へと動かすことも考えられるようになります。たとえば，惑星について豊富な知識をもっていて，読む力がとても優れている生徒には，明日の発表の準備のために発展的な資料が必要かもしれません。一方，読む力があまりなく，惑星について基礎的知識を十分にもっていない生徒には，もっと基礎的な学習資料が必要かもしれません。

　オーディオ機器がそうであるように，すべての調節つまみを一度に動かす必要は必ずしもありません。加えて，あるテーマやスキルを学び始めた時点ではイコライザーの調節つまみを左側に動かすことが必要だった生徒のことを考えた場合，この生徒には，ユニットの学習が進行するのに伴って，生徒の成長の状態を反映するためと，さらなる成長をサポートするために，調節つまみの右側への動きを着実に反映するような活動と成果物が必要になるということにも留意することが重要です。このような進歩は，テーマを学習し始めた時のスタート地点の如何にかかわらず，クラスのすべての生徒に当てはまることです。

　しかし，ここに示した，連続的に変化するさまざまな調節つまみの種類がすべてではないことに注意してください。実際のところ，教師が自分の教室にい

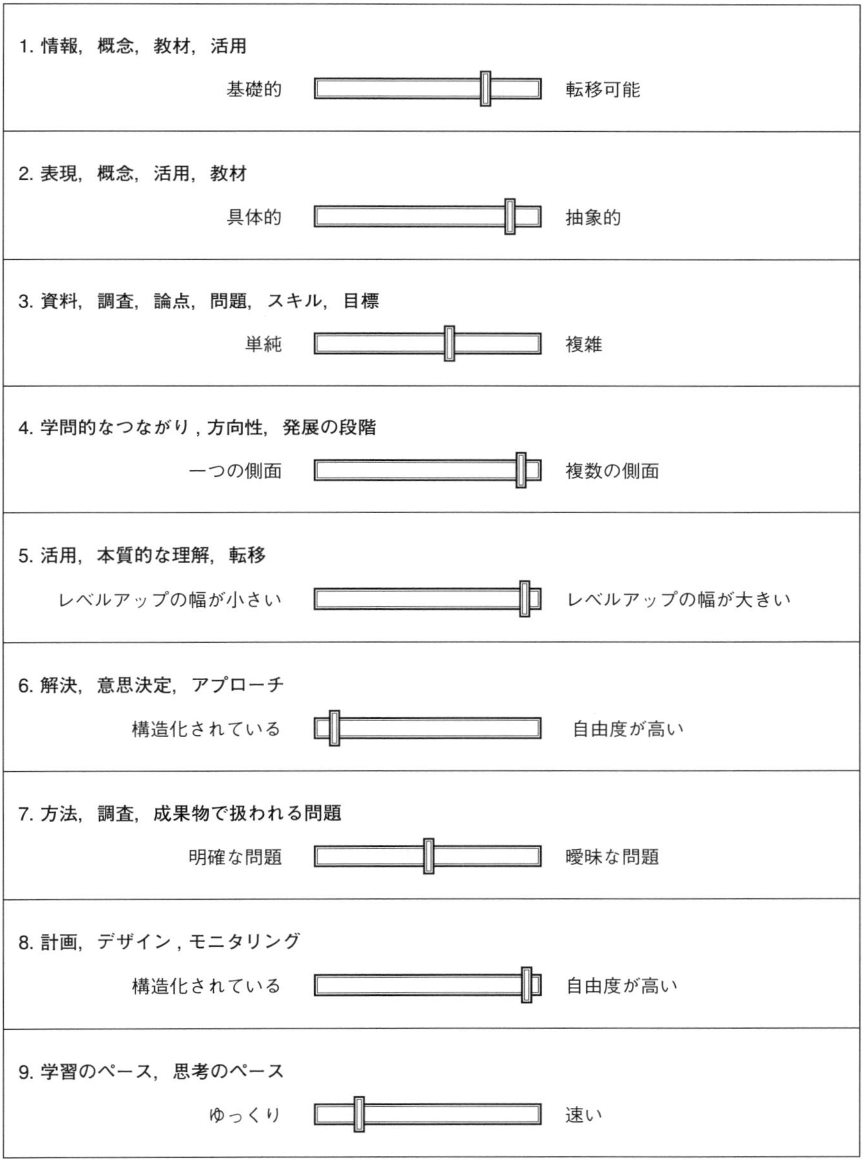

資　料　一人ひとりをいかす授業の計画づくりをする際のツール　225

1. 情報，概念，教材，活用

　　　　　　　基礎的　　━━━━━━━━━┫━　　転移可能

2. 表現，概念，活用，教材

　　　　　　　具体的　　━━━━━━━━━┫━　　抽象的

3. 資料，調査，論点，問題，スキル，目標

　　　　　　　単純　　━━━━━━┫━━━　　複雑

4. 学問的なつながり，方向性，発展の段階

　　　　　　一つの側面　　━━━━━━━┫　　複数の側面

5. 活用，本質的な理解，転移

　　レベルアップの幅が小さい　　━━━━━━━━━┫　　レベルアップの幅が大きい

6. 解決，意思決定，アプローチ

　　　　構造化されている　　┣━━━━━━━━━　　自由度が高い

7. 方法，調査，成果物で扱われる問題

　　　　　明確な問題　　━━━━━━┫━━━　　曖昧な問題

8. 計画，デザイン，モニタリング

　　　　構造化されている　　━━━━━━━━┫　　自由度が高い

9. 学習のペース，思考のペース

　　　　　　ゆっくり　　┣━━━━━━━━━　　速い

**図 1　イコライザー：レディネスに基づいて一人ひとりをいかす計画を考えるためのツール**

るさまざまな生徒にとって適切な課題をつくり出すために何ができるかを考え，新しい調節つまみを付け加えてイコライザーをカスタマイズすることは，教師にとって振り返りの訓練のよい機会となります。

## ツール3 | イコライザーの観点

　このツールは，生徒のレディネスの違いに応じたさまざまなイコライザーの調節つまみを使いながら，教師やカリキュラム開発に携わる人たちが，カリキュラムと授業を修正する方法について検討していくことを支援するためにデザインされたものです。たとえば，もし，ある概念やスキルの学習に悪戦苦闘している生徒がいた場合，教師はその生徒のために基礎的（基本的）な課題をデザインしようと考えるでしょう。生徒がそれらの概念やスキルの学習をしていく上で必要なつながりを見いだせるようにしたり，応用的な活動を完成したりできるようにする際に鍵となるのは，生徒にとってなじみのある概念やスキルから学習を開始するように促してみることかもしれません。おそらくそのような概念やスキルは，教科書で扱われている例や授業の話し合いで出てきた例，あるいは個人的に経験したこととかなり類似したものです。しかしながら，同じクラスの生徒でその概念やスキルをすでに自分のものにしている生徒は，転移可能な方法で，つまり，教科書や授業から離れた文脈で，あるいは個人的な経験から離れた場面でそれを応用する準備ができているかもしれません。

　一人ひとりのレディネスをいかすことの目的は，豊かな意味をもち，理解することに焦点を当てた学習を生徒に提供することと，自分を成長させることが必要になるようなチャレンジを用意することだと，覚えておいてください。同時に，教師はそのための足場や支援を提供するための計画を立てなければなりませんし，生徒にはそのチャレンジに応えるために新たなレベルやより高いレベルに到達することが必要となります。それが実現できた時が，イコライザーの調節つまみを右側に，つまり，もう少し手が届かないレベルへと，再び動かす時です。そして，これを繰り返していくのです。

資　料　一人ひとりをいかす授業の計画づくりをする際のツール　227

## 1. 情報，概念，教材，活用

基礎的 ▭▭▭▭▭ 転移可能

| | |
|---|---|
| ・ 教科書や経験との関連が深い | ・ 教科書や経験とは離れている |
| ・ 類似した場面やなじみのある場面で概念やスキルを用いる | ・ 予想外の場面やなじみのない場面で概念やスキルを用いる |
| ・ 重要な概念やスキルだけを用いる | ・ 重要な概念やスキルを，それとは関連のない概念やスキルと一緒に用いる |
| ・ 基礎的なスキルと知識が強調される | ・ スキルと知識は基礎以上のものを用いる |
| ・ スキルと概念を扱う順序はあまり変更しない | ・ スキルと概念を扱う順序をよく変更する |

## 2. 表現，概念，活用，教材

具体的 ▭▭▭▭▭ 抽象的

| | |
|---|---|
| ・ 手や体を使って考える，あるいは，「ハンズ・オン」 | ・ 頭を使って考える，あるいは，「マインズ・オン」 |
| ・ 触ることができる | ・ 触ることができない |
| ・ 文字で示されている | ・ 象徴的，あるいは，比喩的 |
| ・ 体を使って操作 | ・ 頭の中で操作 |
| ・ 出来事（ないし体験）ベース | ・ 概念ベース |
| ・ 出来事から原理へ | ・ 出来事なしの原理 |
| ・ 演示を伴った説明 | ・ 演示も説明もなし |

## 3. 資料，調査，論点，問題，スキル，目標

単純 ▭▭▭▭▭ 複雑

| | |
|---|---|
| ・ 教えられた概念やスキルを使用する | ・ 教えられた概念やスキルを以前教えられたことと結びつける |
| ・ 抽象化を伴う学習はまったくないか，あったとしてもわずか | ・ 抽象化を伴う学習が複数ある |
| ・ 自分自身のものになるように習得することを強調 | ・ 洗練された質の高さを強調 |
| ・ オリジナリティーが要求されることはあまりない | ・ オリジナリティーがかなり要求される |
| ・ 一般的な語彙 | ・ レベルの高い語彙 |
| ・ 誰にも読めるレベルのものが提供 | ・ レベルの高い読みの力が必要 |

**図2　イコライザーについて検討すべき観点**

**4. 学問的なつながり，方向性，発展の段階**

一つの側面 ▭━━━━▭ 複数の側面

| | |
|---|---|
| ・含まれている部分が少ない | ・含まれている部分が多い |
| ・ステップが少ない | ・ステップが多い |
| ・段階が少ない | ・段階が多い |

**5. 活用，本質的な理解，転移**

レベルアップの幅が小さい ▭━━━━▭ レベルアップの幅が大きい

| | |
|---|---|
| ・未知のことはほとんどない | ・未知のことが多数ある |
| ・たいていの要素になじみがある | ・多くの要素になじみがない |
| ・なじみのある要素を変える必要はほとんどない | ・なじみのある要素を変える必要が頻繁にある |
| ・柔軟な思考はほとんど必要ない | ・柔軟な思考が頻繁に必要とされる |
| ・要求される知識はすでに知っていることがほとんど | ・要求される知識にまだ知らないことがたくさんある |
| ・発展的 | ・革新的 |

**6. 解決，意思決定，アプローチ**

構造化されている ▭━━━━▭ 自由度が高い

| | |
|---|---|
| ・方向性がある，あるいは正確な方向が決まっている | ・方向性はほとんどない |
| ・モデルが示される | ・モデルはほとんど示されない |
| ・生徒が選択することはほとんどない | ・生徒による選択がたくさんある |

**7. 方法，調査，成果物で扱われる問題**

明確な問題 ▭━━━━▭ 曖昧な問題

| | |
|---|---|
| ・未知なことはほとんどない | ・未知なことがたくさんある |
| ・決まった手順で解決 | ・発見的に解決 |
| ・許容される生徒の選択やアプローチの幅が狭い | ・許容される生徒の選択やアプローチの幅が広い |
| ・関係のあるデータだけが提示される | ・関係のないデータも提供される |
| ・特定された問題 | ・特定されない，あるいは曖昧な問題 |

**図2　イコライザーについて検討すべき観点（続き）**

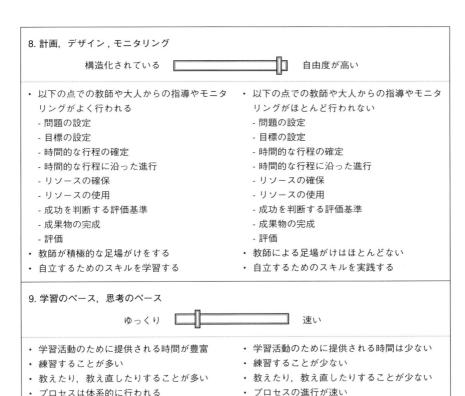

図2 イコライザーについて検討すべき観点（続き）

　これは繰り返しになりますが，この図2には，観点が一つ残さずすべてあげられているわけではありません。ここにはあげられていない観点を教師が見つけて，拡張していきましょう。そして，自分の教室の生徒一人ひとりに適切な課題をつくるために行っていることについて考えたり，生徒のレディネスに応じて課題の難易度を調節する時のやり方を反映した観点をつけ加えたりすることで，自分に合うようにカスタマイズしたイコライザーの新しいセットをつくり出していくことを，教師のみなさんに勧めます。

# 文 献

1 Allan, S. (1991, March). Ability-grouping research reviews: What do they say about grouping and the gifted? *Educational Leadership, 48*(6), 60–65.
2 Arnow, H. (1954). *The dollmaker*. New York: Avon.
3 Ayres, W. (2010). *To teach: The journey of a teacher*（教えること～ある教師の旅） New York: Columbia University Press.（本文中の引用箇所は，p.138）
4 Barell, J. (1995). *Teaching for thoughtfulness: Classroom strategies to enhance intellectual development*. White Plains, NY: Longman.
5 Bauer, J. (1996). *Sticks*（スティックス）. New York: Yearling.（引用箇所は，5-1から5-4まで順番に，p.37, p.177, p.179, p.141）
6 Bauer, J. (1997). Sticks: Between the lines. *Book Links, 6*(6), 9–12.
7 Beecher, M., & Sweeny, S. (2008). Closing the achievement gap with curriculum enrichment and differentiation: One school's story. *Journal of Advanced Academics, 19*, 502–530.
8 Ben-Hur, M. (2006). *Concept-rich mathematics instruction: Building a strong foundation for reasoning and problem solving*. Alexandria, VA: ASCD.
9 Berliner, D. (1986). In pursuit of the expert pedagogue. *Educational Researcher, 15*(7), 5–13.
10 Berte, N. (1975). *Individualizing education by learning contracts*. San Francisco: Jossey-Bass.
11 Bess, J. (Ed.). (1997). *Teaching well and liking it: Motivating faculty to teach effectively*. Baltimore, MD: The Johns Hopkins University Press.
12 Bluestein, J. (Ed.). (1995). *Mentors, masters and Mrs. MacGregor: Stories of teachers making a difference*. Deerfield Beach, FL: Health Communications.（邦訳：ジェーン・ブルースタイン著，近藤裕訳『教師がくれた人生の贈り物』三笠書房，1997年。引用部分は訳出されていないので，訳者が訳した）
13 Bondy, E., & Ross, D. (2008, September). The teacher as warm demander. *Educational Leadership, 66*(1), 54–58.
14 Brandwein, P. (1981). *Memorandum: On renewing schooling and education*. New York: Harcourt Brace Jovanovich.
15 Brown, M. (1949). *The important book*. New York: Harper & Row.（邦訳：マーガレット・ワイズ・ブラウン著，うちだややこ訳『たいせつなこと』フレーベル館，2001年）
16 Burris, C., & Garrity, D. (2008). *Detracking for excellence and equity*. Alexandria, VA: ASCD.
17 Caine, R., & Caine, G. (1994). *Making connections: Teaching and the human brain* (Rev. ed.). Menlo Park, CA: Addison-Wesley.
18 Caine, R., & Caine, G. (1997). *Education on the edge of possibility*. Alexandria, VA: ASCD.
19 Cohen, E. (1994). *Designing groupwork: Strategies for the heterogeneous classroom* (2nd ed.).

New York: Teachers College Press.

20  Csikszentmihalyi, M., Rathunde, K., & Whalen, S. (1993). *Talented teenagers: The roots of success and failure.* New York: Cambridge University Press.

21  Daniels, H. (2002). *Literature circles: Voice and choice in book clubs and reading groups.* Portland, ME: Stenhouse.

22  Danielson, C. (2007). *Enhancing professional practice: A framework for teaching* (2nd ed.). Alexandria, VA: ASCD.

23  Duke, D. (2004). *The challenges of educational change.* Boston: Pearson.

24  Dweck, C. (2000). *Self-theories: Their role in motivation, personality, and development.* Philadelphia:Psychology Press.

25  Dweck, C. (2008). *Mindset: The new psychology of success.* New York: Ballantine.（邦訳：キャロル・S・ドゥエック著，今西康子訳『マインドセット「やればできる！」の研究』，草思社，2016 年）

26  Earl, L. (2003). *Assessment as learning: Using classroom assessment to maximize student learning.* Thousand Oaks, CA: Corwin.

27  Erickson, H. (2007). *Concept-based curriculum and instruction for the thinking classroom.* Thousand Oaks, CA: Corwin.

28  Evans, R. (1996). *The human side of school change.* San Francisco: Jossey-Bass.

29  Fleischman, P. (1996). *Dateline: Troy.* Cambridge, MA: Candlewick Press.

30  Fullan, M. (1993). *Change forces: Probing the depths of educational reform.* Bristol, PA: Falmer Press.

31  Fullan, M. (2001a). *Leading in a culture of change.* San Francisco: Jossey-Bass.

32  Fullan, M. (2001b). *The new meaning of educational change* (3rd ed.). New York: Teachers College Press.

33  Fullan, M. G., & Stiegelbauer, S. (1991). The new meaning of educational change (2nd ed.).（教育改革の新しい意味）New York: Teachers College Press.

34  Gamoran, A. (1992, October). Synthesis of research: Is ability grouping equitable? *Educational Leadership, 50*(2), 11–17.

35  Gamoran, A., Nystrand, M., Berends, M., & LePore, P. (1995). An organizational analysis of the effects of ability grouping. *American Educational Research Journal, 32*, 687–715.

36  Gardner, H. (1991). *The unschooled mind. How children think and how schools should teach.* New York: Basic Books.（この本ではないが，Intelligence reframed : multiple intelligences for the 21st Century はガードナー，ハワード著，松村暢隆訳『MI―個性を生かす多重知能の理論』新曜社，2001 年として出ており，違う著者による教師用に書かれた本としてトーマス・アームストロング著『「マルチ能力」が育む子どもの生きる力』もある）

37  Gardner, H. (1993). *Multiple intelligences: The theory in practice.* New York: Basic Books.（ガードナー，ハワード著，黒上晴夫訳『多元的知能の世界―MI理論の活用と可能性』日本文教出版，2003 年）

38　Gardner, H. (1997). Reflections on multiple intelligences: Myths and messages. *Phi Delta Kappan, 78,* 200–207.

39　Grigorenko, E., & Sternberg, R. (1997). Styles of thinking, abilities, and academic performance. *Exceptional Children, 63,* 295–312.

40　Hattie, J. (2009). *Visible learning*（学びの見える化）: *A synthesis of over 800 meta-analyses relating to achievement.* New York: Routledge.

41　Hattie, J. (2012). *Visible learning for teachers: Maximizing impact on learning.* New York: Routledge.

42　Howard, P. (1994). *The owner's manual for the brain.* Austin, TX: Leornian Press.

43　Jensen, E. (1998). *Teaching with the brain in mind.* Alexandria, VA: ASCD.

44　Kennedy, M. (2005). *Inside teaching: How classroom life undermines reform.* Cambridge, MA: Harvard University Press.

45　Knowles, M. (1986). *Using learning contracts.* San Francisco: Jossey-Bass.

46　Konigsburg, E. L. (1996). *The view from Saturday.* New York: Atheneum Books for Young Readers.（邦訳：カニグズバーグ, E. L. 著, 金原瑞人・小島希里訳『ティーパーティーの謎』岩波書店, 2005 年改版。引用箇所は pp.245-246）

47　Kulik, J., & Kulik, C. (1991). Ability grouping and gifted students. In N. Colangelo & G. Davis (Eds.), *Handbook of gifted education* (pp. 178–196). Boston: Allyn & Bacon.

48　Lasley, T. J., & Matczynski, T. J. (1997). *Strategies for teaching in a diverse society*（多様な社会における多様な教え方）: *Instructional models.* Belmont, CA: Wadsworth.

49　Lowry, L. (1993). *The giver.* Boston: Houghton Mifflin.（邦訳：ロイス・ローリー著, 島津やよい訳『ギヴァー 記憶を注ぐ者』新評論, 2010 年。引用箇所は p.148, p.156）

50　Madea, B. (1994). *The multiage classroom: An inside look at one community of learners.* Cypress, CA: Creative Teaching Press.

51　Marsh, H., Tautwein, U., Lüdtke, O., Baumert, J., & Köller, O. (2007). The big-fish-little-pond effect: Persistent negative effects of selective high schools on self-concept after graduation. *American Educational Research Journal, 44,* 631–669.

52　McTighe, J., & Wiggins, G. (2013). *Essential questions: Opening doors to student understanding.* Alexandria, VA: ASCD.

53　National Research Council. (1999). How people learn: Brain, mind, experience, and school. Washington, DC: National Academies Press.（邦訳：米国学術研究推進会議編著, 21 世紀の認知心理学を創る会訳『授業を変える—認知心理学のさらなる挑戦』北大路書房, 2002 年）

54　National Research Council. (2005). *How students learn: History, mathematics, and science in the classroom.* Washington, DC: National Academies Press.

55　National Research Council. (2012). *A framework for K–12 science education: Practices, crosscutting concepts, and core ideas.* Washington, DC: National Academies Press.

56　Oakes, J. (1985). *Keeping track: How schools structure inequality.* New Haven, CT: Yale Press.

57　O'Connor, K. (2011). *A repair kit for grading: 15 fixes for broken grades* (2nd ed.). Boston:

Pearson.

58　Ohanian, S. (1988). On stir-and-serve recipes for teaching. In K. Ryan & J. M. Cooper (Eds.), *Kaleidoscope: Readings in education* (pp. 56–61). Boston: Allyn & Bacon.　（なお，論語の部分の訳については，宇野哲人著『論語新釈』講談社学術文庫，1980 年，p.184「述而第七」を参考にした）

59　Paterson, K. (1977). *Bridge to Terabithia*. New York: HarperCollins.（邦訳：キャサリン・パターソン著，小松咲子・岡本浜江訳『テラビシアにかける橋』偕成社，2007 年）

60　Paterson, K. (1991). *Lyddie*. New York: Dutton.（邦訳：キャサリン・パターソン著，岡本浜江訳『ワーキング・ガール：リディの旅立ち』偕成社，1994 年）

61　Phenix, P. (1986). *Realms of meaning: A philosophy of the curriculum for general education*. Ventura, CA: Ventura County Superintendent of Schools Office.（邦訳：P. H. フェニックス著，佐野安仁ほか訳『意味の領域：一般教育の考察』晃洋書房，1980 年）

62　Rasmussen, F. (2006). *Differentiated instruction as a means for improving achievement as measured by the American College Testing (ACT)* (Unpublished doctoral dissertation). Loyola University of Chicago School of Education.

63　Reis, S., Burns, D., & Renzulli, J. (1992). *Curriculum compacting: The complete guide to modifying the curriculum for high ability students*. Mansfield Center, CT: Creative Learning Press.

64　Reis, S., McCoach, B., Little, C., Muller, L., & Kaniskan, R. (2011). The effects of differentiated instruction and enrichment pedagogy on reading achievement in five elementary schools. *American Educational Research Journal*, *48*, 462–501.

65　Robb, L. (1997). Talking with Paul Fleischman. *Book Links, 6(4)*, 39–43.

66　Saint-Exupéry, A. (1943). *The little prince*. New York: Harcourt, Brace & World.（邦訳：サン＝テグジュベリ著，野崎歓訳『ちいさな王子』光文社文庫，2006 年。引用箇所は p.108, p.112）

67　Santangelo, T., & Tomlinson, C. (2009). The application of differentiated instruction in postsecondary environments: Benefits, challenges, and future directions. *International Journal of Teaching and Learning in Higher Education, 20*, 307–323.

68　Sarason, S. (1990). *The predictable failure of educational reform: Can we change course before it's too late?* San Francisco: Jossey-Bass.

69　Sarason, S. (1993). *The case for change: Rethinking the preparation of educators*. San Francisco: Jossey-Bass.

70　Schiever, S. (1991). *A comprehensive approach to teaching thinking*. Boston: Allyn & Bacon.

71　Seaton, M., Marsh, H., & Craven, R. (2010). Big-fish-little-pond effect: Generalizability and moderation—Two sides of the same coin. *American Educational Research Journal, 47*, 390–433.

72　Sergiovanni, T. (1999). *Rethinking leadership*. Glenview, IL: Lab Light.

73　Sergiovanni, T. (2005). *Strengthening the heartbeat: Leading and learning together in schools*. San Francisco: Jossey-Bass.

74  Siegel, J., & Shaughnessy, M. (1994). Educating for understanding: A conversation with Howard Gardner. *Phi Delta Kappan, 75*, 564.

75  Sizer, T. (1992). *Horace's school*（ホラス先生の学校）: *Redesigning the American high school*. Boston: Houghton Mifflin.

76  Slavin, R. (1987). Ability grouping and achievement in the elementary school: A best evidence synthesis. *Review of Educational Research, 57*, 293–336.

77  Slavin, R. (1993). Ability grouping in the middle grades: Achievement effects and alternatives. *Elementary School Journal, 93*, 535–552.

78  Sousa, D. (2010). How science met pedagogy. In D. Sousa (Ed.), *Mind, brain, and education: Neuroscience implications for the classroom* (pp. 8–24). Bloomington, IN:Solution Tree.

79  Sousa, D. (2011). *How the brain learns* (4th ed.). Thousand Oaks, CA: Corwin.

80  Sousa, D., & Tomlinson, C. (2011). *Differentiation and the brain: How neuroscience supports the learner-friendly classroom*. Bloomington, IN: Solution Tree.

81  Sternberg, R. (1985). *Beyond IQ: A triarchic theory of human intelligence*. New York: Cambridge University Press.

82  Sternberg, R. (1988). *The triarchic mind: A new theory of human intelligence*. New York: Viking.（この本ではないが，*Successful intelligence : How practical and creative intelligence determine success in life*. スタンバーグ，ロバート著，小此木啓吾ほか訳『知脳革命 サクセスフル・インテリジェンス—ストレスを超え実りある人生へ』潮出版社，1998 年として出ている。その p.194 で，「分析力は問題解決に，創造力は解決すべき問題の決定に，実践力は効果的に解決を導き出すのに用いられる」としている）

83  Sternberg, R. (1997, March). What does it mean to be smart? *Educational Leadership, 54*(6), 20–24.

84  Sternberg, R., Torff, B., & Grigorenko, E. (1998). Teaching triarchically improves student achievement. *Journal of Educational Psychology, 90*, 374–384.

85  Stevenson, C. (2001). *Teaching ten to fourteen year olds* (3rd ed.). New York: Longman.

86  Stevenson, C. (1997). An invitation to join Team 21! In C. Tomlinson (Ed.), *Search of common ground: What constitutes appropriate curriculum and instruction for gifted middle schoolers?* (pp.31–62). Washington, DC: National Association for Gifted Children.

87  Strachota, B. (1996). *On their side: Helping children take charge of their learning*. Greenfield, MA:Northeast Foundation for Children.（引用箇所は，p.5）

88  Stronge, J. (2002). *Qualities of effective teachers*. Alexandria, VA: ASCD.

89  Sylwester, R. (1995). *A celebration of neurons: An educator's guide to the human brain*. Alexandria, VA: ASCD.

90  Thomas, L. (1983). *Late night thoughts on listening to Mahler's ninth symphony*. New York: Bantam Books.（邦訳：ルイス・トマス著，沢田整訳『科学者の夜想』地人書館，1986 年。引用箇所は p.196）

91  Tieso, C. (2002). *The effects of grouping and curricular practices on intermediate students'*

*math achievement*. Hartford: National Research Center on the Gifted and Talented, University of Connecticut.

92 Tomlinson, C. (2003). *Fulfilling the promise of the differentiated classroom*. Alexandria, VA: ASCD.

93 Tomlinson, C. (2004). *How to differentiate instruction in mixed-ability classrooms* (2nd ed.). Alexandria, VA: ASCD.

94 Tomlinson, C., Brimijoin, K., & Narvaez, L. (2008). *The differentiated school: Making revolutionary changes in teaching and learning*. Alexandria, VA: ASCD.

95 Tomlinson, C., Callahan, C., Moon, T., Tomchin, E., Landrum, M., Imbeau, M., ... Eiss, N. (1995). *Preservice teacher preparation in meeting the needs of gifted and other academically diverse students*. Charlottesville: National Research Center on the Gifted and Talented, University of Virginia.

96 Tomlinson, C., Callahan, C., Tomchin, C., Eiss, N., Imbeau, M., & Landrum, M. (1997). Becoming architects of communities of learning: Addressing academic diversity in contemporary classrooms. *Exceptional Children, 63*, 269–282.

97 Tomlinson, C., & Imbeau, M. (2010). *Leading and managing a differentiated classroom*. Alexandria,VA: ASCD.

98 Tomlinson, C., & McTighe, J. (2006). *Integrating differentiated instruction and understanding by design: Connecting content and kids*. Alexandria, VA: ASCD.

99 Tomlinson, C., & Moon, T. (2013). *Assessment in a differentiated classroom: A guide for student success*. Alexandria, VA: ASCD.

100 van Manen, M. (1991). *The tact of teaching*（教育のタクト〈指揮棒〉）: *Toward a pedagogy of thoughtfulness*. Albany: State University of New York.

101 van Manen, M. (2003). *The tone of teaching*. New York: Scholastic.（邦訳：マックス・ヴァン・マーネン著，岡崎美智子ほか訳『教育のトーン』ゆみる出版，2003 年。引用箇所は p.53）

102 Vygotsky, L. (1978). *Mind in society: The development of higher psychological processes* (M. Cole, V. John-Steiner, S. Scribner, & E. Souberman, Eds.). Cambridge, MA: Harvard University Press.

103 Vygotsky, L. (1986). *Thought and language* (A. Kozulin, Ed. & Trans.). Cambridge, MA: The MIT Press.

104 Watanabe, M. (2012). *"Heterogenius" classrooms: Detracking math and science*. New York: Teachers College Press.

105 Wiggins, G., & McTighe, J. (2005). *Understanding by design* (2nd ed.). Alexandria, VA: ASCD. （邦訳：グラント・ウィギンズ＆ジェイ・マクタイ著，西岡加名恵訳『理解をもたらすカリキュラム設計』日本標準，2012 年）

106 Williamson, M. (1992). *A return to love*. New York: Harper Collins.

107 Willis, J. (2006). *Research-based strategies to ignite student learning*. Alexandria, VA: ASCD.

108 Willis, J. (2010). The current impact of neuroscience on teaching and learning. In D. Sousa (Ed.), *Mind, brain, and education: Neuroscience implications for the classroom* (pp. 44–66). Bloomington, IN: Solution Tree.

109 Wolfe, P. (2010). *Brain matters: Translating research into classroom practice* (2nd ed.). Alexandria, VA: ASCD.194.


## ● 訳注で紹介した日本語文献 （あいうえお順）

110 アームストロング，トーマス著，吉田新一郎訳『マルチ能力が育む子どもの生きる力』小学館，2002 年

111 有田和正著『社会科「一寸法師」「台風とさとうきび」―有田和正の授業（写真で授業を読む)』明治図書出版，1987 年

112 ウィルソン，ジェニほか著，吉田新一郎訳『「考える力」はこうしてつける』新評論，2004 年

113 長田弘著『食卓一期一会』晶文社，1987 年

114 カルキンズ，ルーシー著，吉田新一郎ほか訳『リーディング・ワークショップ』新評論，2010 年

115 キーン，エリン著，山元隆春ほか訳『理解するってどういうこと？』新曜社，2014 年

116 郡山直著『詩集　詩人の引力』コールサック社，2010 年

117 デイ，ジェニほか著，山元隆春訳『本を読んで語り合うリテラチャー・サークル実践入門』溪水社，2013 年

118 バトラー後藤裕子著『学習言語とは何か』三省堂，2011 年

119 フレッチャー，ラルフ＆ポータルピ，ジョアン著，小坂敦子ほか訳『ライティング・ワークショップ』新評論，2007 年

120 プロジェクト・ワークショップ編著『作家の時間』新評論，2008 年

121 プロジェクト・ワークショップ編著『読書家の時間』新評論，2014 年

122 モーガン，ニール著，坂本季詩雄訳『ドクター・スースの素顔〜世界で愛されるアメリカの絵本作家』彩流社，2007 年

123 ロススタイン，ダン＆サンタナ，ルース著，吉田新一郎訳『たった一つを変えるだけ』新評論，2015 年

124 ロックハート，ポール著，吉田新一郎訳『算数・数学はアートだ！』新評論，2016 年

125 吉田新一郎著『校長先生という仕事』平凡社新書，2005 年

126 吉田新一郎著『テストだけでは測れない！〜人を伸ばす「評価」とは』日本放送出版協会，2006 年

127 吉田新一郎著『読書がさらに楽しくなるブッククラブ』新評論，2013 年

128 吉田新一郎著『「読む力」はこうしてつける』新評論，2010 年

# 索引

## あ
アカウンタビリティ　vi
足場　13, 24, 25, 33, 35, 95, 111, 158, 197
アドバイザー　138
アナロジー　81
RICE　193
暗黙知　73

## い
イコライザー　159, 224, 226, 229
異質なグループ　132, 136
意志の強さ　103
一斉授業　vi
一斉指導　3
意味づけ　81
意味のない教え方　90
イメージ　185
入り口　154
入れ物　119

## う
ウィキスペースの教室　4
ウェブサイト　137

## え
エキスパートグループ　177
エントリー・カード　4

## お
オープンエンド　132
愚かな料理人　90
音楽　65

## か
ガイダンス　218
概念　4, 41, 42, 69, 71, 79, 81, 83, 105, 114
概念達成　119, 120
書き方のガイドライン　115

鍵となる質問　106
書くこと　89
学習環境　18, 57, 60, 92
学習契約　165
学習言語　46
学習コミュニティー　210
学習サイクル　178
学習者中心のクラス　183
学習者の多様性　210
学習スタイル　23
学習センター　8, 144
学習チケット　165
学習の三角形　59, 67
学習の主役　75
学習の設計　26
学習のレベル　82, 86
学習プログラム　91
学習へのアプローチ　3, 7, 21, 80, 99, 158, 172
学習メニュー　165
学習履歴　22, 23, 29, 44, 95, 106, 113, 120, 144, 171
学年主任　204, 215
学力　50
学力テスト　vi
仮説　82
課題リスト　127, 165
課題リスト・タイム　130
学校のイメージ　180
カリキュラム　2, 6, 18, 20, 42, 50, 52, 77, 99
カリキュラムの指導書　91
カリキュラムの要素　92
感情　92
カンファランス　129, 194
「管理」するためのクラス　181
関連づけ　41

## き

ギャップ　113
教員研修　212
教員養成プログラム　216
教科横断的　85
教科固有　86
教科主任　204
教科書　20, 210
教科特有　85
教師教育　72
教師中心のやり方　211
教室が一つしかない校舎　1, 37
教室経営　74
教室のルール　26
教師の専門性　52
教師の力量　215
協同学習　120
興味関心　7, 23
興味関心センター　25, 144
記録　190

## く

空間的創造力　173
空間能力　153
クラス運営　104
クラスづくり　44, 179
クラス編成　46, 49
クラス分け　50
クリップボード　195
グループ・プロジェクト　119
グループワーク　175
クローニング　160

## け

計画づくりのスキル　222
形成的評価　2, 7, 14, 21, 53, 100, 104, 158, 160
継続的な対話　vi
契約　4, 25, 151, 155, 164, 184
契約書　169
言語的創造力　173
言語能力　153
健全な教室　59, 66, 73

健全な教室環境　67
原理　79, 83

## こ

校正　108
行程表　207
公平さ　45
コーチ　74
コーチング　12, 136, 199
コーディネーター　215
コーナー　108, 120, 144
国語　86
古生物学者　146
コミュニティー　14, 33
コモン・コア・ステート・スタンダード　88
コンサルタント　138

## さ

サークルの時間　9
サイエンス・フィクション　14
サイクル　12, 99
最終的な成果物　94
サイバースペース　43
作文　98
サポート　71, 197, 198, 208, 213
算数　122
三目並べ　25, 165

## し

詩　166
視覚能力　153
地固めの活動　182
時間割　210
ジグソー　177
自己効力感　21, 69
自己防衛モード　42
実践力　171, 173
質の高い授業　79
自伝　187
指導主事　204
しなやかマインドセット　64
ジャーナル　15, 21, 125, 129
周回　136, 137

周回学習　136
習熟レベル　110
集中力が持続する時間　122
柔軟性　31
柔軟なグループ分け　127
熟練教師　83, 217
主体性　21
熟考した指示　191
主要な概念　41, 82
上級のクラス　47
小グループ　75, 108, 132, 138, 175, 188
上手な指導　60
触覚的創造力　173
初任教師　217
自立　73
自立した学び手　181
自立性　21
思慮深い学習者　189
身体能力　153
診断的評価　2
信念　60, 97, 208, 213

## す

数学　65
数歩先んじる先達　76
スキル　80, 93
ストーリーボード　11

## せ

成果発表　222
成果物　22, 71, 92-96, 107, 132, 184, 221-224
政治　114
成績　195
生徒中心のアプローチ　176
生徒中心の教え方・学び方　199
生徒中心の授業　213
生徒に応じた教え方　17
生徒の共通性と違い　16
生物　172
センター　121, 144
選択時間　147
選択のための掲示板　176
専門職　215, 216
専門的力量　61

## そ

総括的評価　2, 14, 22
相互作用　90
創造性　74
創造力　171
その日の専門家　193

## た

体育　110
態度　86
高い期待　71
楽しい関連づけ　74
タブレット　195
多様性　31
多様な入り口　25
多様な教え方　119
多様な生徒　5
多様な能力　154
段階的課題　25
段階的活動　157
探究学習　136

## ち

地域コミュニティー　201
ちいさな王子　67
チーム　208
チェック　99
チェックリスト　21, 194
知覚　81
知識　80
知的スキル　134
知的な強み　132, 134
知能　40
チャレンジ　109
中核となる教師　208
長期間のプロジェクト　124
調査グループ　114
地理　139

## つ

ツールキット　178

## て

ティーチング・パートナー　v
ティーム・ティーチング　199
定式化された手順　67
低次の思考力　133
ディベート　163
デジタル壁画　139
転移　74, 137, 222
電子ポートフォリオ　169
伝統的な教室　30

## と

どういかす　106, 107
動機づけ　44, 110, 214
到達基準　5, 27
同僚　198
同僚性　208
読解レベル　150
特別支援教育の教師　215

## な

内容　22, 25, 92, 93, 96, 107, 119, 221-224
なぜいかす　106, 107
なつかせる　68
何をいかす　105, 107

## に

ニーズ　vi, 1, 2, 6, 18, 42, 51, 188
ニューロン　40

## ね

ネットワーク　214
粘り強い学習者　103
ねらい　78

## の

脳　40
能力　39
能力混合の読みのグループ　117
能力混成グループ　112
能力差　51
能力差の混在するクラス　47
能力別グループ編成　34

## は

パートナー　26, 75
パートナーシップ　199, 200, 218
パイロット教師　207
パターン　41, 116
パフォーマンス　82
パフォーマンス評価　14, 94
反復練習　100
汎用的　85

## ひ

美術　65
ビジョン　206
必要不可欠な理解　163
一つの教室しかなかった学校　iv
一人ひとりの違い　18
一人ひとりをいかす教え方　iv, 24, 37, 44,
　　49, 52, 80, 99, 107, 114, 209
一人ひとりをいかす教室　5, 17, 30, 104, 205
一人ひとりをいかす教室の基本原則　104
評価　28, 49, 99
標準化　64
標準化されたテスト　66, 211
ビンゴ　165

## ふ

フィードバック　28, 195, 213, 214
フォト・エッセイ　14
フォルダー　8, 194
複合的プロジェクト　25, 132
ブッククラブ　15, 176
振り返りシート　123
振り返る　185
プレゼンテーション　137, 140
ブログ　13
プログラム　101
プロジェクト　14, 94
プロセス　72
文化　97
文学　65, 139
分析的スキル　190
分析力　171, 173
分類　107

## へ

平均的な生徒　48
ペーパーテスト　94
変革のサイクル　213

## ほ

方法　22, 92, 96, 107, 221-224
ポートフォリオ　21
ホームベースグループ　177
保護者　200, 211
ボランティア　201
本物の評価　3

## ま

マインドセット　24, 25, 64
前倒しで教える　111
マトリクス　11
学び　70
学び方へのアプローチ　54
学びのエスカレーター　113
学びの関連性　107
学びのコミュニティー　67
学びの責任　181
マルチ能力　39, 136
マルチメディア　132

## み

見える化シート　13, 25, 117
三つの能力　25, 171
三つの能力理論　39
ミニ・ワークショップ　178

## む

夢中で取り組む　81

## め

メタ認知　73, 187
メタファー　81
メディア・スペシャリスト　140
メンター　62, 201
メンタリング　218

## も

目標　206
モデル　81, 209

## ゆ

優秀さ　45
ユーモア　74, 113
豊かな高みを設定して教える　30, 158, 160
ユニット　3, 93, 166
ユニット計画　91

## よ

欲求　70
読みの能力　155

## ら

楽観主義　103

## り

リーダー　26, 61, 67, 203, 209, 213
リーダーシップ　61
理科　64
理解するための方法　15
理科ブログ　151
リソース　2

## る

ルーチン　49, 72, 197
ルーブリック（評価基準表）　14, 115
ルール　72

## れ

歴史　65
レディネス　1, 7, 23, 31, 44, 52, 77, 80, 93,
　　　　　99, 143, 159, 176, 221, 225
レポート　10

## わ

ワークシート　71

# 訳者あとがき

　今，日本の教育界では「主体的・対話的で深い学び（アクティブ・ラーニング）」が話題になっています。これに対応すべくこれまでの授業づくりをどのように改善していけばよいのかが，これからの関心事となってくることでしょう。しかしその一方で，教えることと学ぶことの本質を探究し続けていくことこそが，教育に携わる者にとってもっとも重要な課題であることを，しっかり見据えておかなければなりません。そして，この本質にかかわる課題の中には，「一人ひとりの生徒がもつ違いや多様性を大切にしながら，彼らの学びの可能性を信じて一人ひとりの成長のためにベストを尽くしたい」という，教師としてのいわば本能のような思いや願いが深く刻み込まれているのではないでしょうか。そうした思いや願いに理論と実践の両面で真正面から応えようとしているのが，本書です。

　この本のメインテーマは，言うまでもなく，原書のタイトルにある differentiation です。辞書で differentiation を調べると，区別，識別，分化，特殊化，差別化，差を認めること，などの言葉を見つけることができます。しかし，日本の読者にとってはほとんどなじみがない言葉だと思います。

　私たちは，翻訳を進めながら議論し続けた結果，最終的に differentiation に対して「一人ひとりをいかす」と表現することにしました。この「一人ひとりをいかす」という言葉の中に，生徒一人ひとりが多様な能力や可能性をもっていること，一人ひとりの興味関心，既有の知識・理解，学び方や学習履歴などの違いや多様性を大切にすること，一人ひとりの学習上のニーズに応じる質の高いカリキュラムや多様な教え方・学び方をデザインして実践することなど，本書で提案されている differentiation の奥深い意味を込めました。

　教えることと学ぶことの本質に「一人ひとりをいかす」という視点から迫る筆者の真摯なまなざしは，本書のいたるところで感じ取ることができます。

　例えば，第3章では「同じ学年の生徒は学び方が『同じ』となぜ思い込んでいるのでしょうか？　生徒が私たちのクラスにまったく同じスキル，知識，態度，思考の習慣，強み，傾向，やる気，自信，サポート体制，学校に対する見方などをもってやってくるという証拠はあるのでしょうか？」と，生徒に対する私

たちの見方へと切り込みます。そして，さらに次のように迫ります。「それらの証拠もなしに，生徒がすべて同じ内容を同じような方法と同じスピードで学ぶことを私たちが受け入れてしまうのはどうしてなのでしょうか？　生徒が同じ大きさの靴を履き，同じ量の夕食をとり，同じ睡眠時間が必要だというのがおかしいことはわかっているにもかかわらず，です。」一人ひとりは違うにもかかわらず，その違いが見えていないかのような授業づくりをしたり，「平均的」と見なした生徒にもっぱら焦点を当てて教えたりしていることへの著者の心からの問いかけに，私たちはどのように答えればよいのでしょうか？

　もしかしたら，このような問いをすでに自分自身に投げかけてきている人は少なくないかもしれません。そして，自分の理想とする教師像や授業像と，学校や社会の現実から突きつけられる要求や期待との間で，ジレンマの中にいるのかもしれません。生徒のレディネスやニーズを踏まえて，一人ひとりを大切にした教育にじっくり時間をかけ，できる限りの手立てを尽くして彼らの本物の学力や可能性を伸ばしていきたいという思いや，そうしなければ教師として自分がいる意味がないという意識をもっている教師は，少なくないと思います。しかし，そうした思いや意識の一方で，テストで自分のクラスや学校が「平均」以上の得点をあげることへの要求に応えていくためには，教科書に盛り込まれている内容をもらさずに「カバー」することこそが果たすべき責務だと考えた結果として遭遇せざるを得ないジレンマ……。今，まさにこのようなジレンマから抜け出す道を見いだそうと，苦闘しているのかもしれません。

　本書で提案されている「一人ひとりをいかす教室」を築いていくための原則や具体的な方法は，そうしたジレンマから抜け出す手がかりをきっと与えてくれるはずです。「一人ひとりをいかす」ことは，教えることと学ぶことの本質的な課題に迫ることであり，しかも，その原則や方法などは脳科学に関する近年の研究を含めた諸研究の成果や著者自身の理論的・実践的研究に裏づけられたものなのです。

　著者は，原書の中で"teaching up"という「造語」を数か所で用いています。私たちはこれを「豊かな高みを設定して教える」と訳しました。この言葉の訳をめぐって著者と交わした私信の中で，著者は次のように書いています。

　「教師が授業をデザインする場合，たいていは典型的な学年レベルの生徒をまず心に描きます。次に，その授業をもっと進んだ生徒に合うように膨らませ，

学習に困難がある生徒のためにその授業のスリム化をはかります。けれど，私たちの取り組みも含めた諸研究の結果は，授業のデザインをより進んだ生徒たちをまず念頭において開始した時に授業はより豊かになり，より多くの生徒がより豊かで複合的なカリキュラムに取り組むことができるようにさまざまな足場を提供することによって，一人ひとりをいかすことが可能であると示唆しています。したがって，"teaching up" とは，豊かで複合的なデザインを施した授業づくりから取り組みを開始し，生徒が『水で薄めた』ような課題ではなく，しっかりとしたやりがいのある課題に取り組む機会を得ることができるように，種類や程度の異なる多様なサポートと足場を提供することを意味します。」

本書の最後で，著者は次のように語りかけています。「生徒たちにはいつでも次のように言うつもりでいます。『あなたたちのことを見ていますよ。気にかけていますよ。あなたたちのために私はここにいますよ。あてにしてくれていいのですよ』と。」 これは，「一人ひとりをいかす教室」への道を切り拓き，その道を確固としたものへと築いてきた著者から，教えることと学ぶことの本質にかかわる思いや願い，ジレンマを抱いている私たちへのいざないのメッセージのようにも感じられます。

さあ，教えることと学ぶことについてのあなたの歴史に，「一人ひとりをいかす教室」のための新たな創造を始めてみませんか！

本書は "Tomlinson, C. (2014). *The differentiated classroom : Responding to the needs of all learners (2nd ed.). Alexandria, VA: ASCD.*" を訳出したものです。初版は 1999 年で 132 ページでしたが，大幅に加筆されたこの第 2 版は 197 ページにもなっています。日本の読者にとってあまりなじみのない授業の事例の一部を除き，そのほとんどをここに収めました。

最後になりましたが，粗訳の段階の原稿を読んで貴重なフィードバックをしてくださった，高瀬裕人さん，三田幸司さん，居川あゆ子さん，綱川和明さん，杉山雅俊さん，岩瀬直樹さん，白鳥信義さん，そして，この本を日本の読者の皆さんに届くよう尽力してくださった北大路書房の奥野浩之さんに，心より感謝します。

訳者を代表して

山崎敬人

# 著者紹介

## キャロル・アン・トムリンソン（Carol Ann Tomlinson）

現在，ヴァージニア大学教育学部教授。多様な学習者のニーズに応えられる教え方を志向している米国内外の教育者たちをサポートし続けている。

就学前の幼児から高校生までを教えた21年間の経験がある。主に教えていた教科は，英語，ドイツ語，歴史。現在は学部，修士，博士課程の学生たちを対象に，カリキュラム開発と「一人ひとりをいかす教え方（Differentiated Instruction）」を教えている。一人ひとりをいかす教え方関連の本をすでに10冊以上書いており，12か国語に翻訳されている。

## 訳者紹介

### 山崎敬人（やまさき・たかひと）

1980年代に広島大学理学部を卒業後，同大学大学院教育学研究科で理科教育学を学ぶ。中学校と高等学校で12年間，理科を教え，現在は広島大学大学院教育学研究科教授。理科の教師教育に関する研究（ここ数年は特に教師の省察的実践力に関心をもっている）と理科学習論や授業論に関する研究に取り組んでいる。

趣味は，自然の風景や生き物を対象とした写真撮影と各地の動物園めぐり。最近は学生や幼児と一緒に「光る泥だんご」づくりも楽しんでいる。

### 山元隆春（やまもと・たかはる）

1980年代に広島大学教育学部教科教育学科国語教育学専修卒業。『梁塵秘抄』と詩作に熱中。引き続き同大学大学院で読者反応理論とその教授法を中心とした文学教育研究に取り組む。鳴門教育大学で国語教育学と児童文学を教え，2006年より広島大学大学院教育学研究科教授。文学教育・読書教育の理論と実践に関する研究を進めている。広島大学附属幼稚園長を兼任した4年間は，「遊び込む」子どもの姿と，一人ひとりをいかそうとする保育者の姿に心動かされる日々を送る。趣味（？）は，片道2時間の通勤電車内読書。

### 吉田新一郎（よしだ・しんいちろう）

1970年代に，マサチューセッツ工科大学とカリフォルニア大学（UCLA）大学院で都市・地域計画を学ぶ。10年間の準備期間を経て，1989年に国際理解教育センターを設立し教育に関わりはじめる。2005年以降は，リーディング・ワークショップ（RW）やライティング・ワークショップ（WW），およびそれらの国語以外の教科への普及活動をしている。趣味（こだわり）は，嫌がられない程度の（ありがたがられる！）おせっかいと日曜日の農作業と三つのブログ／フェイスブック（「PLC便り」「WW/RW便り」「ギヴァーの会」）。

● 本書の内容に質問のある方は……………………………………………
pro.workshop@gmail.com にご連絡ください。
また，関連情報が http://projectbetterschool.blogspot.jp/ ないし
https://www.facebook.com/PLCinJapan/ で入手できます。

## ようこそ，一人ひとりをいかす教室へ
―「違い」を力に変える学び方・教え方―

| | |
|---|---|
| 2017 年 3 月 10 日　初版第 1 刷印刷 | 定価はカバーに表示 |
| 2017 年 3 月 20 日　初版第 1 刷発行 | してあります。 |

著　者　　C．A．トムリンソン
訳　者　　山　崎　敬　人
　　　　　山　元　隆　春
　　　　　吉　田　新　一　郎
発行所　　㈱ 北 大 路 書 房
〒 603-8303　京都市北区紫野十二坊町 12-8
　　　　　電　話　（075）431-0361㈹
　　　　　ＦＡＸ　（075）431-9393
　　　　　振　替　01050-4-2083

編集・制作　本づくり工房　T.M.H.
印刷・製本　亜細亜印刷（株）

ISBN978-4-7628-2959-8　Printed in Japan　Ⓒ 2017
検印省略　落丁・乱丁本はお取り替えいたします。

・　JCOPY 〈㈳出版者著作権管理機構　委託出版物〉
本書の無断複写は著作権法上での例外を除き禁じられています。
複写される場合は，そのつど事前に，㈳出版者著作権管理機構
（電話 03-3513-6969,FAX 03-3513-6979,e-mail: info@jcopy.or.jp）
の許諾を得てください。

# 子どもの思考が見える21のルーチン
## アクティブな学びをつくる

R. リチャート／M. チャーチ／K. モリソン 著
黒上晴夫／小島亜華里 訳

思考の可視化（Making Thinking Visible）によって学習者の関与感を高め，理解を深め，自立を促す授業を構成する。考えを導入・展開し，総合・整理し，掘り下げるため21のルーチンを実践的に紹介。新しい学びを学際的に追求してきたハーバード教育大学院「プロジェクト・ゼロ」による確かな試み！

A5判　304頁　本体3000円＋税
ISBN978-4-7628-2904-8

目次
第1部　思考についての考え（思考とは何か／思考を教育の中心に）
第2部　思考ルーチンによる思考の可視化（思考ルーチンの導入／考えの導入と展開のためのルーチン／考えを総合・整理するためのルーチン／考えを掘り下げるためのルーチン）
第3部　思考の可視化に命を吹き込む（思考が評価され，可視化され，推奨される場をつくる／実践記録から）